U0403293

混沌系统控制及其在信息安全中的应用

牛玉军　周东生　张　强　著

北京理工大学出版社
BEIJING INSTITUTE OF TECHNOLOGY PRESS

图书在版编目（CIP）数据

混沌系统控制及其在信息安全中的应用 / 牛玉军，周东生，张强著. --北京：北京理工大学出版社，2021.10

ISBN 978-7-5763-0490-9

Ⅰ. ①混…　Ⅱ. ①牛…②周…③张…　Ⅲ. ①混沌理论-应用-信息安全-研究　Ⅳ. ①G203②O415.5

中国版本图书馆 CIP 数据核字（2021）第 204884 号

出版发行 / 北京理工大学出版社有限责任公司
社　　址 / 北京市海淀区中关村南大街 5 号
邮　　编 / 100081
电　　话 /（010）68914775（总编室）
（010）82562903（教材售后服务热线）
（010）68944723（其他图书服务热线）
网　　址 / http://www.bitpress.com.cn
经　　销 / 全国各地新华书店
印　　刷 / 三河市华骏印务包装有限公司
开　　本 / 710 毫米×1000 毫米　1/16
印　　张 / 11.5
字　　数 / 190 千字
版　　次 / 2021 年 10 月第 1 版　2021 年 10 月第 1 次印刷
定　　价 / 59.00 元

责任编辑 / 江　立
文案编辑 / 江　立
责任校对 / 周瑞红
责任印制 / 施胜娟

前　言

非线性科学被认为是 20 世纪人类认识世界和改造世界的“第三次革命”，混沌是非线性科学研究的中心内容之一[1,2]。混沌揭示了自然界及人类社会中普遍存在的复杂性，反映了世界上无序和有序之间、确定性与随机性之间的辩证统一关系，它广泛地存在于自然界，诸如物理、化学、生物学、地质学，以及技术科学、社会科学等各个科学领域。近半个世纪以来，人们对混沌现象的自然规律及其在自然科学和社会科学中的表现有了广泛而深刻的认识。如今，混沌理论及其应用已成为许多科研工作者的学术研究重点[3,4]。可以预见，混沌学的发展必将对人类生活产生更加深远的影响。

混沌是指非线性动力学系统在一定条件下所表现的一种运动形式，是在确定性系统中出现的一种貌似无规则、类似随机的现象。在混沌现象发现的初始阶段，由于混沌系统的极端复杂性，人们感到混沌不可控制，在生产、实验中尽量避免混沌的出现，人们也一度认为混沌不可能像周期解那样具有同步效应。直到 1990 年，美国马里兰大学的 Ott、Yorke 和亚伯丁大学自然科学与计算科学院的 Grebogi 提出了参数微扰控制方法，成功地控制了奇怪吸引子中的不稳定周期轨道[5]。同年，Pecora 和 Corroll 首次提出了“混沌同步”的概念，并在实验室用电路实现了同一信号驱动下耦合混沌系统的同步[6]。此后，混沌控制与同步的研究蓬勃发展，迅速成为混沌研究的热点之一。人们在许多方面开始利用混沌、应用混沌。

当前，基于混沌理论的信息加密技术的研究已成为当前国际非线性科学和信息科学两个领域交叉融合的前沿课题。传统的加密算法敏感性依赖于密钥，而混沌映射依赖于初始条件和映射中的参数；传统的加密算法通过加密轮次来达到扰乱和扩散，混沌映射则通过迭代，将初始域扩散到整个相空间。这些混沌和密码学之间所具有的天然联系和结构上的某种相似性，启示人们把混沌理论应用于密码学领域。自 1989 年英国数学家 Matthews 提出基于混沌的加密思想以来[7]，研究者们提出了大量的基于混沌的加密算法，同时也有很多学者对新提出的混沌加密方案进行了深入细致的安全性分析和改进。目前基于混沌的加密技术在应用性方面还不完全成熟，但混沌密码学丰富了密码学的内容，从一个新的角度研究了数据加密技术。从发展趋势来看，这一领域存在巨大的发掘潜力和广阔的应用前景。

为此，本书重点研究了混沌系统的控制，以及混沌在信息加密中的应用。本书共分为 11 章：第 1 章介绍了混沌理论的基本知识以及混沌在信息加密中的应用概况；第 2 章研究了不确定混沌系统滑模控制中的抖振问题，提出了一种变论域模糊滑模控制方法，消除了控制器的抖振；第 3 章研究了一类具有多扇区非线性输入的不确定混沌系统的追踪控制问题；第 4 章设计了一种具有非线性输入的异结构混沌系统的投影同步控制方案；第 5 章设计了一个非线性反馈控制器，完成了这个分数阶混沌系统的广义投影同步控制；第 6 章根据自适应技术、滑模控制方法和极点配置技术，提出了一种具有非线性输入的异结构混沌系统自适应同步方法；第 7 章研究了在噪声干扰条件下，一类具有多扇区、死区非线性输入的不确定混沌系统的反同步问题；第 8 章对一个 3 维自治混沌系统进行了反控制，得到了一个新的超混沌系统，并针对这个 3 维混沌系统，怎样构建控制项来产生超混沌进行了探讨；第 9 章对一个分数阶混沌系统进行了反控制，得到两个新的分数阶超混沌系统，基于这两个分数阶超混沌系统设计了一种彩色图像加密算法；第 10 章对一个基于混沌的匿名的密钥一致协议进行了分析并提出了一个新的基于混沌的相对安全的匿名密钥一致协议；第 11 章进行了总结和展望。

本书第 6 章由周东生编写，第 7 章由张强编写，其余章节由牛玉军编写。本书的出版得到了辽宁省教育厅面上项目（项目编号：LJKZ1185）的资助，在此表示由衷的感谢。本书在编写过程中参考了国内外的有关著作和文献，在此致以真诚的敬意和衷心的感谢。

由于作者水平有限，书中难免有不足之处，敬请读者批评指正。

牛玉军　周东生　张　强

2021.9

于大连

目　录

第 1 章

混沌理论与混沌密码学概述

1.1 混沌概述

1.1.1 混沌理论的形成和发展

混沌是非线性动态系统所特有的一种运动形式，它既是普遍存在又是极具复杂性的现象。它广泛地存在于自然界，诸如物理、化学、生物学、地质学，以及技术科学、社会科学等各个学科领域。混沌学是随着现代科学技术的迅猛发展，尤其是在计算机技术的出现和普遍应用的基础上发展起来的，并得到人们广泛的关注和研究。混沌理论揭示了有序与无序的统一、确定性与随机性的统一，并成为正确的宇宙观和自然哲学的里程碑，被认为是继相对论、量子力学之后，20 世纪人类认识世界和改造世界的最富有创造性的科学领域的第三次大革命[3,8]。

混沌理论的基本思想起源于 20 世纪初，法国著名数学家 Poincáre 是混沌学这一领域的开拓者。在对天体力学的研究中，Poincáre 指出三体问题通常是不可积的，在一些非常特殊的点附近，他成为同宿点，相空间轨迹必然是非常复杂的。这一结果被认为是动力系统中具有混沌特征的第一征兆。Poincáre 之后，大批数学家和物理学家在各自的研究领域中为混沌理论的建立进行了宝贵的知识积累[9]。

从 20 世纪 50、60 年代开始，人们开始探索动力学系统的复杂性，使混沌科学得到了飞速的发展。苏联科学家 Kolmogorov 在 1954 年得出了哈密顿系统中完全可积的系统在受到足够小的扰动后，绝大部分非共振环面仍可保留下来的结论。随后，这一结论由 Arnold 和 Moser 等人加以完善和证明，这一理论被后人称为 KAM 定理[10]。KAM 定理揭示了保守系统的确可以存在混沌行为。1963

年，美国气象学家 Lorenz 教授在《大气科学》发表了论文“决定性的非周期流”的著名论文，提出了著名的 Lorenz 方程[11]。Lorenz 用数值方法揭示了该模型中存在混沌运动，并发现系统初始值的微小变化会导致轨道在长时间以后完全不同，即著名的“蝴蝶效应”。上述的研究成果为 20 世纪 70 年代混沌理论的研究做好了重要的数学理论准备。

20 世纪 70 年代是混沌科学发展史上成果辈出的年代。在这一时期，混沌学作为一门新兴的科学正式诞生。1971 年，法国物理学家 Ruelle 和荷兰数学家 Takens 共同发表了著名论文《论湍流的本质》，首次利用混沌吸引子的结论解释了湍流产生的机制[12]。1975 年，美籍华人学者李天岩（T.Y.Li）和美国数学家 Yorke 在《美国数学月刊》上发表了《周期 3 意味着混沌》一文，首次引入了“混沌”一词，并提出了著名的 Li–Yorke 定理[13]。1976 年，May 研究了一维平方映射，并在一篇综述中指出非常简单的一维迭代映射也能产生复杂的周期倍化和混沌运动[14]。1977 年，物理学家 Ford 和 Casati 在意大利组织了第一次国际混沌会议，标志着混沌科学的正式诞生。1978 年，美国物理学家 Feigenbaum 在《统计物理学杂志》上发表了文章《一类非线性变换的定量普适性》，通过数值研究发现了倍周期分岔通向混沌的道路，并发现了该过程中的普适常数，即著名的 Feigenbaum 常数[15]。这个结果将混沌学研究从定性分析推进到了定量计算，是混沌理论研究中一个重要的里程碑。

在 20 世纪 80 年代，混沌科学得到了进一步的发展。1980 年，数学家 Mandelbrot 用分型几何来描述一大类复杂无规则的几何对象，使奇怪吸引子具有分形维，拓展了混沌科学的一个重要领域[16]。1981 年，Takens 等人在拓扑嵌入定理基础上提出了重构动力学轨道空间的延迟坐标法，为时间序列分析提供了一条新思路[17]。1983 年，Glass 发表了著名论文《计算奇异吸引子的奇异程度》，掀起了计算时间序列的热潮[18]。1984 年，中国著名的混沌学家郝柏林编辑出版的《混沌》一书问世，为混沌科学的发展起到了巨大的推动作用[19]。1985 年，Wolf 等人提出了计算时间序列李雅普诺夫指数的数值算法，成为判断时间序列是否具有混沌特性的最基本算法，也同时拉开了时间序列李雅普诺夫指数计算算法研究的序幕[20]。在此期间，科学工作者对混沌的实验研究也倾注了极大的热情，具有代表性的工作是 1981 年美国麻省理工学院的 Linsay 首先对变容二极管组成的 RLC 电路加正弦电压激励进行了研究[21]，证实了在如此简单的二阶非线性电路中存在倍周期分岔和混沌行为，并检验了 Feigenbaum 常数的值。接着科学家 Matsumoto 设计了一个十分简单的具有负阻特性的三阶自治电路，在这个电路中观察到了双涡卷混沌吸引子[22]。这些实验研究不仅丰富了混沌理论，而且极大地拓宽了混沌的应用领域和范围。

从 80 年代后期开始，混沌科学及其应用得到了快速发展。主要的标志是 1990 年美国马里兰州立大学的物理学家 Ott、Yorke 和亚伯丁大学自然科学与计算科学院 Grebogi 提出了著名的控制混沌的参数微扰方法[5]，开创了混沌控制的先河。同年，Pecora 和 Corroll 在电子线路上实现了混沌同步[6]，并提出了 PC 同步法的框架，推动了混沌保密通信的研究。从此，混沌控制和混沌同步及其应用研究得到了迅速发展，各种方法和应用在国际权威期刊上竞相报道，每年都有很多关于混沌的国际会议召开，混沌的发展达到了高潮。如今，混沌学已经与其他学科相互渗透、相互融合，形成了一些新兴交叉学科和技术，如混沌密码学、混沌计算机图形学、混沌医学、混沌图像处理、混沌智能信息处理、混沌经济学、混沌音乐等。

1.1.2　混沌的定义

由于混沌系统的奇异性和复杂性至今还没有被人们彻底了解，因此到目前为止还没有一致的、严格的定义。已有的定义仅仅从不同的侧面来反映混沌的性质，下面介绍几个具有代表性的混沌定义。

1. Li－Yorke 的混沌定义

1975 年，李天岩和约克在《美国数学月刊》上发表论文《周期 3 意味着混沌》，第一次引入了“混沌”概念，并给出了混沌的一种数学定义[13]，现称为 Li－Yorke 定义。Li－Yorke 定义是影响较大的混沌数学定义，它是从区间映射出发进行定义的。

定理 1－1（Li－Yorke 定理）：设 $f(x)$ 是 $[a,b]$ 上的连续自映射，若 $f(x)$ 有 3 周期点，则对任何正整数 n， $f(x)$ 有 n 周期点。

定义 1－1：区间 I 上的连续自映射 $f(x)$，如果满足下面条件，便可确定它有混沌现象：

1） f 的周期点的周期无上界；

2）闭区间 I 上存在不可数子集 S，满足

$\limsup_{n\to\infty}\left|f^n(x)-f^n(y)\right|>0$， $x,y\in S$， $x\neq y$，

$\liminf_{n\to\infty}\left|f^n(x)-f^n(y)\right|>0$， $x,y\in S$，

$\limsup_{n\to\infty}\left|f^n(x)-f^n(y)\right|>0$， $x\in S$， y 为周期点。

根据 Li – Yorke 定义，一个混沌系统应具有三种性质：

1）存在所有阶的周期轨道；

2）存在一个不可数集合，此集只含有混沌轨道，且任意两个轨道既不趋向远离也不趋向接近，而是两种状态交替出现，同时任一轨道不趋于任一周期轨道，即此集合不存在渐近周期轨道；

3）混沌轨道具有高度的不稳定性。

根据上述定理和定义，对闭区间 I 上的连续函数 $f(x)$，如果存在一个周期为 3 的周期点时，就一定存在任何正整数的周期点，即一定出现混沌现象。

2. Devancy 的混沌定义

1989 年，R.L.Devaney 从拓扑学角度给出了混沌定义[23]。

定义 1 – 2：设 V 是一度量空间，映射 $f:V\to V$，如果满足下面三个条件，便称 f 在 V 上是混沌的。

1）初值敏感性：存在 $\delta>0$，对任意的 $\delta>0$ 和任意的 $x\in V$，在 x 的 I 邻域内存在 y 和自然数 n，使得 $d(f^n(x),f^n(y))>\delta$。

2）拓扑传递性：对 V 上的任意对开集 X 、Y，存在 $k>0$，$f^k(X)\cap Y\neq\varnothing$（如一映射具有稠轨道，则它显然是拓扑传递的）。

3）f 的周期点集在 V 中稠密。

对初值的敏感性，意味着无论 x 和 y 离得多近，在 f 作用下两者都可分开较大的距离，并且在每个点 x 附近都可以找到离它很近而在 f 作用下终于分道扬镳的点 y，如果用计算机计算它的轨迹，任意微小的初值误差，经过多次迭代后将导致计算结果失败。拓扑传递性意味着任一点的临域在 f 的作用之下将“遍撒”整个度量空间 V，这说明 f 不可能细分或不可能分解为两个在 f 下相互不影响的子系统。周期点稠密性表明系统具有很强的确定性和规律性，绝非混乱一片，形似混乱而实则有序。

3. Melnikov 的混沌定义

在二维系统中，最具有开创性的研究是 Smale 马蹄理论。马蹄映射 F 定义在平面区域 D 上，$F(D)\subseteq D$，其中 D 由一单位正方形 S 和两边各一个半圆构成。映射规则是不断地把 S 纵向压缩（压缩比例小于 1/2），同时横向拉伸（拉伸比大于 2），再弯曲成马蹄形后放回 D 中。已经证明，马蹄映射的不变集是两个 Cantor 集之交，映射在这个不变集上呈现混沌态。因此，如果在系统吸引子中发现了马蹄，就意味着系统具有混沌[24]。

由 Holmes 转引的 Melnikov 方法是对混沌的另一种严格描述。概括起来可表述为：如果存在稳定流形和不稳定流形且这两种流形横截相交，则必存在混沌。Melnilov 给出了判定稳定流形和不稳定流形横截相交的方法，但该方法仅适合于近可积 Hamilton 系统。

1.1.3　混沌的基本特征

混沌运动是确定性非线性系统所特有的复杂运动形态，出现在某些耗散系统、不可积 Hamilton 保守系统和非线性离散映射系统中[1]。它有时被描述为具有无穷大周期的周期运动或貌似随机的运动等，与其他复杂现象相区别，混沌运动有自己独有的特征，主要包括[4,23]：

1. 有界性

混沌是有界的，它的运动始终局限于一个确定的区域，这个区域叫做混沌吸引域。无论混沌系统内部多么不稳定，它的轨线都不会超出混沌吸引域。所以从整体上说混沌系统是稳定的。

2. 遍历性

混沌运动在其混沌吸引域内是各态历经的，即在有限时间内混沌运动轨道经过混沌区内每个状态点。

3. 内随机性

一定条件下，如果系统的某个状态可能出现，也可能不出现，则该系统被认为具有随机性。一般来说当系统受到外界干扰时才产生这种随机性，一个完全确定的系统（能用确定的微分方程表示），在不受外界干扰的情况下，其运动状态也应当是确定的，即是可以预测的。不受外界干扰的混沌系统虽能用确定微分方程表示，但其运动状态却具有某些“随机”性，那么产生这些随机性的根源只能在系统自身，即混沌系统内部自发的产生这种随机性。当然，混沌的随机性与一般随机性是有很大区别的，这种内随机性实际就是它的不可预测性，对初值的敏感性造就了它的这一性质，同时也说明混沌是局部不稳定的。

4. 分维性

分维性是指混沌的运动轨线在相空间中的行为特征。混沌系统在相空间中的运动轨线，在某个有限区域内经过无限次折叠，不同于一般确定性运动，不能用一般的几何术语来表示，而分维正好可以表示这种无限次的折叠。分维性表示混沌运动状态具有多叶、多层结构，且叶层越分越细，表现为无限层次的自相似结构。

5. 标度性

标度性是指混沌的运动是无序中的有序态。其有序可以理解为：只要数值或实验设备精度足够高，总可以在小尺度的混沌区内看到其中有序的运动花样。

6. 普适性

混沌运动不是完全杂乱无章的，存在内在规律性，不同系统趋于混沌状态时表现出某些共同特征，其不随具体系统变化而变化，即是普适的，如 Feigenbaum 常数。

7. 统计特征

混沌运动具有正的 Lyapunov 指数和连续功率谱等。Lyapunov 指数是对非线性映射产生的运动轨道相互间趋近或分离的整体效果进行的定量刻画。对于非线性映射而言，Lyapunov 指数表示 n 维相空间中运动轨道各级向量的平均指数发散率。正的 Lyapunov 指数表明轨道在每个局部都是不稳定的，相邻轨道按指数分离。同时，正的 Lyapunov 指数也表示相邻点信息量的丢失，其值越大，信息量的丢失越严重，混沌程度越高。混沌系统的功率谱往往是在连续谱上迭加了一些具有一定宽度的线状谱宽峰，宽峰的中心频率即相轨缠绕空洞做近似周期运动的平均频率。

1.1.4 通向混沌的道路

非线性系统中实验观测到的现象极其丰富多彩，想总括一下通向混沌的道路，还为时过早。不过，人们已从实验和理论方面进行过充分的探讨，研究发现，非线性系统中的控制参数改变是吸引子的变化途径。第一次分岔后，随着可能发生一系列的分岔，出现的概率较大的序列，可以叫作“途径”(Scenarios)。1981 年，Eckmann 曾对各种可能的分岔现象进行了研究，归纳出走向混沌的三种主要途径如下[25]。

1. 倍周期分岔通向混沌

第一种是倍周期分岔途径，亦称 Feigenbaum 途径。这条途径是一种规则的运动状态（如某种定态解或周期解），可以通过周期不断加倍的倍分岔方式逐步过渡到混沌运动状态。其代表模型是生态学中的虫口模型（现称 Logistic 映射），可用非线性差分方程来描述：

$$x_{n+1} = \lambda x_n (1 - x_n),\quad \lambda \in [0,4],\quad x \in [0,1] \tag{1-1}$$

这是 1976 年数学生态学家 May 在英国《自然》杂志发表的一篇后来影响甚广的综述中所提出的。对 Logistic 映射的研究发现，Logistic 映射是经过倍周期分岔达到混沌的（如图 1-1 所示），这给出了倍周期分岔途径的最早的一个实例。后经过 Feigenbaum 出色的分析发现了这是一条通向混沌的典型道路：一个系统一旦发生倍周期分岔，必导致混沌。例如，在 Duffing 系统、Hénon 系统的一些参数范围内均被发现。此外，倍周期分岔途径已在 Rayleigh-Benard 对流、非线性电振荡、声学、浅水波和 Belousov-Zabotinskii 反应等实验中观察到。该途径的基本特点是：不动点→两周期点→四周期点→…→无限倍周期凝聚→奇怪吸引子。

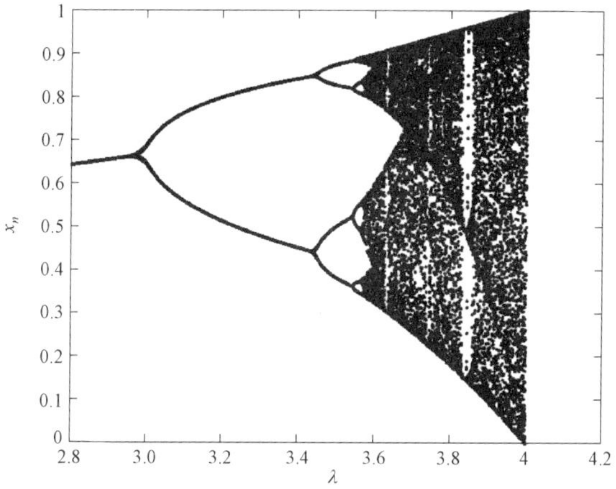

图 1－1　Logistic 映射的分岔过程

2. 阵发性通向混沌

第二种是间歇（阵发）混沌模型，亦称 Pomeau–Manneville 途径，它是由 Pomeau 和 Manneville 于 1980 年所提出的一种途径，故又称 PM 类间歇道路。这条途径是一种规则的运动状态通过有时规则有时混乱的间歇（阵发）状态转变为混沌运动状态的。

阵发混沌是非平衡非线性系统进入混沌的又一条道路。这里的阵发指阵发性这一概念，它原指湍流理论中用来描述流场中在层流背景上湍流随机爆发的现象，表现为层流、湍流相交而使相应的空间随机地交替。在混沌理论中主要是借助于阵发性概念来表示时间域中系统不规则行为和规则行为的随机交替现象的。具体来说，阵发性混沌是指系统从有序向混沌转化时，在非平衡非线性条件下，当某些参数的变化达到某一临界阈值时，系统的行为忽而周期（有序）、忽而混沌，在两者之间振荡。有关参数继续变化时，整个系统会由阵发性混沌发展成为混沌。在数学试验和物理实验中都已证实了间歇性的存在。

阵发混沌最早见之于 Lorenz 模型，然而较详细的研究均是在一些非线性映射上作的。阵发混沌与倍周期分岔所产生的混沌是孪生现象，凡是观察到倍周期分岔的系统，原则上均可发现阵发混沌现象。阵发混沌已在 Belousov-Zabotinskii 反应、非线性振子和对流等实验中观察到。

3. Hopf 分岔通向混沌

Hopf 分岔途径，亦称 Ruelle-Takens-Newhouse 方案，这也是一条通向混沌的道路。它是由 Ruelle 和 Takens 等人为了取代 Landau 和 Hopf 关于湍流的假设，针对 Landau 的《论湍流问题》，于 1971 年合写的《论湍流的本质》这篇论文中提出的。1978 年，Newhouse 又对他们的结果作了进一步改进。

当系统内有不同频率的振荡互相耦合时，系统就会产生一系列新的耦合频率的运动，按照 Landau 和 Hopf 关于湍流发生机制的假设：湍流的发生是经过无穷次准周期分岔的。准周期分岔可以用环面分岔来描述，将不动点、极限环分别看作 0 环面、1 环面，表示为 T^0、T^1，则上述通往混沌（相应于湍流）的转变可以表示为 $T^1 \to \cdots \to T^n \to \cdots \to$ 混沌。并且每一次分岔可以看作是一次 Hopf 分岔，分岔出一个新的不可公约的频率。基于这一猜测，那么混沌（湍流）可视为无穷多个频率耦合的振荡现象。

可是这个假设最终仅停留在对湍流图像性的解释上，无法解决流体在何时出现湍流行为。为此 Ruelle 和 Takens 等人发表了对湍流现象的新的看法，认为根本不需要出现无穷多个频率的耦合现象，系统就会出现混沌（湍流）。Ruelle 和 Takens 提出 4 环面上具有 4 个不可公约的频率的准周期运动一般是不稳定的，经扰动而转变为奇怪吸引子（$T^4 \to$ 混沌），并以此来代替 Landau-Hopf 道路。后来 Newhouse 进一步把结果改为：3 环面上准周期运动不稳定而导致混沌（$T^3 \to$ 混沌）。

由于理论和实验均发现稳定的 3 环面上的准周期运动是典型的、通有的，所以 $T^3 \to$ 混沌的道路就被否定了，而代之以 $T^2 \to$ 混沌道路。$T^2 \to$ 混沌道路是通有的，已经为理论和实验证实。Thompson 和 Hunt 用重整化群思想得出这种转变的普适特性，他们都采用了圆映射到自身的最简单的模型。

为此，可以把这条途径总结为：一种规则的运动状态最多经过 3 次 Hopf 分岔就能转变成混沌运动状态。具体地说，其通往混沌的转变可以表示为不动点→极限环→二维环面→混沌，每一次分岔可以看作一次 Hopf 分岔，分岔出一个新的不可公约的频率。

需要指出的是，尽管这条通向混沌的道路提出较早，但与倍周期分岔道路和阵发混沌道路相比，其规律性仍知道得较少，近年来已引起了人们的关注。例如，关于突变点附近的临界行为的研究还不够充分，目前尚不清楚这里是否也存在着普适的临界指数，这些已引起了人们的关注。

总之，除上述三种通向混沌的道路之外，还有如准周期过程、剪切流转等许多产生混沌的方式，科学家甚至得出“条条道路通混沌”的结论。

1.1.5　研究混沌的主要方法

混沌是非线性系统所呈现出来的一种高度复杂的动力行为，但并不是任何一个非线性系统都具有混沌行为，因此如何判断给定的一个非线性系统具有混沌行为、如何将混沌行为进行数学上的定量化说明是混沌研究中几个无法避免的问题。下面介绍一下目前研究混沌运动的主要方法[4,23]。

1. 直接观测法

该方法是依据混沌动力系统的方程，结合仿真技术，画出相空间中相轨迹随时间的变化图，以及状态变量随时间变化的历程图。通过对比、分析和综合加以确定解的分岔和混沌现象。在相空间中，周期运动对应封闭曲线，混沌运动对应一定区域内随机分离的永不封闭的轨迹，即奇怪吸引子。利用此方法可确定分岔点和普适常数，是复杂工程问题混沌研究的重要方法。

2. Poincáre 截面法

Poincáre 截面法的基本思想是在多维相空间 $(x_1, \mathrm{d}x_1/\mathrm{d}t, x_2, \mathrm{d}x_2/\mathrm{d}t, \cdots, x_n, \mathrm{d}x_n/\mathrm{d}t)$ 中适当选取一个截面，在此截面上某一对共轭变量如 $(x_1, \mathrm{d}x_1/\mathrm{d}t)$ 取固定值，称此截面为庞加莱截面（Poincáre Section）。观察运动轨迹与此截面的截点，设它们依次为 $P_0, P_1, \cdots, P_n$。原来相空间的连续轨迹在 Poincáre 截面上便表现为一些离散点之间的映射 $P_{n+1} = TP_n$，由此可得到关于运动特性的信息。若不考虑初始阶段的暂态过渡过程，仅考虑 Poincáre 截面的稳态图像，则当 Poincáre 截面上只有一个不动点或少数离散点时，运动是周期的；当 Poincáre 截面上是一封闭曲线时，运动是准周期的；当 Poincáre 截面上是成片的密集点，且有层次结构时，运动便是混沌的。

3. 相空间重构法

对系统在相空间的表现进行分析是很简便且很直观的方法。但是组成相平面或相空间至少需两个或两个以上变量的时间序列数据，而通常测得的往往只是一个变量的时间序列。但是可以想象，一个变量随时间的变化是由整个系统的运动规律支配的，因此单一变量的时间序列应该隐含着整个系统的运动规律。这时可利用所测得的时间序列重构相空间。重构相空间维数即嵌入维数应满足 $m \geqslant 2n+1$，其中 n 为相空间的真实维数。设测得的时间序列为 $\{x(k), k = 1, 2, \cdots, n\}$，适当选取一时间延迟量 τ，即重构相空间的间距，其中 τ 为采样周期的整数倍，取 $x(k), x(k+\tau), x(k+2\tau), \cdots, x(k+(m-1)\tau)$ 为坐标抽，画出重构相空间轨迹。

上述重构吸引子的过程相当于将时间序列 x（k）映射到 m 维的欧式空间 $\boldsymbol{R}^m$ 中，并希望 $\boldsymbol{R}^m$ 空间中的点能保持原有未知吸引子的拓扑特性。相空间重构法虽然是用一个变量在不同时刻的值构成相空间，但动力系统的一个变量的变化自然跟此变量与系统的其他变量的相互关系有关，即此变量随时间的变化隐含着整个系统的动力学规律。因此，重构相空间的轨线也反映了系统状态的演化规律。对于定态，通过这种方法得到的结果仍是一定点；对于周期运动，结果是有限个点；而对于混沌系统，所得到的结果则是一些具有分布形式或离散结构的离散点。

4. 功率谱分析法

功率谱分析是研究混沌的一个重要手段。功率谱是单位频率上的能量，它能反映出功率在频率上的分布情况。假定已经获得了按等时间间隔 Δt 的时间序列 $x(k)(k=1,2,\cdots,N)$，对这个序列加上周期边界 N_{N+j}=N_j，然后计算自关联函数：

$$c_j = \frac{1}{N}\sum_{i=1}^{N} x_i x_{i+j} \tag{1-2}$$

再对 C_j 作离散傅里叶变换，计算其傅里叶系数：

$$p_k = \sum c_j \exp\left(\frac{-i2\pi jk}{N}\right) \tag{1-3}$$

P_k 代表第 k 个频率分量对 x_i 的贡献，这就是功率谱的本来的意义[1]。实际计算时可直接对时间序列按下式进行快速傅里叶变换：

$$\begin{cases} a_k = \dfrac{1}{N}\displaystyle\sum_{i=1}^{N} x_i \cos\left(\dfrac{k\pi i}{N}\right) \\ b_k = \dfrac{1}{N}\displaystyle\sum_{i=1}^{N} x_i \sin\left(\dfrac{k\pi i}{N}\right) \end{cases} \tag{1-4}$$

则功率谱定义为 P_k=$a_k^2 + b_k^2$。

功率谱分析法可有效地判断系统的运动性质。例如，对频率为 f 的周期系统的功率谱在频率 f 及其高次谐波 $2f, 3f, \cdots$ 处有 δ 函数形式的尖峰。每个尖峰的高度指示了相应频率的振动强度。特别当发生分岔时，功率谱将改变它的特征。基频为 $f_1, f_2, \cdots, f_\mathrm{k}$ 的准周期系统的功率谱在 $f_1, f_2, \cdots, f_\mathrm{k}$ 及其线性组合处有 δ 函数形式的尖峰。对于混沌系统，尽管其功率谱仍可能有尖峰，但它们多少会增宽一些（不再相应于分辨率），而且功率谱上会出现宽带的噪声背景。可见功率谱分析对周期和准周期现象的识别以及研究它们与混沌态的转化过程是非常有力的。

5. 关联维数分析法

维数是空间和客体的重要的几何特征。在状态空间中维数反映了描述该空间中运动所需的变量个数，而在吸引子中维数则说明了刻划吸引子所必需的信息量。混沌的奇怪吸引子具有不同于通常几何形状的无限层次的自相似结构。分维数可对吸引子的几何特征以及集于吸引子上的轨道随时间的演化情况进行数量上的描述。分维数有多种定义，其中 Grassberger 和 Procaccia 在 1983 年提出了一种易于从实验数据中提取分维数即关联维数的算法[18]。其算法如下：

首先，计算 n 维状态空间中任意两点间距离小于 r 的概率，如下式所示：

$$C(r)=\frac{1}{M^2}\sum_{\substack{i,j=1\\ i\neq j}}^{M}H(r-|X_i-X_j|) \tag{1-5}$$

式中，M 为数据点的数目，r 为 n 维小球的半径。凡是距离小于给定正数 r 的矢量，称为有关联的矢量。这里的 $H(\cdot)$ 是 Heaviside 函数

$$H(x)=\begin{cases}0, x\leqslant 0\\ 1, x>0\end{cases} \tag{1-6}$$

r 的值取得适当，$C(r)$ 会随着 r 的增大而呈指数倍迅速增加。则关联维数定义为

$$D_2=-\lim_{r\to 0}\frac{\ln C(r)}{\ln r} \tag{1-7}$$

在计算中随着嵌入维数 d 变化，双对数 $\ln C(r)-\ln r$ 图曲线束中，互相平行的直线段的斜率，就是关联维数 D_2。维数越大，说明关联程度越低，系统复杂程度越高。

6. Lyapunov 指数分析法

目前在表征混沌运动方面，显示出重大意义的统计特征值之一的，就是 Lyapunov 指数，它是相空间中相近轨道的平均收敛性或平均发散性的一种度量。若 Lyapunov 指数小于零，表示相体积收缩，运动稳定，且对初始值不敏感；若 Lyapunov 指数等于零，则对应临界状态，即稳定的边界；若 Lyapunov 指数大于零，表示相邻轨道发散，长时间行为对初值十分敏感，运动呈混沌状态。

混沌系统由相空间中的不规则轨道奇怪吸引子来描述。奇怪吸引子的一个明显特征就是吸引子邻近点的指数离析。因为相空间中的点表示整个物理系统，所以邻近点的指数离析意味着初始状态完全确定的系统在长时间情况下，会不

可避免地发生变化，这种行为就是系统对初始条件具有敏感依赖性的反映。而引入的 Lyapunov 指数恰可定量表示奇怪吸引子的这种运动状态。

对于 n 维相空间中的连续动力学系统，考察一个无穷小 n 维球面的长时间演化。由于流的局部变形特性，球面将变为 n 维椭球面。第 i 个 Lyapunov 指数按椭球主轴长度 $p_i(t)$ 定义为

$$\lambda_i = \lim_{t\to\infty}\frac{1}{t}\ln\frac{p_i(t)}{p_i(0)} \tag{1-8}$$

式（1－8）表明 Lyapunov 指数的大小表示相空间中相近轨道的平均收敛或发散的指数率。Lyapunov 指数是很一般的特征数值，它对每种类型的吸引子都有定义。对于 n 维相空间有 n 个实指数，故也称为谱，并按其大小排列，一般令 $\lambda_1 \geqslant \lambda_2 \geqslant \lambda_3 \cdots \geqslant \lambda_n$。一般说来，具有正和零 Lyapunov 指数的方向，都对支撑起吸引子起作用，而负 Lyapunov 指数对应着收缩方向。这两种因素对抗的结果就是伸缩与折叠操作，这就形成奇怪吸引子的空间几何形状。因此，对于奇怪吸引子而言，其最大 Lyapunov 指数 λ_1 为正的（另外也至少有一个 Lyapunov 指数是负的），并且 Lyapunov 指数 λ_1 越大，系统的混沌性越强；反之亦然。

本书采用了 Wolf 提出的计算最大 Lyapunov 指数 λ_1 的算法——长度演化法[20]，其算法如下：

设时间序列 $X(t)$，利用时间延迟法构造 m 维相空间，空间中的每一点是由 $\{X(t), X(t+\tau), \cdots, X(t+(m-1)\tau)\}$ 给出的。首先找出距初始点 $\{X(t_0), X(t_0+\tau), \cdots, X(t_0+(m-1)\tau)\}$ 最近的点，用 $L(t_0)$ 表示这两点间的距离。到 t_1 时刻 $L(t_0)$ 已演化成 $L'(t_1)$，这时再按以下两原则寻找一个新的数据点：它与演化后基准点的距离 $L(t_1)$ 很小；且 $L(t_1)$ 与 $L'(t_1)$ 的夹角很小。这个过程重复进行，直到穷尽所有的数据点。则 λ_1 为

$$\lambda_1 = \frac{1}{t_N - t_0}\sum_{k=1}^{N}\log_2\frac{L'(t_k)}{L(t_{k-1})} \tag{1-9}$$

式中，N 是长度元演化的总次数。至 λ_1 趋于某一稳定值时，计算才算成功。

1.1.6　混沌控制研究概况

目前，人们对混沌控制的理解，从广义上说是人为并有效地通过某种方法控制混沌系统，使之发展到实际所需要的状态。主要有以下几个方面：

1）在混沌有害时，成功地抑制混沌或消除混沌；

2）在混沌有利时，利用混沌来产生所需要的具有某些特点的混沌运动，甚至产生某些特定的混沌轨道；

3）在系统处于混沌状态时，通过外部控制产生出人们所需要的各种输出。

由于混沌的奇异特性，尤其是对初始条件扰动极端敏感的特性，使得人们一度认为混沌是不可控的。直到 1990 年美国物理学家 Ott，Grebogi 和 Yorke 所做的开创性工作，提出一种比较系统和严密的参数微扰方法，成功地将混沌系统镇定在不稳定的周期轨道上。该方法开创了混沌控制的先河，人们称之为 OGY 方法[5]。同年，美国海军实验室的 Pecora 和 Carroll 提出了混沌同步的概念及方法[6]。这些开创性的工作激发起了人们对混沌控制理论与实验研究的浓厚兴趣，并向世人展现了诱人的应用前景。下面对一些有代表性的成果和新进展做一些简要介绍和评述。

1. OGY 控制方法及其改进方法

OGY 控制方法[4,5]充分利用了混沌运动的特点，在控制方面表现出许多特色，直到今天，OGY 方法的控制思想仍然为控制混沌的重要策略。它建立在混沌吸引子中嵌有无数条不稳定的周期轨道的理论基础之上，利用混沌运动对很小的参数扰动敏感和混沌运动的遍历性，给混沌运动系统的参数施加含时小扰动，把在无穷多不稳定周期轨道中所期望的那个不稳定周期轨道稳定住，使系统处于不动点或做有规律的周期运动。具体方法以一个 n 维离散的混沌系统来说明 OGY 方法的实现过程。设系统的数学模型为

$$x_{n+1} = F(x_n, p) \qquad (1-10)$$

式中，p 是系统参数；$x \in \mathbf{R}^n$ 是系统状态。控制参数 p 可以在 p_0 附近变化，不妨令 $p_0=0$。当参数 p 从 p_0 变到 p 时，不动点从 $x_f(p_0)$ 变到 $x_f(p)$。

$$G = \left.\frac{\partial_f(p)}{\partial p}\right|_{p=0} \approx \frac{[x_f(p) - x_f(0)]}{p} \qquad (1-11)$$

在不动点 $x_f(0)$ 附近对式（1－10）描述的混沌系统线性化，得到一个映射

$$x_{n+1} - x_f(p) = \boldsymbol{M}[x_n - x_f(p)] \qquad (1-12)$$

$\boldsymbol{M}$ 是 $n\times n$ 的 Jacobi 矩阵，用 r_u 和 r_s 代表 $\boldsymbol{M}$ 的不稳定和稳定特征值，$|r_\mathrm{u}| > 1 > |r_\mathrm{s}|$。在系统模型不知道的情况下，可以通过实验数据来确定 $x_f(p)$，$\boldsymbol{M}$，G，r_u 和 r_s。$\boldsymbol{ME}_\mathrm{u}=r_\mathrm{u}\boldsymbol{E}_\mathrm{u}$，$\boldsymbol{ME}_\mathrm{s}=r_\mathrm{s}\boldsymbol{E}_\mathrm{s}$，$\boldsymbol{E}_\mathrm{u}$ 和 $\boldsymbol{E}_\mathrm{s}$ 是 $\boldsymbol{M}$ 的不稳定和稳定的单位特征向量，$\boldsymbol{F}_\mathrm{u}$ 和 $\boldsymbol{F}_\mathrm{s}$ 代表与之正交的向量，即 $\boldsymbol{E}_\mathrm{u} \cdot \boldsymbol{F}_\mathrm{u} = \boldsymbol{E}_\mathrm{s} \cdot \boldsymbol{F}_\mathrm{s} = 1$，$\boldsymbol{E}_\mathrm{u} \cdot \boldsymbol{E}_\mathrm{s} = \boldsymbol{E}_\mathrm{s} \cdot \boldsymbol{E}_\mathrm{u} = 0$。式（1－12）可以表示为

$$x_{n+1}-x_f(p)\approx[r_{\mathrm{u}}\boldsymbol{E}_{\mathrm{u}}\cdot\boldsymbol{F}_{\mathrm{u}}+r_{\mathrm{s}}\boldsymbol{E}_{\mathrm{s}}\cdot\boldsymbol{F}_{\mathrm{s}}][x_n-x_f(p_0)] \tag{1-13}$$

由式（1－11），可以把式（1－13）改写为

$$x_{n+1}=pG+x_f(0)+(r_{\mathrm{u}}\boldsymbol{E}_{\mathrm{u}}\cdot\boldsymbol{F}_{\mathrm{u}}+r_{\mathrm{s}}\boldsymbol{E}_{\mathrm{s}}\cdot\boldsymbol{F}_{\mathrm{s}})(x_n-pG-x_f(0)\ \text{（}p\text{ 在 0 附近变化）}$$

通过 p 的扰动使 x_{n+1} 落在不动点 $x_f(0)$ 附近的稳定流型上，即 $\boldsymbol{F}_{\mathrm{u}}\cdot x_{n+1}=0$。

$$p=\frac{(1-r_{\mathrm{u}}\boldsymbol{F}_{\mathrm{u}})\cdot(x_f(0)+r_{\mathrm{u}}\boldsymbol{F}_{\mathrm{u}})\cdot x_n}{(r_{\mathrm{u}}-1)\boldsymbol{F}_{\mathrm{u}}\cdot G} \tag{1-14}$$

因为 p 与 x_n 有关，每步迭代要计算 p，控制由调节 p 的值来实现，使混沌系统的状态稳定到不动点 $x_f(0)$。为使式（1－11）成立，需 $|p|<p^*$，p^* 充分小，如 $|p|>p^*$，令 p=0，这时系统再次进入混沌运动状态。由混沌运动的遍历性，系统的状态将再次回到 $x_f(0)$ 的邻域，控制系统重新启动。

OGY 方法无须知道系统的动力学模型，且对离散系统和可离散化的连续系统均适用。同时，该法每次映射迭代所需的计算量及所需的参数变化都很少。而且在延迟坐标下达到控制目标后，嵌套在混沌吸引子中的不稳定周期轨道只有微小变化。该方法的缺点是只适用于离散混沌系统及可以用庞加莱映射表征的连续混沌系统，并且通常情况下只能控制低周期轨道。这些都限制了该方法的使用范围。

后来，Ott、Grebogi 又与 Romeiras、Daywansa 合作，将 OGY 方法的基本思想与控制系统理论中的极点配置技术相结合，控制了高周期态和高维系统的非周期轨道，但实际上控制效果也不理想。为了有效控制混沌吸引子中的高周期轨道，1991 年俄亥俄州大学的 Hunt 提出了 OPF（Occasional Propotional Feedback）方法[26]。该方法是一种分析技术，具有很大的优点，它不仅只需小微扰就容易控制低周期态，而且通过调整信号限制窗口的宽度及反馈信号的增益量，能够有效地控制高周期轨道。OPF 技术的另一个优点是控制器所需的信息可直接从测量混沌行为得到，能够快速控制混沌。美国海军实验室基于 OPF 技术开发了一种跟踪法，应用于激光系统，把激光装置的输出功率提高了 15 倍。

OGY 方法的贡献不仅在控制方法上，而更重要的是在观念上。它使人们重新审视混沌系统，正是 OGY 方法的提出，带动了混沌研究的热潮。

2. *连续反馈控制方法*

针对 OGY 控制方法的不足，德国科学家 Pyragas 提出了两种适用于连续混沌系统的方法[27,28]：外力反馈控制法和延迟反馈控制法。其基本思想都是考虑混沌系统的输出与输入信号之间的自反馈耦合，这两种方法都可以实现对混沌吸

引子中不稳定周期轨道的稳定控制。

外力反馈控制法从系统外面注入一个强迫信号，用以与系统的输出量相比较，给出控制信号。与 OGY 方法的不同在于，该方法不受必须靠近轨道的限制，可以在任何时候加入微扰来控制。假设外力反馈描述的受控系统的动力学方程为

$$\begin{cases} \dfrac{\mathrm{d}y}{\mathrm{d}t} = P(x,y) - F(t) \\ \dfrac{\mathrm{d}x}{\mathrm{d}t} = Q(x,y) \end{cases} \tag{1-15}$$

式中，y 是输出变量，矢量 $\boldsymbol{x}$ 为系统的其余状态变量，$F(t)$ 为微扰的控制信号，当无控制时，即 $F(t)=0$，系统应处于混沌状态。假设将系统控制到混沌吸引子中某个周期轨道 $y_i(t)$。为此首先设计一个的周期信号发生器来产生所需的周期信号 $y_i(t)$，或产生的信号正比于 $y_i(t)$，然后把目标信号 $y_i(t)$ 与输出信号 $y(t)$ 之差 $D(t)=y_i(t)-y(t)$ 作为控制信号，即

$$F(t) = K[y(t) - y_i(t)] = KD(t) \tag{1-16}$$

反馈到（1-15）式中。式中 K 为可调节的控制强度。当 $y(t)=y_i(t)$ 时，$F(t)$ 的引入并不改变相应的不稳定周期轨道。当 $y(t)\neq y_i(t)$ 时，通过调节控制强度 K 就可以到达稳定控制目的，当到达控制时 $F(t)=K[y(t)-y_i(t)]=0$，反馈控制不起作用。

Pyragas 采用外力反馈方法对 Rössler 系统、Lorenz 系统和 Duffing 系统进行了控制，都取得了满意效果。但该方法是需先确定目标轨道的，这样需要对系统的输出信号进行大量即时的采集与分析。为了解决这一问题，Pyragas 同时又提出了延迟反馈控制方法。这种方法的微扰形式为

$$F(t) = K[y(t) - y(t-\tau)] = KD(t) \tag{1-17}$$

即以 $y(t-\tau)$ 取代外部信号 $y_i(t)$，τ 为时间延迟，这里应选取 τ 为不稳定周期轨道的周期。其他做法与以上的外力延迟反馈控制方法相似，通过调节 K 和 $D(t)$ 的值来达到控制目标。当延迟反馈与原系统的轨道发生共振，并且稳定了这些轨道时，$y(t-\tau)=y(t)$，即控制信号 $F(t)=0$；当被控制系统稳定到了周期轨道，但 $F(t)\neq 0$ 时，这时的周期轨道不是原系统的固有的，而是产生了新的动力学行为。

延迟反馈方法利用系统本身输出信号的一部分并经过一定的时间延迟后，再与原来输出信号相减，作为控制信号反馈到系统中去，使系统在自动寻找原

混沌系统不稳定周期轨道的同时实现混沌控制。Pyragas 在数值模拟和实验上均证实了延迟反馈方法的有效性，并考虑了噪声的影响，其鲁棒性和抗噪声能力要优于 OGY 方法。后来，一些学者对连续反馈方法在多变量方面又进行了改进和补充[29,30]。

3. 迁移与传输控制方法

迁移与传输控制的基本思想是假定目标轨道满足于给定动力学系统相同的数学方程，然后把两个方程叠加起来，由此迫使被控系统的混沌状态转移到目标轨道之中[31]。该控制方法是一种开环控制，设计和使用都非常简单，只要求知道系统的初始状态，在控制实施中不再需要系统的状态，而且适用于连续动力学系统和离散系统。缺点是，需要预先知道系统的特性，特别是关于吸引子空间的收敛区域。对目标动力学的收敛取决于初始条件，或者传输的流域，所以不能任意选择控制目标。

4. 传统控制理论在混沌控制中的应用

OGY 法、OPF 技术和连续反馈控制方法等微扰方法，并不是传统的控制理论。它们实现控制的共同机理是变系统原来正的 Lyapunov 指数为负值，从而实现被控系统从不稳定到稳定的转变。传统的控制方法已有很长的研究历史，并且已建立了很多行之有效的理论和方法。因此，不少学者尝试采用各种传统的控制手段来实现混沌控制。常规的线性和非线性反馈控制已经成功地用来控制混沌系统[32,33]。线性和非线性反馈控制主要是基于 Lyapunov 理论或反馈线性化等补偿理论，它们都能够稳定跟踪参考输入或抑制不确定性干扰的不稳定系统，将系统稳定到不动点或周期轨道。缺点是必须知道被控系统的模型和参数。

在许多实际的情况下，被控混沌系统的模型或参数很难精确知道。为此，一些学者将自适应控制理论应用于混沌控制。Bernardo 基于 Lyapunov 理论，设计了模型参考的自适应的控制方法[34]，该方法可以适宜一大类混沌系统的控制。Ge 等[35]将被控的混沌系统转换成非自治的严格反馈形式的非线性系统，利用一种构成反馈控制和李雅普诺夫函数的系统设计方法，提出了另一种采用模型参考自适应控制方法。在参数未知 Duffing 振荡器的仿真表明，控制效果良好。另外，基于参数估计的自适应控制、基于反馈线性化方法的自适应控制或自适应方法和其他传统控制相结合的控制方法也相继被用于混沌控制中[36–38]。

近年来，人们也将智能控制方法引入到混沌控制中。Oscar 利用模糊控制策略对 Chua 氏混沌电路进行了快速稳定控制[39]。Chen 等在混沌系统的输入输出数据能利用的情况下，应用模糊模型对不确定混沌系统进行了辨识和控制[40]。

Lin 提出了一种基于遗传算法的再励学习神经网络控制器，在不知道系统的平衡点和输入—输出数据的情况下，将系统稳定到高周期轨道上[41]。

除了以上控制方法外，混沌控制还有许多其他方法[42-44]，在此很难一一列举。这些方法试图从不同角度来解决混沌控制问题，每一种方法都有其优点，也有其适用范围和限制，因此值得深入研究。

1.1.7　混沌同步控制研究概况

混沌同步，从总体上讲，属于一种广义的混沌控制，是指两个或多个混沌系统在耦合或驱动作用下使其混沌运动达到一致的过程。1990 年，美国海军实验室的 Pecora 和 Carroll 首次提出了一种混沌同步方法，并在电子线路上首次观察到了混沌同步的现象[6]。这一开创性的工作，极大地推动了混沌同步的理论研究。在随后的十多年里，不断有新的混沌同步方法出现，其应用领域也从物理学扩展到了保密通信、化学、生物学和信息科学等领域，混沌同步的研究已经逐步完善和深入。下面对一些典型的混沌同步方法和新进展做一简要介绍。

1. 驱动—响应同步方法

Pecora 和 Carroll 最先提出的混沌同步方法就是驱动—响应同步法，简称 PC 同步法。该方法的基本思想是将混沌的驱动系统分解成一个稳定的子系统和一个不稳定的子系统，对不稳定子系统复制一个响应系统，当响应系统的条件 Lypaunov 指数均为负值时，驱动系统和响应系统同步。这一方法的局限性是必须对原系统分解成一个稳定的子系统和一个不稳定的子系统。并且通过计算响应系统的所有条件 Lyapunov 指数来判定驱动系统和响应系统是否同步，而并非所有的非线性系统都能找到易于判别其导数为负的 Lyapunov 函数。

2. 主动—被动同步方法

由于驱动—响应同步法需要将特定的系统进行分解，在实际应用中受到较大的限制。Kocarev 和 Parlitz 提出了一种改进的拆分方法，即主动—被动同步分解法[45]。该方法的主要思想是，通过把耦合变量或驱动变量引入复制系统，导出系统变量差的微分方程，得到总体系统的误差动力学，再通过线性化分析方法或 Lyapunov 函数方法分析两个系统的误差，证明它们达到同步。这种控制方法比较灵活，它可以不受任何限制地选择驱动信号的函数，因此具有更大的实用性。可以适合于混沌同步、超混沌同步和时空混沌同步，因而特别有利于保密通信方面的应用。

3. 基于相互耦合的同步方法

由于相互耦合的非线性系统在自然界普遍存在，这种类型的混沌同步涉及的领域十分广泛。Gaponov-Grekhov 在研究流体湍流时，首先提出了基于相互耦合的混沌同步方法。Winful 和 Rahman 研究了相互耦合的半导体激光阵列系统中混沌同步的可能性[46]。美国的 Roy 和 Thornbury 以及日本的 Sugawara 等人，分别独立地从实验上观察到了两个耦合混沌激光系统的同步[47]。在耦合同步的方法中，总体系统不区分驱动和响应关系。驱动—响应同步方法中驱动系统和响应系统实质上也是一种耦合，只不过是单向耦合。利用 Haken 的协同学和 Shanon 的信息论中的共同信息的概念可对这种同步机制给予物理机制上的解释。决定混沌同步的关键是两个混沌系统相互耦合的强度。Kapitaniak 和 Chua 对线性耦合情形作了详细的分析，在理论上证明了系统之间只有足够强的耦合，才能实现系统的同步[48]。

4. 基于观测器的同步方法

将混沌系统表示为如下的一般形式

$$\begin{cases}\dot{\boldsymbol{x}} = f(\boldsymbol{x}) \\ \boldsymbol{s} = h(\boldsymbol{x})\end{cases} \tag{1-18}$$

式中，$\boldsymbol{x} \in \mathbf{R}^N$ 为系统的状态向量；$\boldsymbol{s} \in \mathbf{R}^M$ 为系统的输出向量；f 为描述系统的动力学方程。

设系统（1－18）为驱动系统，按照同步的驱动—响应框架，考虑如下的响应系统：

$$\dot{\boldsymbol{y}} = g(\boldsymbol{y}, \boldsymbol{u}(\boldsymbol{s}, \boldsymbol{y})) \tag{1-19}$$

式中，$\boldsymbol{y} \in \mathbf{R}^N$，$g$ 是描述系统的动力学方程，$\boldsymbol{u}$ 为耦合控制。

因此，以上的完全同步问题归结为如何设计耦合控制器 u，使得

$$\lim_{t\to\infty} \|\boldsymbol{y} - \boldsymbol{x}\| = 0 \tag{1-20}$$

成立。由于响应系统的动力学行为取决于驱动系统，因此基于观测器的完全同步问题可以归结为控制理论中的观测器设计问题。

近年来，一些学者又陆续地提出了一些其他的混沌同步方法，如自适应同步方法、脉冲同步方法等[11,12]。以上介绍的同步方法主要是针对混沌的完全同步（Complete Synchronization），完全同步是指两个相同或不同混沌系统的状态最终达到一致[49]。除了完全同步，一些学者对于混沌的其他几种主要的同步方式也多了大量的研究[50–53]，如：相同步（Phase Synchronization）[50]、滞后同步（Lag

Synchronization）[51]、广义同步（Generalized Synchronization）[52,53]等。

1.1.8　混沌反控制研究概况

混沌系统的反控制，又称为混沌化控制，是指设计一个可行的控制器，使受控的系统产生混沌现象或增强受控系统已经存在的混沌现象[54]。混沌反控制解决了混沌源的实现问题，由于混沌系统在信息安全与保密通信、柔性系统设计、流体及超细粉末混合、小能量控制等方面的应用表现出的特有优良品质[55]，对混沌系统的反控制的研究已成为非常热门的研究课题，吸引不同领域的专家学者投入到该方向的研究中]。目前学者们已经取得了初步研究成果[56]，下面对一些典型的混沌反控制方法和新进展做一简要介绍。

1. 基于李雅普诺夫指数配置

李雅普诺夫指数是衡量有界动力学系统是否是混沌的一项重要指标，当有界动力学系统有一个李雅普诺夫指数为正时，那么就认为该系统是混沌的。并且为正的李雅普诺夫指数越多，系统的混沌特性就越强。陈关荣等人[57,58]提出了通过配置离散非线性系统的李雅普诺夫指数，使其大于零的混沌化方法。被控的离散非线性动力学系统如下：

$$\begin{cases} x_{k+1} = f_k(x_k), x_k \in \mathbf{R}^n \\ x_k - \text{给定} \end{cases} \tag{1-21}$$

式中，f_k 至少在所研究的某点局部邻域内连续可微，对系统（1－21）加控制序列 $u_k = \boldsymbol{B}_k x_k, (0 \leqslant k \leqslant +\infty)$，这里 $\boldsymbol{B}_k$ 是需要设计的 $n \times n$ 矩阵，使得如下系统变为混沌系统。

$$\begin{cases} x_{k+1} = f_k(x_k) + \boldsymbol{B}_k x_k, x_k \in \mathbf{R}^n \\ x_k - \text{给定} \end{cases} \tag{1-22}$$

首先令受控系统（1－22）某一连续点 z 处的雅可比矩阵为

$$J_k(z) = f_j^{'}(z) + B_j j = 0,1,2,\cdots,n \tag{1-23}$$

然后定义 $T_j = T_j(x_0,\cdots,x_j) = J_j(x_j)\cdots J_0(x_0)$，它的第 i 个特征值为 $\mu_i(T_j^{\mathrm{T}}T_j), i = 1,2,\cdots,n; j = 0,1,2,\cdots,n.$ 计算从初始值 x_0 开始的轨迹 $\{x_k\}_{k=0}^{+\infty}$ 的第 i 个李雅普诺夫指数为

$$\lambda_i(x_0) = \lim_{k \to +\infty} \frac{1}{2k} \ln\left|\mu_i(T_k^{\mathrm{T}}T_k)\right| \tag{1-24}$$

随后设计 $\{\boldsymbol{B}_k\}_{k=0}^{+\infty}$ 使得某一个李雅普诺夫指数 $\lambda_i(x_0)$ 满足 $0 \leqslant \varepsilon \leqslant \lambda_i(x_0)$

$<+\infty, i=1,2,\cdots n$. ε 为预先设定的正的常数。然后对受控系统（1－22）进行 mod 操作实现系统（1－21）的混沌反控制。

2. 增加线性或非线性反馈控制输入

增加线性或非线性反馈控制输入使系统混沌化是比较常用的混沌反控制方法，一般有如下三种增加控制输入的方法：

1）对线性受控系统施加非线性状态反馈控制。

2）对非线性受控系统施加线性状态反馈控制。

3）对非线性受控系统施加非线性状态反馈控制。

张波等人通过在永磁同步电动机系统中增加一个线性控制项，使得该系统呈现出混沌行为[59]。陈关荣等通过引入定常控制作用和线性控制作用在连续时间系统的极限环附近得到混沌运动，实现了极限环运动到混沌运动的过渡[60]。CHUA 等使用分段线性状态反馈的非线性反控制方法，由分立有源器件晶体管电路实现了分段线性化特性，得到双涡卷吸引子混沌[61,62]。后来，人们对得到多涡卷吸引子的混沌化方法进行了进一步研究[63–66]。汪小帆等人实现了通过附加任意小的非线性状态反馈控制来完成一个稳定线性时不变系统的混沌反控制[67,68]。LI 等应用主元分析算法研究了由正弦函数激励下的神经元调整权重时产生混沌的情况[69]。

3. 施加时滞状态反馈控制

通过对受控连续系统进行参数时滞摄动和对受控系统引入状态时滞反馈输入，汪小帆等人首先研究了对稳定线性微分方程、广义稳定线性系统的时滞状态反馈混沌反控制。在此基础上根据微分同胚的理论又研究了对稳定非线性微分方程、稳定仿射非线性系统的时滞状态反馈混沌反控制[70]。LU 等研究了具有时滞状态的一阶连续自治系统中的混沌行为[71]。IKEDA 等研究了增加时滞状态反馈得到高维混沌系统的情况[72]。朱海磊等通过延迟反馈控制实现了将异步电动机的稳态由通常的固定在某个定常转速控制到周期的甚至混沌的运动[73]。STARKOV 等人运用时滞状态反馈控制，针对多项式连续时间系统，给出了半全局混沌化控制方案[74]。BONDARENKO 等讨论了时滞在模拟神经网络反控制中的重要性[75]。

另外，一些研究者提出了一些其他的混沌反控制的方法，例如，通过对已有混沌吸引子进行变异来实现混沌反控制[76–83]，通过受控系统状态对已知混沌参考系统的状态跟踪来实现混沌反控制[84–88]等。

从前面的混沌控制和同步的介绍中，可以看出经过十多年的研究，国内外学者已经提出了很多混沌控制和同步的方法，并已成功地进行应用尝试。但该领域的研究还在快速发展之中，很多问题仍有待于进一步的研究，有效的控制混沌及其实际的应用还有大量的理论和技术上的问题亟待解决：

1）将传统控制方法引入到混沌的控制中时，大多数控制方法都是基于非线性控制方法设计和分析的，而对混沌特性的利用不足，很多系统在实现控制后原系统的风貌已被改变。在如何保持原系统的运动特性，发掘和利用混沌系统的特征方面还有待进一步深入的研究。

2）很多控制和同步的方法都是针对个别或一小类混沌系统，它们是否可以推广到其他混沌系统的控制还需要进一步的研究。因此，缺少普遍适用的严密的理论去分析和研究混沌系统的控制策略。

3）很多控制和同步的方法在理论分析上比较严密，但控制器的设计过于复杂，这样会导致在实际的应用中，控制器在物理上难以实现。

4）在很多控制和同步的方法中，混沌系统是建立在精确数学模型基础上的。而在实际的应用中，随着环境的变化，混沌系统的参数可能会发生改变，甚至还有来自系统外部的干扰信号。因此，很多混沌系统的控制策略缺乏对鲁棒性问题的考虑，在实际情况下，难以应用。

1.2　混沌系统在信息加密中的应用概述

1.2.1　混沌与密码学的关系

密码学是研究密码系统或通信安全的一门科学。它主要分为两个分支，即密码编码学和密码分析学。密码编码学的主要目的是寻求保证消息保密性或认证性的方法；密码分析学的主要目的是研究加密消息的破译或消息的伪造。

混沌理论与密码学之间存在着紧密联系[89]。混沌是确定性系统的伪随机性运动，其典型特征如对初始状态及控制参数的敏感性、良好的伪随机性、遍历性、轨道的不可预测性和连续宽带频谱等，都可以跟密码学中的混淆（Confusion）、扩散（Diffusion）、密钥（Key）、轮循环（Round）等概念联系起来。比如混沌对初始状态及控制参数的敏感性对应于传统加密系统的混淆特性；混沌良好的伪随机性对应于传统加密系统的扩散特性；传统的密码算法敏感性依赖于密钥，而混沌映射依赖于初始条件和映射中的参数；混沌映射通过多轮的迭代获得指数分离的轨道，传统的加密系统则通过加密轮次来达到扰乱和扩散。并且，很多混沌系统与密码学中常用的 Feistel 网络结构是非常相似的，比如标准映射、Henon 映射等[90]。

另外，密码系统的基本问题之一就是安全性，而密码的强度依赖于密码问题的计算复杂性。也就是说，利用有限的计算资源，在有限的时间内，一个问题的求解是单向的，无法求其逆。在公钥密码中广泛使用的陷门函数就是一种单向函数。在传统密码学中，这种单向函数的构造一般都利用一些数论中的难题，比如大数分解问题、离散对数问题等来实现。而一些混沌映射数字化后可用于设计单向函数。因此，可用混沌映射开发新的公钥密码算法。

混沌和密码学之间具有的天然的联系和结构上的一些相似，启示着人们把混沌应用于密码学领域。然而，混沌与密码学之间仍然有着很大的不同，最重要的是，混沌是定义在连续的实数集上的，而密码学的操作只限于有限域。

尽管如此，我们仍然能够利用混沌的特性来设计序列密码或分组密码，特别是对分组密码来说，利用混沌的拓扑传递性来快速地置乱和扩散明文数据，以达到改变明文统计特性的目的。这一点对多媒体数据的加密尤其重要。因为对于语音、图像以及视频这些多媒体数据来说，由于其固有的大数据量、高冗余性等特性，传统的对称和非对称密码对于它们来说并不太合适。而且，密码学设计中十分强调引入非线性变换，因而可以肯定地说，混沌等非线性科学的研究成果将极大地促进密码学的发展。

1.2.2 混沌密码学的研究概况

首次明确提到“混沌密码”并得到广泛关注和引用的文献是 1989 年 Mattews 发表的文章，该文提出了一种基于变形 Logistic 映射的混沌流密码方案[7]。但很快证明在构造真正安全的混沌密码的问题上，该方案还缺乏足够的理论支持以保证其真正的安全性[91]。自此，在密码学领域，数字化混沌密码的研究引起了学者们的注意并掀起了一个小的研究热点。由于混沌理论的不完善和混沌密码研究的不成熟，混沌密码研究曾一度陷入低谷，仅有少量的文献发表。但 1997 年以后，一些新的数字化混沌密码的提出掀起了新一轮的研究热潮，关于混沌密码研究的文章纷纷见之于国内外期刊，也有一部分关于混沌密码的综述发表[92]。这里主要分以下几个方面对前人的研究成果做一个简单的回顾。

1. 混沌流密码

由于混沌系统的运动轨迹是类随机的，因此人们设计出来许多利用混沌系统产生伪随机序列的方法，然后将产生的伪随机序列作为流加密的密钥流和明文进行异或等非线性运算得到密文，解密的过程和加密过程相同，利用相同的伪随机序列对密文进行异或运算或者其他非线性运算得到明文。这类加密算法的核心问题是如何利用混沌系统快速地产生安全性高的伪随机序列，即伪随机序列发生器（Pseudo-Random Number Generator，PRNG）。近年来，有许多研究集中在使用混沌系统构造伪随机数发生器和对其性能进行分析[93-96]。目前利用混沌生成伪随机数主要有两种方法：一是抽取混沌轨道的部分或全部二进制比特[94]；另一种是将混沌系统的定义区间划分为 n 个不相交的子区域，给每个区域标记一个唯一的数字 0～$n-1$，每次混沌迭代后的值落入哪个区间，那么伪随机序列发生器的下一个输出就是该区间的编号[96]。

同时，为了克服混沌信号在离散化过程中带来的退化问题，可以采用一些方法来伪随机数序列的随机性。其中包括：

1）选择产生混沌的区域广阔、具有均匀的密度函数等优良性质的混沌系统。被普遍采用的混沌映射有 Logistic 映射、Chebyshev 映射、分段线性混沌映射或者分段非线性混沌映射等。

2）抽取多个独立混沌系统的混沌轨道，通过一定的规则组合成新的随机序列[97]。

3）通过扰动的方式增加混沌序列的周期[98]。

4）通过耦合的时空混沌系统抽取混沌信号[99]，从广义上来讲，耦合的时空混沌系统也是属于扰动的一种形式。因为时空混沌系统中的单个子系统的混沌序列具有更长的周期，这种方法是目前比较有效的构造安全的随机序列的方式。

还有一种利用混沌逆系统来设计流密码的方法[100,101]。从设计结构上看，密文被反馈回来经过处理以后再直接用于掩盖明文，既与上面介绍的基于混沌伪随机数发生器的序列密码有相似之处，又借鉴了分组密码的 CBC 工作模式。文献［102－104］提出了几种具体的基于混沌逆系统的序列密码方案，它们的结构可用一个统一的式子来表示：$y(t)=u(t)+f(y(t-1),\cdots,y(t-k)) \bmod 1$，其中 $u(t)$、$y(t)$分别表示明文和密文，$f(\cdot)$ 是一个从反馈密文生成掩盖明文的伪随机密钥流的 k 元函数。

近年来，一些基于混沌的序列密码算法不断地被提出，在文献［105］中，李树钧等人提出了一种新的双混沌系统伪随机比特发生器。在文献［106］中，李红达等人提出了基于复合离散混沌动力系统的序列密码算法等。

2. 混沌分组密码

分组密码的设计就是找到一种算法，改算法能在密钥的控制下从足够大的置换子集中迅速找到一个置换，用来对当前输入的明文进行加密变换。要使这样的加密变换足够安全，需要对明文信息进行充分的混乱和扩散。前面已经提到过：混沌对初始状态及控制参数的敏感性对应于传统加密系统的混淆特性，混沌良好的伪随机性对应于传统加密系统的扩散特性。而且，很多混沌系统的结构与密码学中常用算法的机构相似[90]。因此，混沌系统符合分组密码设计的原则。到现在，基于混沌系统来构建分组密码的研究已经取得了很大进展：

1）基于正向迭代混沌的分组密码。

这类分组密码采用正向迭代一个或者多个混沌系统，用迭代结果直接构造置换矩阵置乱明文图像的像素，然后利用某些替换算法压平明文的直方图，或者用迭代结果去控制像素的伪随机置换或替换，重复以上过程多次得到密文。这类分组加密主要是体现在图像加密方面，一般用数值化后的二维混沌映射对图像进行空域变换，常用的二维混沌映射有[90]：面包师（Baker）映射、猫（Cat）映射、标准（Standard）映射。还有学者将二维的 Cat 映射和 Baker 映射扩展为 3 维，得到了一些更好的实验结果[107]。当然只进行空域上的变换还不能保证图像加密的安全性，将空域和频域变换与混沌映射相结合来进行图像加密是当前的一个研究热点。

2）基于逆向迭代的混沌分组密码。

该分组密码的基本方法是根据一个混沌映射的逆向映射进行迭代，明文作为逆向映射的输入，迭代的结果作为密文。解密的时候通过正向迭代该混沌映射获得。这种类型的分组密码最早是由 Habutsu 等人于 1991 年提出的[108]。随即，Biham 利用此加密方案中帐篷映射的逐段线性性和 n 个随机比特的使用，对该密码方案进行了破解[109]。以后，几种改进方案在文献［110－112］中被提出。

3）与传统分组密码学相结合的混沌分组密码。

这类混沌分组密码往往采用传统分组密码的一些设计结构。但是在密钥的产生与轮密钥的分配、S－Box 盒或 P 置换的设计使用了混沌系统[113-115]。

3. 混沌公钥密码

在公钥加密系统中，使用两个不同的密钥分别进行加密和解密。其中加密密钥是公开的，称为公开密钥，谁都可以使用，解密密钥是保密的，称为秘密密钥，只有解密人自己知道。根据公开的加密密钥来确定解密密钥，在计算上是不可能的。公钥密码系统的安全性一般都是以数学中的某个难题为基础的，在加密和解密的过程中，往往涉及大量的运算，和对称密码相比速度要慢得多，主要用于密钥交换、数字签名，而不直接用它来加密数据。

与以上介绍的基于混沌的对称密码的研究相比，将混沌系统应用在公钥系统中的研究成果相对较少。2003 年，Tenny 等人在文献［116］中利用混沌吸引子实现了公钥加密，但是实用性不好。后来，Kocarev 提出了一种利用混沌映射构造公钥密码的方案[117]，被广泛认为是一篇具有创新性和实用性的方案。该公钥方案是以 Chebyshev 多项式的半群属性为基础的，Chebyshev 多项式的定义为

$$T_n(x)=2xT_{n-1}(x)-T_{n-2}(x)\,,\quad n\geqslant 2 \tag{1-25}$$

式中，$x\in[-1,1]$；$T_0(x)=1$；$T_1(x)=x$，则 T_n 称为 n 阶 Chebyshev 多项式。Chebyshev 多项式还有一种三角函数的表达形式：

$$T_n(x)=\cos(n\arccos(x)) \tag{1-26}$$

Chebyshev 多项式有两条重要的属性：

1）半群属性：

$$\begin{aligned} T_r(T_s(x)) &= \cos(r\cos^{-1}(\cos(s\cos^{-1}(x)))) \\ &= \cos(rs\cos^{-1}(x)) \\ &= T_{sr}(x)=T_s(T_r(x)) \end{aligned} \tag{1-27}$$

2）混沌属性：

当 $n\geqslant 2$ 时，Chebyshev 多项式表现出混沌特性，具有正的 Lyapunov 指数 $\ln n$。

Kocarev 利用以上 Chebyshev 混沌映射的半群属性构成具有单向带陷门的公钥加密算法。但是，Bergamo 等在文献［118］中对 Kocarev 公钥密码方案进行了安全性分析，由于不同次数的 Chebyshev 多项式有很多交汇点，这为低次多项式代替高次多项式实现相应的功能提供了可能，这样降低了算法的安全性，容易受到假冒攻击。

为了克服 Chebyshev 混沌映射的这个缺点，一些研究人员将其定义域扩展到整数域[119,120]、甚至是椭圆域上[121]。而且基于 Chebyshev 混沌映射的密钥协商协议也得到了很多学者的研究，这一点将在后面的基于混沌公钥的密钥协商协议中做更详细的说明。

在 2004 年，Kocarev 又提出了一种基于环面自同构的混沌公钥算法，其算法操作过程和 RSA 算法类似[122]。在 2005 年，Bose 提出了一种基于多个耦合的混沌系统的公钥算法[123]。但是因为该系统在密钥协商时采用的是线性函数，存

在一些漏洞，被一些研究人员证实该系统是不安全的[118,124]。黄贤通等人研究Matthews 混沌系统构造伪随机向量的方法，然后利用伪随机向量实现了一种新的背包公钥密码体系，该算法具有操作简单、计算量小、安全性强等特性[125]。文献［126］提出了改进的 Baptista 类型的混沌公钥加密算法，算法利用椭圆曲线算法进行密钥分配，用 Hash 表进行消息认证，经过测试该算法具有较高安全性。

4. 其他的混沌密码

除了以上介绍的基于混沌的加密方法外，学者们还提出了一些其他利用混沌特性进行信息加密的方法，例如，基于搜索机制的混沌密码[127]和基于混沌系统的概率分组密码[112]等。

5. 基于混沌公钥的密钥协商协议

如今，随着计算机和互联网的普及，每时每刻有着大量的数字信息在网络上进行传播，例如电子邮件、金融数据、电子商务数据、电子政务数据等。如果这些信息的安全性没有得到保障，便可能泄漏个人隐私、商业机密、甚至是国家机密。所以，从某种意义上来讲，网络信息安全的保障能力是综合国力、经济竞争实力和民族生存能力的重要组成部分。公钥密码体制在保护网络信息安全方面发挥了重要的作用，是保护网络信息的机密性、完整性、可用性的基础。公钥密码学受到前所未有的重视。以公钥密码为基础的密钥协商协议，是公钥密码在实际商业应用的重要体现。

密钥协商协议是用来在希望进行保密通信的双方之间通过交互，建立一个共同使用的密钥的一种协议。密钥协商，又称作是密钥交换，是密码学的一个重要部分，它的提出就是为了解决在使用对称加密进行通信的双方的密钥分配问题。密钥协商所建立的密钥称为会话密钥，它只在一次特殊的通信中使用，是在单独的一次通信中使用的对称密钥，双方利用这个会话密钥来保证在以后的通信中交换信息的安全。因此，设计安全可靠的密钥协商协议是网络信息安全研究中的一个热点。

文献［128］的作者利用 Chebyshev 多项式的半群属性，设计了一个基于混沌的类似于 Diffie-Hellman 形式的密钥协商协议。该协议以 Kocarev 提出的公钥密码方案为基础[117]，协议的内容可以描述如下：

1）A 和 B 共同在 [-1,1] 中协商选定一个随机数 x，这个数不必是秘密的，因此 A 和 B 可以通过即使是不安全的途径协商它，而且它可以在一组用户中公用。

2）A 选取一个大的随机整数 r，计算 $X=T_r(x)$ 并把 X 发送给 B。

3）B 选取一个大的随机整数 s，计算 $Y=T_s(x)$ 并把 Y 发送给 A。

4）A 计算 $k=T_r(Y)=T_r(T_s(x))$。

5）B 计算 $k'=T_s(X)=T_s(T_r(x))$。

根据文中前面介绍的 Chebyshev 混沌映射的半群特性可知：$k=k'=T_{rs}(x)$，这样 A 和 B 通过密钥协商建立了一个秘密会话密钥 $T_{rs}(x)$，两人在以后的通信中可以用这个会话密钥对他们之间的通信信息进行加密，从而保证两人之间通信的安全。后来，由于多个 Chebyshev 多项式通过一个相同的点，文献［118,129］指出该协议是不安全的。攻击的过程可以描述如下：

1）攻击者可以获得 A 的公钥 $T_r(x)$，B 的公钥 $T_s(x)$。

2）寻找 r' 使得 $T_{r'}(x)=T_r(x)$，进行如下计算：

$$r'=\frac{\arccos(T_r(x))+2k\pi}{\arccos(x)},\quad k\in\mathbf{Z} \tag{1-28}$$

3）按如下计算，攻击者就会得到会话密钥：

$$K=T_{rs}(x)=T_{sr}(x)=T_s(T_r(x))=T_s(T_{r'}(x)) \tag{1-29}$$

为了改善文献［128］提出的协议的安全性，其作者肖等又进一步提出了一个新的密钥协商协议[130]。该协议用分段线性混沌映射设计了一个 Hash 函数，用 Hash 函数对 A 和 B 的公钥 $T_r(x)$ 和 $T_s(x)$ 进行加密，来防止以上的攻击。后来这个改进的协议被发现也是不安全的[131,132]，它不能够抵制猜测攻击（Guessing Attack）。而后，Chang 等提出了一个基于混沌映射和口令的密钥协商协议[133]。该协议也存在安全问题：

1）通行字一般要比口令长，不容易记住；

2）如果构建的通行字是容易记忆的，一般总是在字典中已经存在的，这样，不能够抵制猜测攻击；

3）这个协议不能在时钟不同步的情况下工作。Han 指出了 Chang 的协议的缺点，并利用混沌映射设计了新的密钥协商协议[134]。

另外，由于计算机网络技术、大数据和人工智能的飞速发展，在密钥协商过程中，除了完成通信双方的认证和建立通信的密钥外，双方的隐私保护尤为迫切和有意义。例如，当用户在网络上通信时，希望保护其有关的身份、位置、网络使用偏好等隐私信息，以免被潜在的攻击者所利用。因而，需要保证用户身份的机密性和不可追踪性。又如，在可信计算环境，保持通信者之间的隐私是它的重要属性之一，并匿名地协商出会话密钥。另外，可否认性是密钥协商过程中隐私保护的另一个特征。在客户—服务器系统中，服务器能够认证消息来源于一个具体用户，但他没有能力向第三方证明消息是由该用户生成的。如用户在匿名公告板中发帖，服务器需要认证用户的合法性，但服务器没有能力向第三方提供证据证明用户的发帖行为，这样既保护服务器不会被非法用户滥用，又保护了合法用户的隐私。

针对许多应用中保护隐私信息，尤其是保护用户身份信息的重要性，Tseng 等人利用 Chebyshev 混沌映射的半群属性，设计了一个保护通信用户身份的密钥协商协议[135]。申请人对该协议成功地进行了攻击，发现 Tseng 等人的协议不能够保护用户的匿名，并且它也不具有完美前向安全性。为了克服 Tseng 等人协议的漏洞，申请人设计了新的基于混沌公钥的密钥协商协议[136]，详见本书的第 10 章。该协议利用了 Chebyshev 映射的半群特性和混沌特性，以数学上离散对数求解难题作为安全保证，能够保护进行密钥交换的用户的隐私信息。随后，Chen 等人指出申请人提出的密钥协商协议增加了另外一个参与者，即受信方，这样会提高协议在实际应用时的成本[137]。Guo 等人借助于智能卡设计了保护用户隐私的基于混沌映射的密钥协商协议，应用于对用户的网络认证授权[138–141]。为了提供无线传感器网络用户不可追踪性和完美的转发安全性，并且抵抗特权用户内部攻击，利用混沌映射，文献［142］设计了无线传感器网络的保护用户隐私的身份验证密钥协商协议。之后，Khan 等人也提出了基于混沌映射的保护用户隐私的密钥协商协议[143–148]，但在安全性、用户隐私保护等方面有待于进一步验证。

1.2.3　混沌密码学存在的问题

混沌密码的发展迄今已有 20 年左右的时间，有大量的学者和研究人员投身于混沌密码学的研究中，也提出了众多的混沌密码系统。混沌密码技术虽然获得了很大进展，但在发展中也出现了诸多问题：

1）混沌的离散化问题。混沌映射是连续的非线性动力系统，在多数的基于混沌的加密算法中是将连续的混沌映射离散化后用于加密算法。而被离散化后，混沌映射的很多原有性质，如遍历性、初值敏感性等，都可能发生了变化。目前还没有成熟的理论去研究离散化后的混沌系统动力学行为的改变。并且，计算机的有限运算精度也会造成混沌系统的动力学特性退化。

2）缺乏严密的数学理论或其他系统的方法来证明其安全性。虽然已经有些学者开始用传统密码学的一些分析方法来对混沌加密算法进行分析，但传统密码学的分析方法在混沌密码学方面还没有得到有效的应用。目前还缺乏对混沌密码系统进行设计和分析的完善理论或有效工具。

3）混沌加密系统面向实用性方面的设计也显得不够成熟。目前所提出的混沌密码算法大多数加密速度比较慢，不能应用于实时加密。影响加密速度的主要因素有：

（1）为了充分利用混沌系统对初值的敏感性，得到不可预测的混沌信号，必须多次的迭代混沌映射；

（2）有些混沌映射本身形式复杂，运算速度比较慢；

（3）有些混沌映射用到了浮点算法实现，浮点运算相对于逻辑运算、固点算法的运算，速度要慢得多。

这些不利因素都是由混沌自身引起的，但目前还缺少对适合用于密码系统中的混沌映射的研究。

虽然混沌密码学还存在着众多的问题，但作为一个新兴的学科，这些问题的存在是允许的和合理的，混沌密码学丰富了密码学的内容，从一个新的角度研究了数据加密技术。随着混沌密码学的进一步发展和现有问题的解决，相信它会有广阔的应用前景。同时对安全的、高效的、实用的具有自主知识产权的密码系统的设计更是有着重要的意义。

第 2 章

混沌系统的变论域模糊滑模控制

变结构控制已经成为控制理论的一个重要的分支[149]。滑模变结构控制方法对于被控系统的参数不确定和外部噪声扰动是强鲁棒的[150]，并且已经应用于混沌控制[151-154]。然而，传统的滑模控制方法的一个主要的缺点是出现控制行为的高频抖震，这种抖震行为会引起电子器件的高热量损失和降低器件耐用性。还可以引起不可建模的高频动力学行为，从而导致控制器的性能下降。一些学者提出了各种方法来解决这种抖震问题，模糊滑模控制就是其中之一。但是要达到一定的控制精度，模糊规则的设计仍然是一个比较复杂的问题。本节设计了一个新的变论域模糊滑模控制器，来控制不确定混沌系统到达目标状态。所设计的控制器基于变论域的思想，简化了逻辑规则的设计难度，并且没有发生传统滑模控制中的抖震现象。

2.1 问题描述

我们考虑如下一类不确定混沌系统的控制问题：

$$\begin{cases}\dot{x}_i(t)=x_{i+1}(t),\ (i=1,2,\cdots,n-1)\\ \dot{x}_n(t)=f(\boldsymbol{X},t)+\Delta f(\boldsymbol{X},t)+d(t)+u(t)\end{cases} \tag{2-1}$$

其中，$\boldsymbol{X}(t)=[x_1(t),x_2(t),\cdots,x_n(t)]=[x(t),\dot{x}(t),\cdots,x^{(n-1)}(t)]\in\mathbf{R}^n$ 是状态向量；$f(\boldsymbol{X},t)\in\mathbf{R}$ 是一个给定的 $\boldsymbol{X}$ 和 t 的非线性函数；$u(t)\in\mathbf{R}$ 是控制输入；$\Delta f(\boldsymbol{X},t)$ 是系统的参数不确定项；$d(t)$ 代表外部噪声扰动。通常假设 $\Delta f(\boldsymbol{X},t)$ 和 $d(t)$ 是有界的，即 $|\Delta f(\boldsymbol{X},t)|\leqslant k_\alpha$ 和 $|d(t)|\leqslant k_\beta$，这里 k_α、k_β 是正的常数。

具体的控制问题是设计一个有效的控制器来驱动系统（2－1）追踪一个 n 维目标向量 $\boldsymbol{X}_{\mathrm{d}}(t)$，这里 $\boldsymbol{X}_{\mathrm{d}}(t)=[x_{\mathrm{d}1}(t),x_{\mathrm{d}2}(t),\cdots,x_{\mathrm{d}n}(t)]=[x_{\mathrm{d}}(t),\dot{x}_{\mathrm{d}}(t),\cdots,x_{\mathrm{d}}^{(n-1)}(t)]$，它属于一类在 $[t_0,+\infty)$ 上的连续函数。所以追踪误差向量为

$$\begin{aligned}\boldsymbol{E}(t)&=\boldsymbol{X}(t)-\boldsymbol{X}_{\rm d}(t)\\&=[x(t)-x_{\rm d}(t),\dot{x}(t)-\dot{x}_{\rm d}(t),\cdots,x^{(n-1)}(t)-x_{\rm d}^{(n-1)}(t)]\\&=[e(t),\dot{e}(t),\cdots,e^{(n-1)}(t)]=[e_1(t),e_2(t),\cdots,e_n(t)]\end{aligned} \tag{2-2}$$

我们的目标是设计一个无抖震的变论域模糊滑模控制器，在存在系统的不确定性和外部扰动的情况下，将系统（2－1）控制到任意给定的目标轨道 $\boldsymbol{X}_{\rm d}(t)$ 。以至于追踪误差向量的状态响应结果满足：

$$\lim_{t\to\infty}\|\boldsymbol{E}(t)\|=\lim_{t\to\infty}\|\boldsymbol{X}(t)-\boldsymbol{X}_{\rm d}(t)\|\to 0 \tag{2-3}$$

2.2　模糊滑模控制器的设计

滑模控制能够使被控系统收敛到或者停留在给定的限制曲面上，而且对被控对象的内在参数变化和外部的干扰等因素具有一定的适应能力，从而保证系统性能到达期望的指标要求。但传统的滑模控制器容易出现高频抖震的现象，为了解决这一问题，基于变论域模糊控制的思想，我们设计了一个变论域模糊滑模控制器，设计过程如下。

2.2.1　滑模面的构造

为了完成对不确定混沌系统的控制目标，其设计过程主要分为两步：

1）首先需要为这个控制系统选择一个适当的滑模切换面，以至于在这个滑动流行上的滑模运动导致式（2－3）成立。

2）为了消除传统滑模控制器中的抖震现象，设计一个变论域自适应模糊滑模控制器，来确定切换控制规则，以至于保证滑模运动的存在，即使被控系统有不确定性和外部扰动。

下面定义控制系统的滑模面为

$$s(t)=e_n(t)+\sum_{i=1}^{n-1}c_ie_i(t) \tag{2-4}$$

式中， $s(t)\in\mathbf{R}$ ； $c_i(i=1,2,\cdots,n-1)$ 是设计参数，其值在后面给出。当系统在滑模面上运动时，应该满足如下的两个方程[155,156]：

$$\dot{s}(t)=\dot{e}_n(t)+\sum_{i=1}^{n-1}c_i\dot{e}_i(t)=0 \tag{2-5}$$

和

$$s(t)=e_n(t)+\sum_{i=1}^{n-1}c_ie_i(t)=0 \tag{2-6}$$

因此，如下的滑模动态能够被获得：

$$\begin{aligned}&\dot{e}_i(t)=e_{i+1}(t)\ (1\leqslant i\leqslant n-2)\\&\dot{e}_{n-1}(t)=e_n(t)=-\sum_{i=1}^{n-1}c_ie_i(t)\end{aligned} \tag{2-7}$$

$$\begin{aligned}\dot{e}_n(t)&=\dot{x}_n(t)-\dot{x}_{\mathrm{dn}}(t)\\&=f(\boldsymbol{X},t)+\Delta f(\boldsymbol{X},t)+d(t)+u(t)-x_{\mathrm{d}}^{(n)}(t)\end{aligned} \tag{2-8}$$

方程（2-7）也可以表示成如下的矩阵方程形式：

$$\begin{pmatrix}\dot{e}_1\\ \vdots\\ \dot{e}_{n-1}\end{pmatrix}=\begin{pmatrix}0&1&0&\cdots&\cdots&0\\0&0&1&0&\cdots&0\\ \vdots&\vdots&\vdots&&&\vdots\\-c_1&-c_2&\cdots&\cdots&\cdots&-c_{n-1}\end{pmatrix}\begin{pmatrix}e_1\\ \vdots\\ e_{n-1}\end{pmatrix}=\boldsymbol{M}\begin{pmatrix}e_1\\ \vdots\\ e_{n-1}\end{pmatrix} \tag{2-9}$$

从以上的方程中可以看出，通过选择设计参数$c_i(i=1,2,\cdots,n-1)$的值，能够满足$\lambda_{\max}(\boldsymbol{M})<0$。一旦$c_i(i=1,2,\cdots,n-1)$的值被确定，满足条件$\lambda_{\max}(\boldsymbol{M})<0$，系统（2-9）的稳定性就得到了保证，并且误差系统$e_n(t)$也将稳定到零点。

2.2.2　变论域自适应模糊逻辑理论

为了消除传统滑模控制的高频抖振现象，我们设计一个变论域的模糊控制器来取代传统滑模控制中的非连续的符号函数。在本小节中，先阐述一下变论域模糊控制的基本思想。

设$V_i=[-E,E]\ (i=1,2,\cdots,n)$为输入变量$v_i(i=1,2,\cdots,n)$的论域，$W=[-U,U]$为输出变量 w 的论域。$\xi_A=\{A_{ij}\}_{(1\leqslant j\leqslant m)}$为$V_i(i=1,2,\cdots,n)$上的模糊划分，$\xi_B=\{B_j\}_{(1\leqslant j\leqslant m)}$为$W$上的模糊划分。$\xi_A$和$\xi_B$为模糊语言变量，可以形成模糊推理规则如下：

If v_1 is A_{1j} and v_2 is A_{2j} and $\cdots$ and v_n is A_{nj} then w is B_j, j=1, 2, $\cdots$, m（2-10）

设v_{ij}分别为A_{ij} $(i=1,2,\cdots,m,j=1,2,\cdots,m)$的峰点，$w_j$为$B_j$的峰点。基于（2-10）式的模糊逻辑系统表现为一个 n 元分片插值函数$F(v_1,v_2,\cdots,v_n)$：

$$w(v_1,v_2,\cdots,v_n)=F(v_1,v_2,\cdots,v_n)\triangleq\sum_{j=1}^{m}\prod_{i=1}^{n}A_{ij}(v_i)w_j \tag{2-11}$$

所谓的变论域是指论域 V_i 和 W 可以分别随着变量 v_i 和 w 的变化而自行调整，记之为

$$V_i(v_i)=[-\alpha_i(v_i)E_i,\alpha_i(v_i)E_i] \tag{2-12}$$

$$W(w)=[-\beta(w)U,\beta(w)U] \tag{2-13}$$

式中，$\alpha_i(v_i)$ $(i=1,2,\cdots,n)$ 和 $\beta(w)$ 分别叫作论域 V_i 和 W 的伸缩因子。相对于变论域，原来的论域 V_i 和 W 叫作初始论域，论域的变化情况如图 2－1 所示。

基于式（2－10）的变论域模糊控制器可以表示为如下的 n 元分片动态插值函数[157]：

$$w(\underline{\boldsymbol{v}}(t+1))=\beta(w(\underline{\boldsymbol{v}}(t)))\sum_{j=1}^{m}\prod_{i=1}^{n}A_{ij}\left(\frac{v_i(t)}{\alpha_i(v_i(t))}\right)w_j \tag{2-14}$$

式中，$\underline{\boldsymbol{v}}(t)\triangleq[v_1(t),v_2(t),\cdots,v_n(t)]^{\mathrm{T}}$。

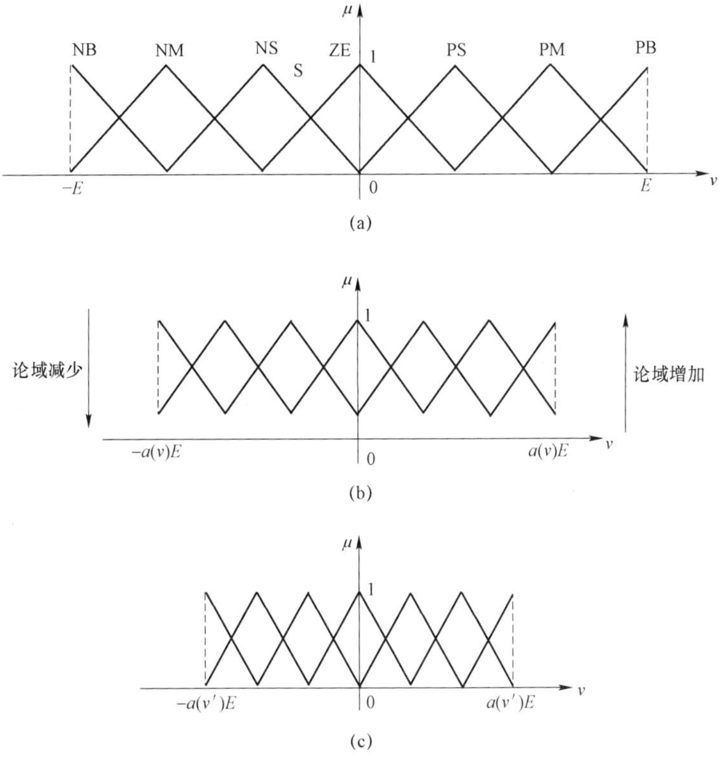

图 2－1　论域变化情况

（a）论域变大；（b）初始论域和它的模糊分布；（c）论域变小

2.2.3 控制器的设计

这一小节，我们设计了一个变论域自适应模糊滑模控制器来保证滑模运动的存在，即使存在系统的不确定性和外部扰动。

从等式（2－5）可以获得一个等价控制如下：

$$u_{\mathrm{eq}} = -f(\boldsymbol{X},t) - \Delta f(\boldsymbol{X},t) - \mathrm{d}(t) - \sum_{i=1}^{n-1} c_i e_{i+1} + x_{\mathrm{d}}^{(n)}(t) \tag{2-15}$$

在传统的滑模控制中，$u_{\mathrm{r}} = k_w u_w$ 被选作到达条件，并且定义总控制 u 为

$$u = u_{\mathrm{eq}} + u_{\mathrm{r}} = u_{\mathrm{eq}} + k_w u_w \tag{2-16}$$

式中，k_{w} 是切换增益，是一个正数，u_w 的定义如下：

$$u_w = \mathrm{sign}(s) \tag{2-17}$$

式中，$\mathrm{sign}(s_i(t))$ 是 $s_i(t)$ 的符号函数。如果 $s_i(t) > 0$，$\mathrm{sign}(s_i(t)) = 1$；如果 $s_i(t) = 0$，$s_i(t) = 0$；如果 $s_i(t) < 0$，$\mathrm{sign}(s_i(t)) = -1$。

然而，在总控制 u 中的符号函数将引起控制输入产生抖振现象。由于有限时延和实际系统的限制，实现这样的系统是不可能的。为了克服这个问题，我们设计了一个变论域自适应模糊逻辑控制来取代这个切换控制。

模糊逻辑控制的动态行为主要由基于专家知识的语言规则来决定。从这套规则中建立的模糊逻辑推理能够提供合适的模糊控制行为。设定模糊规则是基于滑模控制的，那么在变论域模糊滑模控制中，能够由 s 来决定 u_w。

变论域自适应模糊滑模控制方案如图 2－2 所示。它主要包括一个等价控制部分和一个带有两个输入和一个输出的变论域自适应模糊滑模控制器（VFSMC）。图 2－2 中的虚点部分是 VFSMC，α_1 和 α_2 分别是输入论域 s 和 $\dot{s}$ 的伸缩因子，β 是输出论域的伸缩因子。等价控制部分是与式（2－15）是相同的，

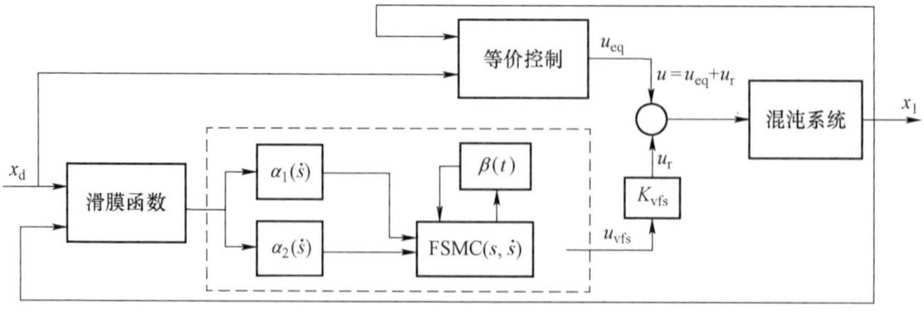

图 2－2　变论域模糊滑模控制器的结构

到达控制部分如下：

$$u_r = k_{vfs} u_{vfs} \tag{2-18}$$

式中，k_{vfs} 是输出变量的调节因子，u_{vfs} 是 VFSMC 的输出，由规范化的 s 和 $\dot{s}$ 决定。总的控制 u 表示如下：

$$u = u_{eq} + u_r = u_{eq} + k_{vfs} u_{vfs} \tag{2-19}$$

给定模糊控制的原始规则，输出逻辑变量 u_{vfs} 可以表示成输入逻辑变量 s 和 $\dot{s}$ 的映射，如下：

$$u_{vfs} = \mathrm{VFSMC}(s, \dot{s}) \tag{2-20}$$

这里，$\mathrm{VFSMC}(s,\dot{s})$ 代表模糊逻辑的输出函数，s 和 $\dot{s}$ 的初始论域分别被选作 $V_1 = [-1,1]$ 和 $V_2 = [-1,1]$，输出论域选作 $W = [-1,1]$。基于输入变量 s 和 $\dot{s}$ 的控制原始规则如表 2－1 所示。

表 2－1 中的数值代表输出论域上模糊集的峰值。$A_1, A_2, \cdots, A_7$ 是论域 $V_1 = [-1,1]$ 上的模糊集，依次表示“负大、负中、负小、零、正小、正中、正大”等语言值。$B_1, B_2, \cdots, B_7$ 是论域 $V_2 = [-1,1]$ 上的模糊集，它们所表示的语言值和前面相同。这里模糊集取为“三角型”隶属函数，并且两论域上均做等距划分。

表 2－1　变论域模糊滑模控制器的逻辑规则表

$\dot{s}$	S						
	A_1	A_2	A_3	A_4	A_5	A_6	A_7
B_1	0.833 3	0.833 3	0.633 3	0.5	0.333 3	0.166 7	0
B_2	0.833 3	0.633 3	0.5	0.333 3	0.166 7	0	－0.166 7
B_3	0.633 3	0.5	0.333 3	0.166 7	0	－0.166 7	－0.333 3
B_4	0.5	0.333 3	0.166 7	0	－0.166 7	－0.333 3	－0.5
B_5	0.333 3	0.166 7	0	－0.166 7	－0.333 3	－0.5	－0.633 3
B_6	0.166 7	0	－0.166 7	－0.333 3	－0.5	－0.633 3	－0.833 3
B_7	0	－0.166	－0.333 3	－0.5	－0.633 3	－0833 3	－0.833 3

因此，变论域模糊滑模控制器的输出表示如下：

$$u_{vfs} = \mathrm{VFSMC}(s,\dot{s}) = \beta(t) \sum_{i=1}^{7} \sum_{j=1}^{7} A_i \left(\frac{s}{\alpha_1(s)} \right) B_j \left(\frac{\dot{s}}{\alpha_2(\dot{s})} \right) w_{ij} \tag{2-21}$$

这里，输入论域的伸缩因子 α_1 和 α_2 分别为

$\alpha_1(s) = 1 - \lambda_1 \exp(-k_1 s^2)$，$\alpha_2(\dot{s}) = 1 - \lambda_2 \exp(-k_2 \dot{s}^2)$，$\lambda_1, \lambda_2 \in (0,1)$，$k_1, k_2 > 0$

（2－22）

而 β 按照加权分解原理来设计，即

$$\beta(t)=k_1\int_0^t e^*(\tau)\boldsymbol{P}_n\mathrm{d}\tau+\beta(0) \tag{2-23}$$

式中，$e^*(\tau)=[s,\dot{s}]\boldsymbol{P}_n$，$\boldsymbol{P}_n=\left[p_1,p_2\right]^{\mathrm{T}}$ 是一个常数向量。$\beta(0)$ 是 $\beta(t)$ 的初值。

在实际应用中，系统的不确定项 $\Delta f(\boldsymbol{X},t)$ 和外部扰动 $d(t)$ 是未知的，能够实现的等价控制可以表示为

$$u_{\mathrm{eq}}=-f(\boldsymbol{X},t)-\sum_{i=1}^{n-1}c_i e_{i+1}+x_{\mathrm{d}}^{(n)}(t) \tag{2-24}$$

这样，总的控制变为

$$u=u_{\mathrm{eq}}+k_{\mathrm{vfs}}u_{\mathrm{vfs}}=-f(\boldsymbol{X},t)-\sum_{i=1}^{n-1}c_i e_{i+1}+x_{\mathrm{d}}^{(n)}(t)+k_{\mathrm{vfs}}u_{\mathrm{vfs}} \tag{2-25}$$

2.3 稳定性分析

如下的定理将证明，所设计的控制器 u 能过驱动不确定混沌系统（2－1）到达滑模 $s(t)=0$，到达条件 $s(t)\dot{s}(t)<0$ 能够被保证。

定理 2－1 用式（2－25）所表示的控制器 $u(t)$ 来控制不确定系统（2－1），并且 u_{eq} 为式（2－24），u_{vfs} 为式（2－21），选取 $k_{\mathrm{vfs}}>k_\alpha+k_\beta$。那么误差状态向量将收敛到滑模面 $s(t)=0$。

证明：选取 Lyapunov 函数为 $V=\dfrac{1}{2}s^2$，其关于时间的一阶导数为

$$\begin{aligned}\dot{V}&=s\dot{s}=s\bullet[\dot{e}_n+\sum_{i=1}^{n-1}c_i\dot{e}_i]\\&=s\bullet[f(\boldsymbol{X},t)+\Delta f(\boldsymbol{X},t)+d(t)+u_{\mathrm{eq}}+k_{\mathrm{vfs}}u_{\mathrm{vfs}}-x_{\mathrm{d}}^{n}(t)+\sum_{i=1}^{n-1}c_i\dot{e}_i]\\&=s\bullet[\Delta f(\boldsymbol{X},t)+d(t)+k_{\mathrm{vfs}}u_{\mathrm{vfs}}]\leqslant k_\alpha|s|+k_\beta|s|-k_{\mathrm{vfs}}|s|=-[k_{\mathrm{vfs}}-(k_\alpha+k_\beta)]|s|\end{aligned} \tag{2-26}$$

如果选取 $k_{\mathrm{vfs}}>k_\alpha+k_\beta$，可以得出到达条件（$s\dot{s}<0$）一直被满足，因此定理 2－1 得证。

2.4 实例应用

为了进一步证明我们设计的变论域模糊滑模控制器的有效性，我们利用此控制器来控制时滞多涡卷混沌系统，并且考虑到了系统的不确定性和外部扰动。选固定点和正弦曲线作为目标轨道。多涡卷混沌系统在实际中已经有很多应用，例如在宽带信号的产生、细胞神经网络、安全数字通信和有效液体搅拌等[158]方面。时滞多涡卷混沌系统描述如下：

$$\begin{cases}\dot{x}_1 = x_2 \\ \dot{x}_2 = -ax_1 + bx_2 + a \bullet k \bullet \mathrm{hys}(x_1)\end{cases} \tag{2-27}$$

式中，x_1、x_2 是状态变量，a、b 和 k 是常数，$\mathrm{hys}[x(t)]$ 是扩展到第三象限的非线性函数，它的传输特性如图 2-3 所示。当 $a=0.15$，$b=0.065$ 和 $k=1$ 时，系统（2-27）是混沌的，如图 2-4 所示。

考虑到系统的不确定性 $\Delta f(\boldsymbol{X},t)$ 和外部扰动 $d(t)$，不确定时滞非线性多涡卷混沌系统可以表示为

$$\begin{cases}\dot{x}_1 = x_2 \\ \dot{x}_2 = -ax_1 + bx_2 + a \bullet k \bullet \mathrm{hys}(x_1) + \Delta f(\boldsymbol{X},t) + d(t) + u(t)\end{cases} \tag{2-28}$$

式中，$\Delta f(\boldsymbol{X},t) = 0.1\sin(x_1)\sin(x_2)$、$d(t) = 0.05\cos(t)$ 分别满足条件 $\Delta f(\boldsymbol{X},t) \leqslant k_\alpha = 0.1$ 和 $d(t) \leqslant k_\beta = 0.05$。这时未加控制的不确定性系统（2-28）仍然是混沌的。

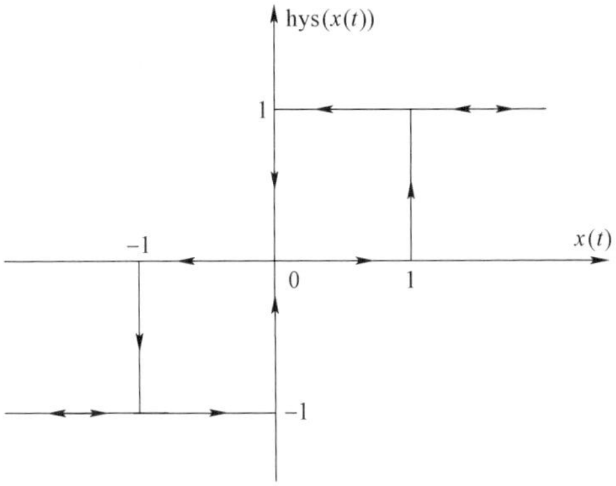

图 2-3 时滞函数 hys[x(t)] 的传输特性

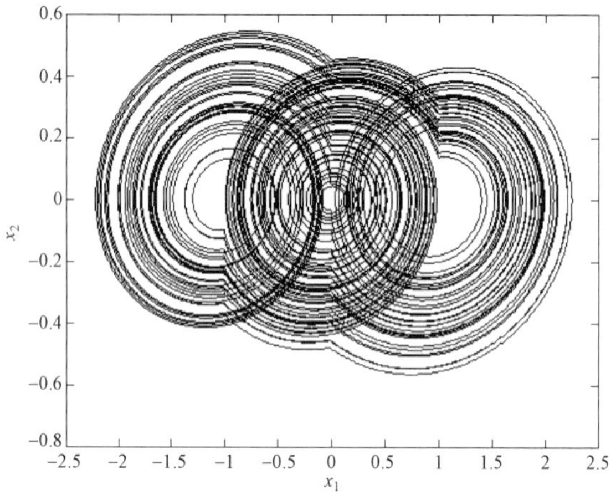

图 2−4　混沌吸引子的相图

选择 $c_1 = 8$，满足滑模面的稳定条件，得到的滑模面为

$$s(t) = e_2(t) + c_1 e_1(t) \tag{2-29}$$

并且

$$u(t) = ax_1 - bx_2 - a \cdot k \cdot \text{hys}(x_1) + x_d^{(2)}(t) - c_1 e_2(t) + k_{vfs} u_{vfs} \tag{2-30}$$

这里的伸缩因子 α_1 和 α_2 分别选作：

$$\alpha_1(s) = 1 - 0.6\exp(-10s^2)，\quad \alpha_2(\dot{s}) = 1 - 0.5\exp(-10\dot{s}^2) \tag{2-31}$$

在模拟的过程中输出变量 u_{vfs} 由 k_{vfs} 来调整，所以选择 $\beta = 1$。首先选择系统的参考点 $x_d = 0$ 作为目标轨道，控制输入在 $t = 5\text{ s}$ 时开始起作用，初值选取 $(x_1(0), x_2(0)) = (0.5, 0)$，并且变论域模糊滑模控制器的控制增益 k_{vfs}=2。实验模拟的结果如图 2−5～图 2−9 所示。

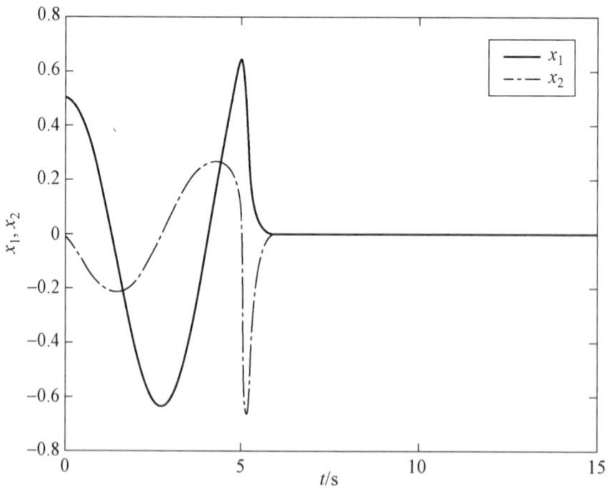

图 2−5　目标为 $x_d = 0$ 时，系统（2−28）的响应曲线

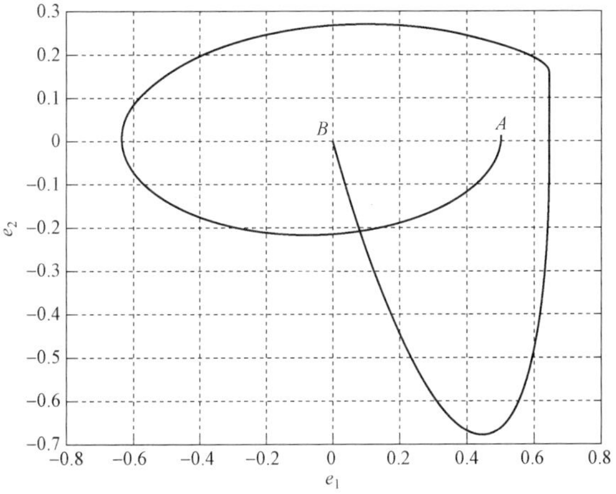

图 2−6 目标为 $x_d = 0$ 时，误差向量的响应曲线

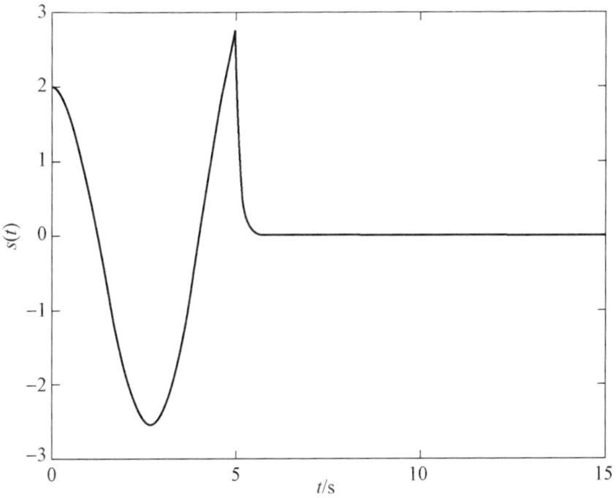

图 2−7 目标为 $x_d = 0$ 时，滑模面 $s(t)$ 的响应曲线

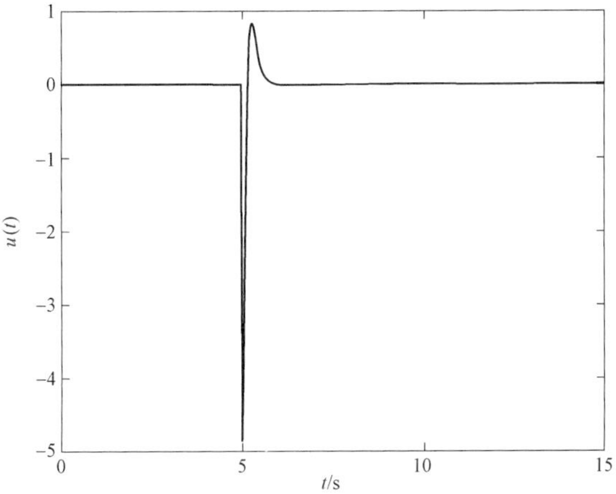

图 2−8 目标为 $x_d = 0$ 时，控制器 u 的输出曲线

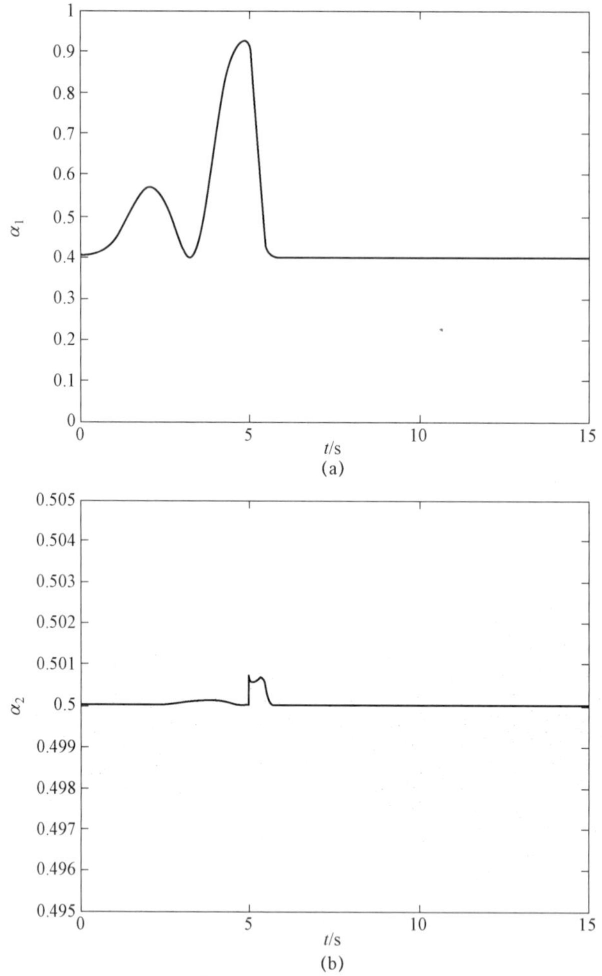

图 2-9　目标为 $x_d=0$ 时，伸缩因子的响应曲线

（a） a_1 随时间 t 的变化；（b） a_2 随时间 t 的变化

从图 2-5 和图 2-7 可以看出，在 $t=5$ s 控制器开始工作后，系统的状态变量和滑模面快速地收敛到零点。如图 2-6 所示，误差向量（ e_1,e_2 ）的相图从点 A 稳定到零状态点 B。从图 2-8，还可以看到控制器 u 并没有发生抖振。图 2-9 显示伸缩因子 α_1 和 α_2 分别稳定到 0.4 和 0.5。

在第二次模拟实验中，选择正弦函数 sin（t）作为目标轨道，模拟结果如图 2-10～图 2-13 所示。从系统的状态 x_1 的相图 2-10 和误差状态的相图 2-11 可以看出，当 t=10 s 控制输入开始工作后系统状态 x_1 稳定到周期运动。从图 2-12 和图 2-13 可以看出控制的过程中并没有发生传统滑模控制中的抖振现象。

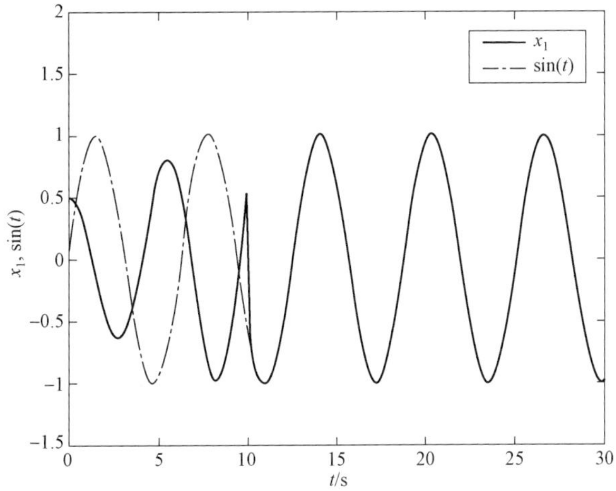

图 2−10　目标为 $x_d = \sin(t)$ 时，系统（2.28）的响应曲线

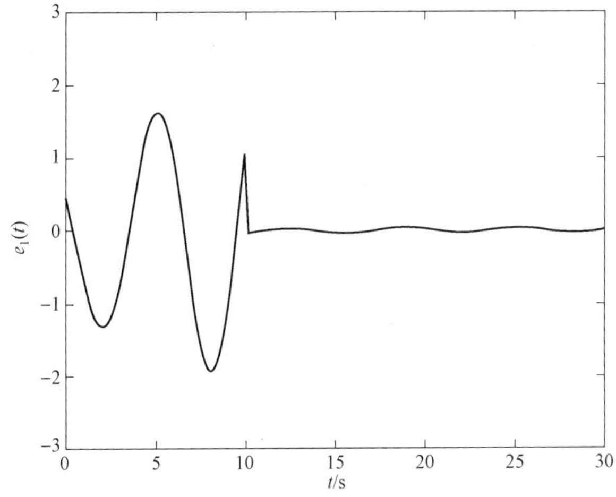

图 2−11　目标为 $x_d = \sin(t)$ 时，误差的响应曲线

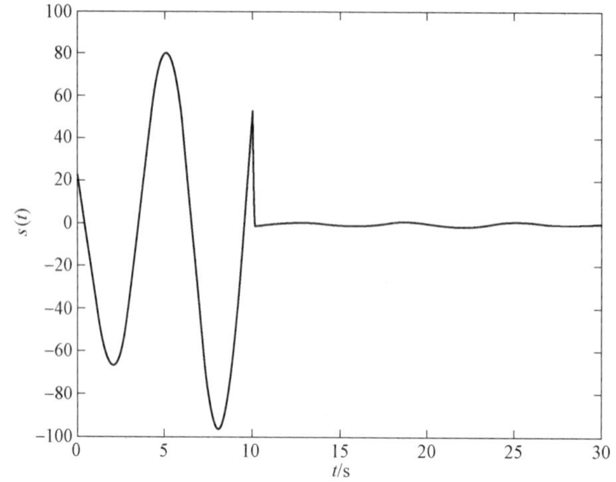

图 2－12　目标为 $x_d = \sin(t)$ 时，滑模面 $s(t)$ 的响应曲线

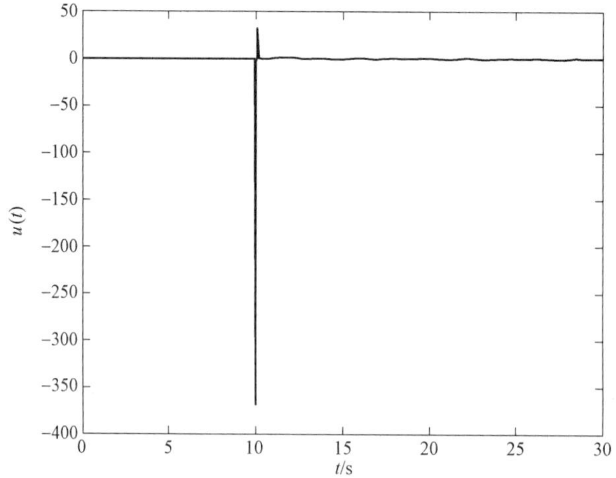

图 2－13　目标为 $x_d = \sin(t)$ 时，控制器 u 的输出曲线

2.5　本 章 小 结

本节针对不确定混沌系统，提出了一个变论域自适应模糊滑模控制方法。该控制方法基于变论域的思想，简化了模糊逻辑规则的设计难度。所设计的控制器能够在外部扰动存在的情况下控制不确定混沌系统到达目标状态，并且没有发生传统滑模控制中的抖振现象。基于 Lyapunov 稳定性定理，闭环系统的稳

定性得到了保证。对于时滞多涡卷混沌系统的数值模拟表明该控制方法能够达到一定的控制精度，这进一步验证了所提方法的有效性。与文献［151－154,159,160］中的控制方法相比，所提的控制方法主要有以下优势：

1）所设计的控制器能够在外部扰动存在的情况下控制不确定的混沌系统到达目标状态，而且在传统滑模控制中的高频抖振现象没有出现；

2）在控制方法中，随着伸缩因子的变化，论域和规则自动调整。因此，在很大程度上减少了模糊控制规则的设计难度，同时控制精度也得到了很大的提高；

3）所提的控制方法能够进一步应用到复杂多涡卷系统，例如在文献［161］中的复杂时滞多涡卷系统。

第3章

具有多扇区非线性输入的混沌系统的追踪控制

自从物理学家 Ott、Grebogi 和 Yorke 通过参数微扰法（OGY 法）成功地控制混沌以来[5]，混沌控制已成为非线性科学的研究热点之一[4,162,163]。现如今，人们提出了各种不同的混沌控制方法[164,165]。这些方法可分为反馈和非反馈两类。反馈法有 OGY 法、自适应控制、线性反馈控制、变结构控制、模糊控制等[70,166–175]；非反馈法有弱周期参数扰动法、弱周期脉冲附加法、弱噪声信号附加法等[176–181]。但上述方法并不是对所有混沌系统都有效，不同的方法有各自的优缺点。由于滑模变结构控制不受受控系统参数变化和噪声干扰的影响，具有很强的鲁棒性[150]，为此，Chen 和 Yau 等先后利用滑模变结构连续控制消除了因控制器的切换而引起的抖振，并实现了不确定混沌系统的控制[151,182]；Tsai 等利用随时间变化的多动态滑模变结构控制器，驱动具有外部激励的混沌系统到达任意目标轨道[152]；Yau 等设计了具有扇区非线性输入的滑模变结构控制器，将受控 Lorenz 系统稳定在一些目标点上[153]；作者利用滑模变结构控制器使一类具有扇区非线性输入的不确定主从混沌系统达到了同步[154]，并研究了具有扇区非线性和死区的多输入不确定 Lorenz 系统的混沌控制[183]。在上述研究的基础上，本章研究了一类具有多扇区非线性输入不确定混沌系统的追踪控制问题，利用线性分离和滑模控制相结合的方法，设计了滑模变结构控制器，从理论上证明了该控制器的有效性。并通过对具有多扇区非线性输入的不确定 Rössler 系统和超混沌 Chen 系统的追踪混沌控制，进一步验证了该控制器的有效性。

3.1 问题描述

连续自治混沌系统可以描述为

$$\dot{\boldsymbol{x}} = \boldsymbol{f}(\boldsymbol{x}) \tag{3-1}$$

式中，$\boldsymbol{x} \in \mathbf{R}^n$ 是系统的 n 维状态矢量，$\boldsymbol{f}: \mathbf{R}^n \to \mathbf{R}^n$ 定义了一个 n 维矢量域，式（3–1）也可写成如下形式：

$$\begin{cases} \dot{x}_1 = f_1(x_1, x_2, \cdots, x_n) \\ \dot{x}_2 = f_2(x_1, x_2, \cdots, x_n) \\ \vdots \\ \dot{x}_n = f_n(x_1, x_2, \cdots, x_n) \end{cases} \tag{3-2}$$

对系统（3–2）进行控制，可以在其 n 个方程中加入控制输入项 $\phi_i(u_i)(i=1,2,\cdots,n)$。为模拟真实的物理环境，假设 $\phi_i(u_i)(i=1,2,\cdots,n)$ 为含扇区非线性的连续函数，且 $\phi_i(0)=0$。这样，由式子（3–2）可得

$$\begin{cases} \dot{x}_1 = f_1(x_1, x_2, \cdots, x_n) + d_1(t) + \phi_1(u_1) \\ \dot{x}_2 = f_2(x_1, x_2, \cdots, x_n) + d_2(t) + \phi_2(u_2) \\ \vdots \\ \dot{x}_n = f_n(x_1, x_2, \cdots, x_n) + d_n(t) + \phi_n(u_n) \end{cases} \tag{3-3}$$

系统（3–3）为具有多扇区非线性输入的不确定连续自治混沌系统。这里 $d_i(t)(i=1,2,\cdots,n)$ 为不确定外部干扰，且 $d_i(t)$ 是有界的，设 $|d_i(t)| \leqslant k_i$。$\phi_i(u_i)(i=1,2,\cdots,n)$ 在扇区 $[\beta_{i1}\ \beta_{i2}]$ 内满足

$$\beta_{i2}u_i^2(t) \geqslant u_i(t)\varphi_i(u_i(t)) \geqslant \beta_{i1}u_i^2(t) \tag{3-4}$$

式中，β_{i1} 和 β_{i2} 是非零正常数。图 3–1 给出了扇区 $[\beta_{i1}\ \beta_{i2}]$ 内 $\varphi_i(u_i)$ 的变化曲线。

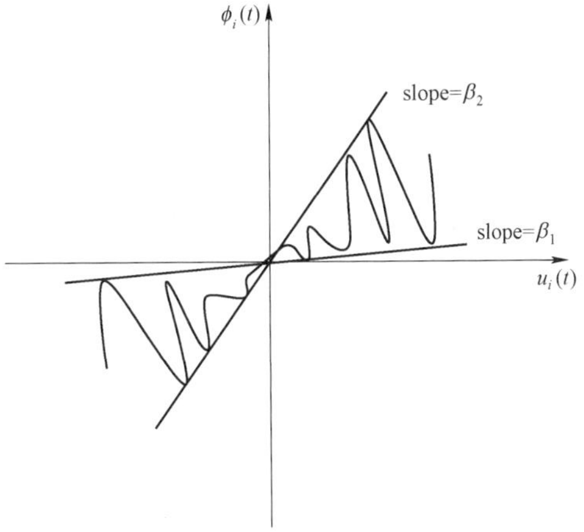

图 3–1　扇区 $[\beta_{i1}\ \beta_{i2}]$ 内的非线性函数 $\varphi_i(u_i)$ 的曲线

若定义目标轨道为

$$\boldsymbol{x}_{\mathrm{d}}(t)=\begin{bmatrix}x_{\mathrm{d}1}(t)\\x_{\mathrm{d}2}(t)\\\vdots\\x_{\mathrm{d}n}(t)\end{bmatrix} \tag{3-5}$$

则误差向量为

$$\boldsymbol{E}(t)=\begin{bmatrix}e_1(t)\\e_2(t)\\\vdots\\e_n(t)\end{bmatrix}=\begin{bmatrix}x_1-x_{\mathrm{d}1}\\x_2-x_{\mathrm{d}2}\\\vdots\\x_n-x_{\mathrm{d}n}\end{bmatrix} \tag{3-6}$$

本章研究的目标是设计一个滑模控制器，使

$$\lim_{t\to\infty}\|\boldsymbol{E}(t)\|=\lim_{t\to\infty}\|\boldsymbol{x}(t)-\boldsymbol{x}_{\mathrm{d}}(t)\|=0 \tag{3-7}$$

成立。则从任意的初始点出发，便可将含多扇区非线性输入的不确定系统（3－3）控制到任意的目标轨道之上。

3.2 混沌系统的线性分解

为了控制系统（3–3），首先把式（3–1）中的函数 $\boldsymbol{f}(\boldsymbol{x})$ 进行适当的线性分解为

$$\boldsymbol{f}(\boldsymbol{x})=\boldsymbol{g}(\boldsymbol{x})+\boldsymbol{h}(\boldsymbol{x}) \tag{3-8}$$

式中，

$$\boldsymbol{g}(\boldsymbol{x})=\boldsymbol{A}\boldsymbol{x} \tag{3-9}$$

是 $\boldsymbol{f}(\boldsymbol{x})$ 的线性部分，$\boldsymbol{A}$ 是线性部分的系数矩阵。$\boldsymbol{h}(\boldsymbol{x})=\boldsymbol{f}(\boldsymbol{x})-\boldsymbol{g}(\boldsymbol{x})$ 是 $\boldsymbol{f}(\boldsymbol{x})$ 的非线性部分。这样系统（3－1）可重写为

$$\dot{\boldsymbol{x}}=\boldsymbol{A}\boldsymbol{x}+\boldsymbol{h}(\boldsymbol{x}) \tag{3-10}$$

根据式（3－1）、式（3－3）和式（3－9），经线性分离后，具有多扇区非线性输入的不确定连续混沌系统（3－3）可以重写为

$$\dot{\boldsymbol{x}}=\boldsymbol{A}\boldsymbol{x}+\boldsymbol{h}(\boldsymbol{x})+\boldsymbol{D}(t)+\boldsymbol{\Phi}(\boldsymbol{u}) \tag{3-11}$$

式中，

$$\boldsymbol{x}=\begin{pmatrix}x_1(t)\\x_2(t)\\\vdots\\x_n(t)\end{pmatrix},\quad \boldsymbol{A}=\begin{pmatrix}a_1\\a_2\\\vdots\\a_n\end{pmatrix},\quad \boldsymbol{h}(\boldsymbol{x})=\begin{pmatrix}h_1(x_1,x_2,\dots,x_n)\\h_2(x_1,x_2,\dots,x_n)\\\vdots\\h_n(x_1,x_2,\dots,x_n)\end{pmatrix},$$

$$\boldsymbol{D}(t)=\begin{pmatrix} d_1(t) \\ d_2(t) \\ \vdots \\ d_n(t) \end{pmatrix}, \quad \boldsymbol{\Phi}(\boldsymbol{u})=\begin{pmatrix} \phi_1(u_1) \\ \phi_2(u_2) \\ \vdots \\ \phi_n(u_n) \end{pmatrix}$$

下面设计滑模控制器来控制具有多扇区非线性输入的系统（3－11）达到追踪的目标轨道。

3.3　滑模变结构控制器的设计

通常用滑模变结构方法实现混沌控制的基本步骤为：

1）选定一个渐近稳定的滑动曲面，并保证

$$\lim_{t\to\infty}\|\boldsymbol{E}(t)\|=0$$

即式（3－7）成立；

2）确定使受控系统能在有限时间内到达滑动曲面，并沿着滑动曲面向平衡点运行的控制器。

首先，定义滑动曲面

$$\boldsymbol{S}(t)=\boldsymbol{E}(t) \tag{3-12}$$

式中，$\boldsymbol{S}(t)=[s_1(t),s_2(t),\cdots,s_n(t)]^{\mathrm{T}}$ 是滑动曲面向量。

引理 3－1　$\forall t\geqslant 0$，若

$$\boldsymbol{S}^{\mathrm{T}}(t)\dot{\boldsymbol{S}}(t)<0 \tag{3-13}$$

成立，则滑动曲面（3－12）上的滑模运动趋于稳态。

证明：令

$$V=0.5\boldsymbol{S}^{\mathrm{T}}(t)\boldsymbol{S}(t)$$

为具有非线性输入的系统（3－11）的 Lyapunov 函数.根据 Lyapunov 稳定性定理，若

$$\dot{V}=\boldsymbol{S}^{\mathrm{T}}(t)\dot{\boldsymbol{S}}(t)<0$$

则滑动曲面 $\boldsymbol{S}(t)=\boldsymbol{E}(t)$ 是渐进稳定的。这就保证了式（3－7）成立，可见 $\boldsymbol{S}(t)$ 指向滑动曲面且滑动曲面（3－12）上的滑模运动趋于稳定平衡点。

引理 3－1 成立的条件也是受控系统的运动轨道到达滑模面的条件。为了得

到引理 3－1 给出的条件，给出控制策略

$$u_i(t)=-r_i\eta_i\,\mathrm{sgn}(s_i(t))\,, \tag{3－14}$$

式中，$\eta_i=\|a_ix\|+|h_i(x_1,x_2,\cdots,x_n)|+|d_i(t)|+|\dot{x}_{\mathrm{d}i}|, r_i=\alpha/\beta_{i1}\,(\alpha>1)$，$\mathrm{sgn}(s_i(t))$ 是 $s_i(t)$ 的符号函数，若 $s_i(t)>0$，则 $\mathrm{sgn}(s_i(t))=1$；若 $s_i(t)=0$，则 $\mathrm{sgn}(s_i(t))=0$；若 $s_i(t)<0$，则 $\mathrm{sgn}(s_i(t))=-1$。下面证明控制策略（3－14）可驱动系统（3－11）到达任意目标轨道上。

定理 3－1 考虑具有多扇区非线性输入的系统（3－11），若满足滑模条件式（3－13）且控制策略 $u_i(t)$ 为式（3－14），则系统（3－11）的轨道误差将趋于滑动曲面（3－12）上的平衡点。

证明：令系统（3－11）的 Lyapunov 函数为

$$V=0.5\boldsymbol{S}^{\mathrm{T}}(t)\boldsymbol{S}(t)\,,$$

则由式（3－13）和式（3－12）可得

$$\begin{aligned}\dot{V}&=\boldsymbol{S}^{\mathrm{T}}(t)\dot{\boldsymbol{S}}(t)=\sum_{i=1}^{n}s_i(t)\dot{s}_i(t)=\sum_{i=1}^{n}s_i(t)(x_i-x_{\mathrm{d}i})\\&=\sum_{i=1}^{n}s_i(t)(a_ix+h_i(x_1,x_2,\ldots,x_n)+d_i(t)+\phi_i(u_i)-\dot{x}_{\mathrm{d}i})\\&\leqslant\sum_{i=1}^{n}[|s_i(t)|(\|a_i\mathrm{x}\|+|h_i(x_1,x_2,\cdots,x_n)|+|d_i(\mathrm{t})|+|\dot{x}_{\mathrm{d}i}|)+s_i(t)\varphi_i(u_i)]\\&=\sum_{i=1}^{n}[|s_i(t)|\eta_i+s_i(t)\varphi_i(u_i)]\end{aligned} \tag{3－15}$$

由式（3－4）得

$$u_i(t)\varphi_i(u_i)=-r_i\eta_i\,\mathrm{sgn}(s_i(t))\varphi_i(u_i)\geqslant\beta_{i1}r_i^2\eta_i^2[\mathrm{sgn}(s_i(t))]^2 \tag{3－16}$$

因为 $s_{\mathrm{i}}^2(t)\geqslant0$，故有

$$-r_i\eta_is_i^2(t)\mathrm{sgn}(s_i(t))\varphi_i(u_i)\geqslant\beta_{i1}r_i^2\eta_i^2s_i^2(t)[\mathrm{sgn}(s_i(t))]^2 \tag{3－17}$$

可推得

$$-r_i\eta_is_i(t)|s_i(t)|\varphi_i(u_i)\geqslant\beta_{i1}r_i^2\eta_i^2|s_i(t)|^2 \tag{3－18}$$

$$s_i(t)\varphi_i(u_i)\leqslant-\beta_{i1}r_i\eta_i|s_i(t)| \tag{3－19}$$

将式（3－19）代入式（3－15），可得

$$\boldsymbol{S}^{\mathrm{T}}(t)\dot{\boldsymbol{S}}(t)\leqslant\sum_{i=1}^{n}(1-\beta_{i1}r_i)\eta_i|s_i(t)| \tag{3－20}$$

因为 $r_i=\alpha/\beta_{i1}\,(\alpha>1)$，所以可断定条件式（3－13）一直被满足。故命题真。

由定理 3－1 可推知：当受控系统在滑动面上运动时，系统对外部干扰以及非线性的多输入等特征是不敏感的。换言之，受控制混沌系统（3－11）是鲁棒的。

3.4　实 例 应 用

利用以上设计的滑膜变结构控制器，以具有多扇区非线性输入的 Rössler 系统[184]和超混沌 Chen 系统[185]为例，研究了它们的滑模控制。追踪的目标轨道主要选取任意固定点和正弦曲线两类。

3.4.1　Rössler 系统

Rössler 系统[184]为

$$\begin{cases}\dot{x}_1 = -x_2 - x_3 \\ \dot{x}_2 = x_1 + \rho x_2 \\ \dot{x}_3 = v + x_3(x_1 - w)\end{cases} \tag{3-21}$$

当参数 $\rho = 0.2$、$v = 0.2$ 和 $w = 5$ 时，Rössler 系统（3－21）是混沌的[184]。将 Rössler 系统（3－21）分解为

$$\boldsymbol{g}(x_1, x_2, x_3) = \boldsymbol{A}\boldsymbol{x} = \begin{pmatrix} 0 & -1 & -1 \\ 1 & \rho & 0 \\ 0 & 0 & -w \end{pmatrix}\begin{pmatrix} x_1 \\ x_2 \\ x_3 \end{pmatrix},\quad \boldsymbol{h}(x_1, x_2, x_3) = \begin{pmatrix} 0 \\ 0 \\ v + x_1 x_3 \end{pmatrix} \tag{3-22}$$

根据式（3－11），含扇区非线性多输入的不确定 Rössler 系统可以表示为

$$\begin{pmatrix} \dot{x}_1 \\ \dot{x}_2 \\ \dot{x}_3 \end{pmatrix} = \begin{pmatrix} 0 & -1 & -1 \\ 1 & \rho & 0 \\ 0 & 0 & -w \end{pmatrix}\begin{pmatrix} x_1 \\ x_2 \\ x_3 \end{pmatrix} + \begin{pmatrix} 0 \\ 0 \\ v + x_1 x_3 \end{pmatrix} + \begin{pmatrix} d_1(t) \\ d_2(t) \\ d_3(t) \end{pmatrix} + \begin{pmatrix} \varphi_1(u_1) \\ \varphi_2(u_2) \\ \varphi_3(u_3) \end{pmatrix} \tag{3-23}$$

选取系统（3－23）的初始点为 $(x_1, x_2, x_3) = (10, 10, 10)$，参数为 $\rho = 0.2$、$v = 0.2$ 和 $w = 5$；选取不确定外部干扰

$$\begin{cases} d_1(t) = 0.2\cos(2\pi t) \\ d_2(t) = 0.3\cos(3\pi t) \\ d_3(t) = 0.4\cos(4\pi t) \end{cases} \tag{3-24}$$

定义输入信号 $u_i (i = 1, 2, 3)$ 的非线性函数 $\varphi_i(u_i)$ 为

$$\begin{cases}\varphi_1(t)=(0.6+0.3\sin(u_1))u_1\\ \varphi_2(t)=(0.7+0.2\sin(u_2))u_2\\ \varphi_3(t)=(0.5+0.3\sin(u_3))u_3\end{cases} \tag{3-25}$$

由式（3－25）可知 $\beta_{11}=0.3,\beta_{21}=0.2,\beta_{31}=0.2$。若选取 $\alpha=1.01$，则上述参数满足定理 3－1 的要求。

先模拟目标轨道为固定点时的情况：选取目标点为 $(x_{d1},x_{d2},x_{d3})=(-10,0,10)$，在 $t=5$ s 时打开控制器，然后在 $t=10$ s 时将目标点变为 $(x_{d1},x_{d2},x_{d3})=(-20,0,20)$。图 3－2 给出了仿真结果。由图 3－2（a）可见，控制器能够很快地将系统（3－23）控制到目标点 $(-10,0,10)$；若更改目标点，控制器仍然能够迅速做出反应，将系统（3－23）控制到新的目标点 $(-20,0,20)$ 上。由图 3－2（b）～图 3－2（d）可见，当 $t=5$ s 控制器打开后，滑动曲面 $S(t)$ 很快趋于稳定的平衡点；在 $t=10$ s 更改目标轨道时，有一个抖动，然后很快趋于稳定的平衡点。

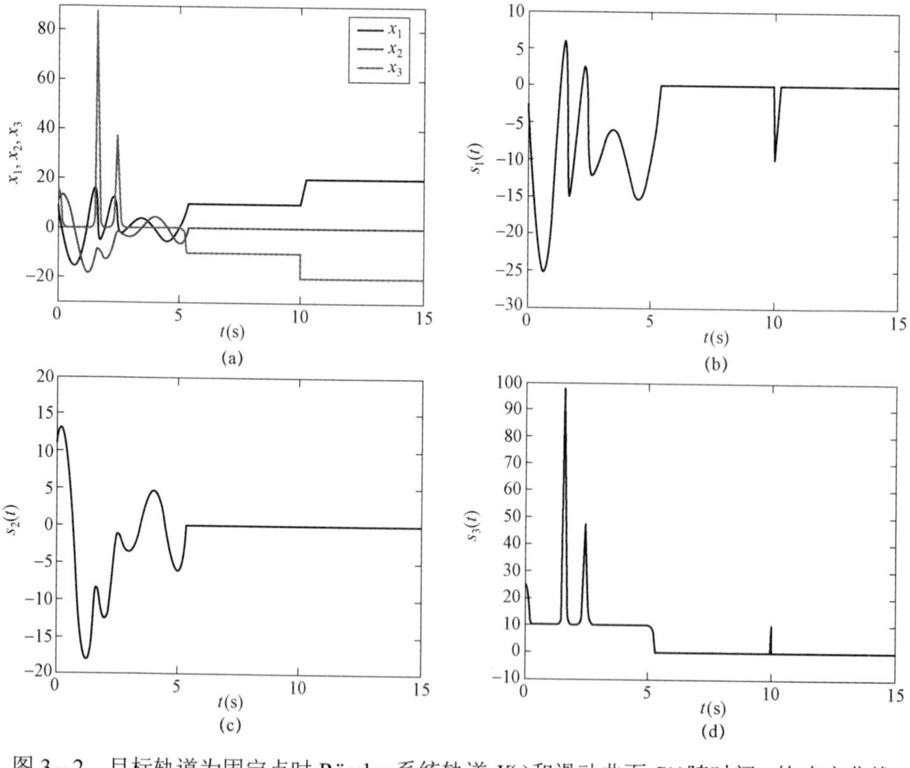

图 3－2　目标轨道为固定点时 Rössler 系统轨道 $X(t)$和滑动曲面 $S(t)$随时间 t 的响应曲线

（a）$X(t)$的响应曲线；（b）$S_1(t)$的响应曲线；（c）$S_2(t)$的响应曲线；（d）$S_3(t)$的响应曲线

再模拟目标轨道为正弦曲线时的情况，选取 $(x_{d1},x_{d2},x_{d3})=(10\sin(1.2t),$

$10\sin(1.4t),10\sin(1.6t))$，当 $t=5\text{s}$ 时打开控制器，图 3－3 给出了仿真结果。由图 3－3（a）可见，控制器能够很快地控制系统（3－23）追踪到目标轨道上。由图 3－3（b）～图 3－3（d）可见，$t=5\text{s}$ 时控制器打开后滑动曲面趋于稳定的平衡点的过程。

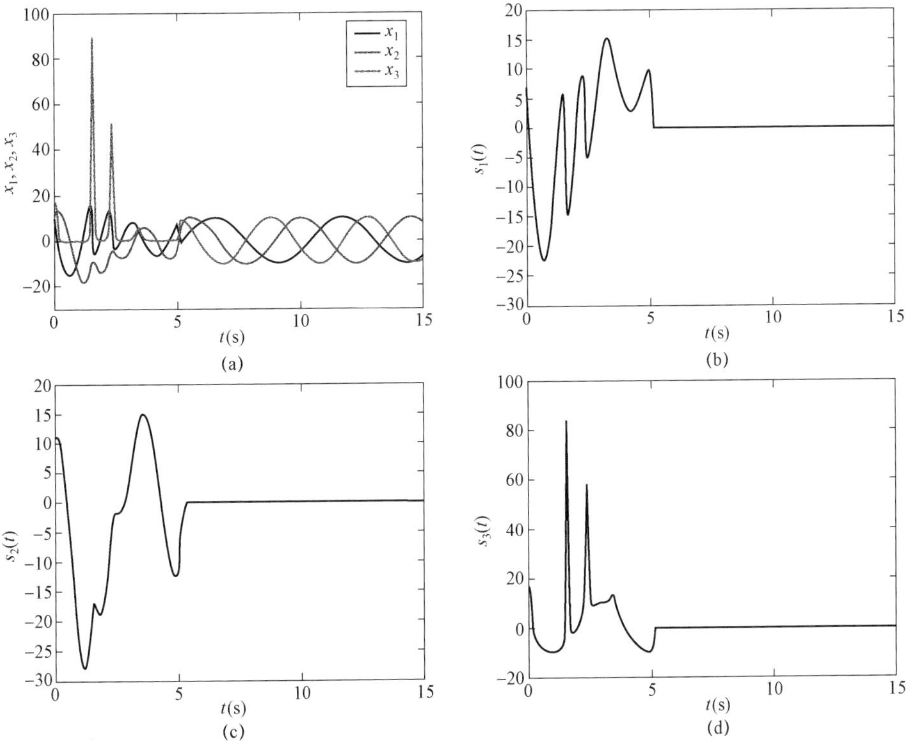

图 3－3　目标轨道为固定点时 Rössler 系统轨道 $X(t)$ 和滑动曲面 $S(t)$ 随时间 t 的响应曲线

（a）$X(t)$ 的响应曲线；（b）$S_1(t)$ 的响应曲线；（c）$S_2(t)$ 的响应曲线；（d）$S_3(t)$ 的响应曲线

3.4.2　超混沌 Chen 系统

由于超混沌系统具有更加复杂的特性，为此采用本方案实现超混沌 Chen 系统的滑模控制，用以说明本方案的有效性。超混沌 Chen 系统可表示为

$$\begin{cases}\dot{x}_1 = a(x_2 - x_1)\\ \dot{x}_2 = dx_1 - x_1x_3 + cx_2\\ \dot{x}_3 = x_1x_2 - bx_3\\ \dot{x}_4 = x_2x_3 + rx_4\end{cases} \tag{3-26}$$

当参数 $a=35$、$b=3$、$c=12$、$d=7$ 和 $r=0.2$ 时，系统（3－25）进入超混

沌状态[32]。将系统（3－25）分解为

$$\boldsymbol{g}(x_1,x_2,x_3,x_4)=\boldsymbol{A}\boldsymbol{x}=\begin{pmatrix}-a & a & 0 & 1\\ d & c & 0 & 0\\ 0 & 0 & -b & 0\\ 0 & 0 & 0 & r\end{pmatrix}\begin{pmatrix}x_1\\ x_2\\ x_3\\ x_4\end{pmatrix},\quad \boldsymbol{h}(x_1,x_2,x_3,x_4)=\begin{pmatrix}0\\ -x_1x_3\\ x_1x_2\\ x_2x_3\end{pmatrix} \tag{3-27}$$

根据式（3－11），含多扇区非线性输入的超混沌 Chen 系统可以表示为

$$\begin{pmatrix}\dot{x}_1\\ \dot{x}_2\\ \dot{x}_3\\ \dot{x}_4\end{pmatrix}=\begin{pmatrix}-a & a & 0 & 1\\ d & c & 0 & 0\\ 0 & 0 & -b & 0\\ 0 & 0 & 0 & r\end{pmatrix}\begin{pmatrix}x_1\\ x_2\\ x_3\\ x_4\end{pmatrix}+\begin{pmatrix}0\\ -x_1x_3\\ x_1x_2\\ x_2x_3\end{pmatrix}+\begin{pmatrix}d_1(t)\\ d_2(t)\\ d_3(t)\\ d_4(t)\end{pmatrix}+\begin{pmatrix}\varphi_1(u_1)\\ \varphi_2(u_2)\\ \varphi_3(u_3)\\ \varphi_4(u_4)\end{pmatrix} \tag{3-28}$$

选取系统（3－28）的初始点为$(x_1,x_2,x_3,x_4)=(0.1,0.1,0.1,0.1)$，参数为$a=35$、$b=3$、$c=12$、$d=7$和$r=0.2$；选取不确定外部干扰为

$$\begin{cases}d_1(t)=0.1\cos(2\pi t)\\ d_2(t)=0.2\cos(2\pi t)\\ d_3(t)=0.3\cos(3\pi t)\\ d_4(t)=0.4\cos(4\pi t)\end{cases} \tag{3-29}$$

定义输入信号$u_i(i=1,2,3,4)$的非线性函数$\varphi_i(u_i)$为

$$\begin{cases}\varphi_1(t)=(0.8+0.2\sin(u_1))u_1\\ \varphi_2(t)=(0.7+0.3\sin(u_2))u_2\\ \varphi_3(t)=(0.6+0.2\sin(u_3))u_3\\ \varphi_4(t)=(0.6+0.3\sin(u_4))u_4\end{cases} \tag{3-30}$$

由式（3－30）可知$\beta_{11}=0.6,\beta_{21}=0.4,\beta_{31}=0.4,\beta_{41}=0.3$；选取$\alpha=1.05$。上述参数满足定理 3－1 的要求。

先模拟目标轨道为固定点时的情况：选取目标点为$(x_{\rm d1},x_{\rm d2},x_{\rm d3},x_{\rm d4})=(15,5,0,-10)$，在$t=5$ s 时打开控制器，然后在$t=10$ s 时将目标点变为$(x_{\rm d1},x_{\rm d2},x_{\rm d3},x_{\rm d4})=(20,10,0,-20)$。图 3－4 给出了仿真结果。由图 3－4（a）可见，控制器能够很快地将系统（3－28）控制到目标点$(15,5,0,-10)$上；若更改目标点，控制器仍然能够迅速做出反应，将系统（3－28）控制到新的目标点$(20,10,0,-20)$上。由图 3－4（b）～图 3－4（e）可见，当$t=5$s 时控制器打开后，滑动曲面$\boldsymbol{S}(t)$很快趋于稳定的平衡点；在$t=10$s 更改目标轨道时，有一个抖动，然后很快趋于稳定的平衡点。

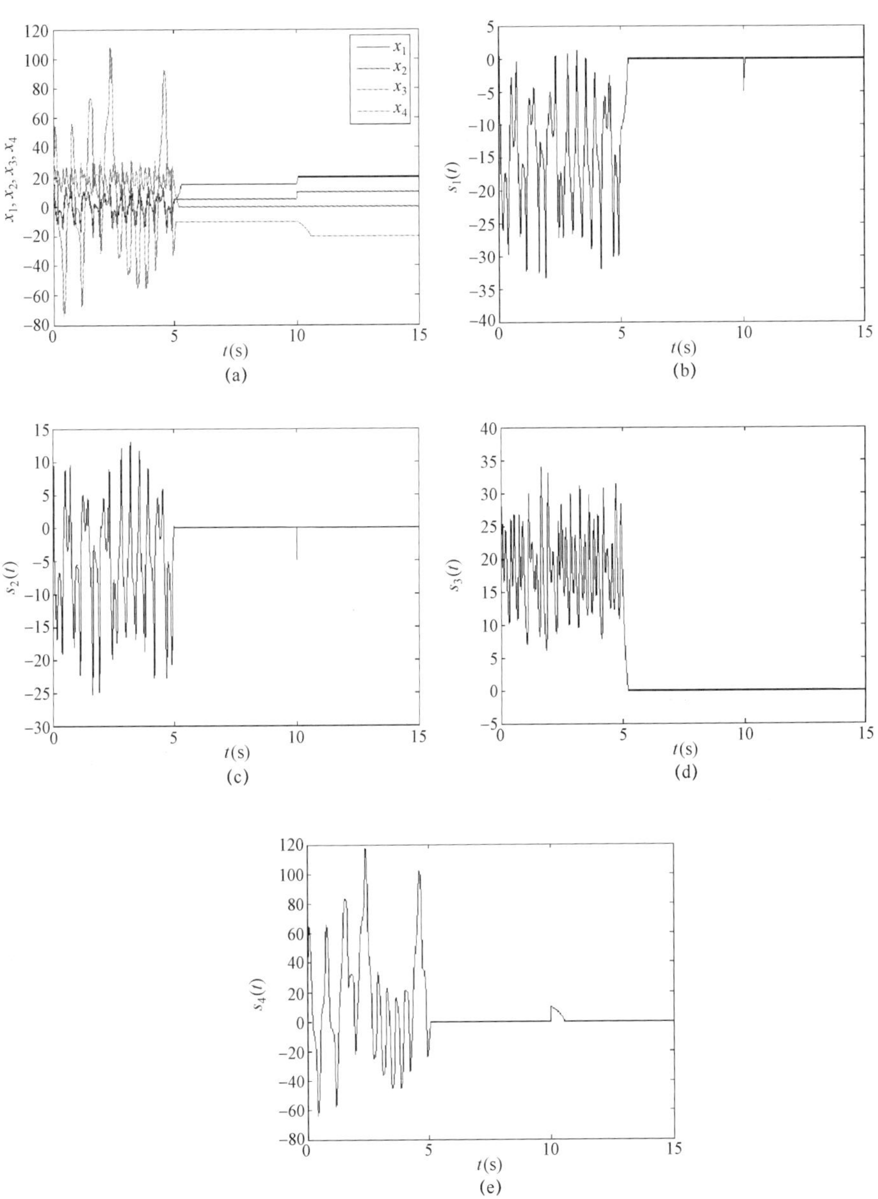

图 3－4　目标轨道为固定点时 Chen 系统轨道 $X(t)$和滑动曲面 $S(t)$随时间 t 的响应曲线

（a）$X(t)$的响应曲线；（b）$S_1(t)$的响应曲线；（c）$S_2(t)$的响应曲线；

（d）$S_3(t)$的响应曲线；（e）$S_4(t)$的响应曲线

下面模拟目标轨道为正弦曲线时的情况，选取 $(x_{d1}, x_{d2}, x_{d3}, x_{d4}) = (10\sin(1.1t), 10\sin(1.2t), 10\sin(1.3t), 10\sin(1.4t))$ 为目标轨道，当 $t = 5\,\text{s}$ 时打开控制器，图 3－5 给出了仿真结果。由图 3－5（a）可见，控制器能够将系统（3－28）控制到目标轨道上。图 3－5（b）～图 3－5（e）给出了滑动曲面 $\boldsymbol{S}(t)$ 趋于稳定的平衡点的过

程，可见控制的速度要慢于前面 Rössler 系统控制速度，而且目标轨道的选取任意性上也远低于前面 Rössler 系统。

通过上述两个模拟实例可见，本方案不但可将弱混沌系统控制到任意的目标轨道，而且对于超混沌系统也能实现部分目标轨道的控制。

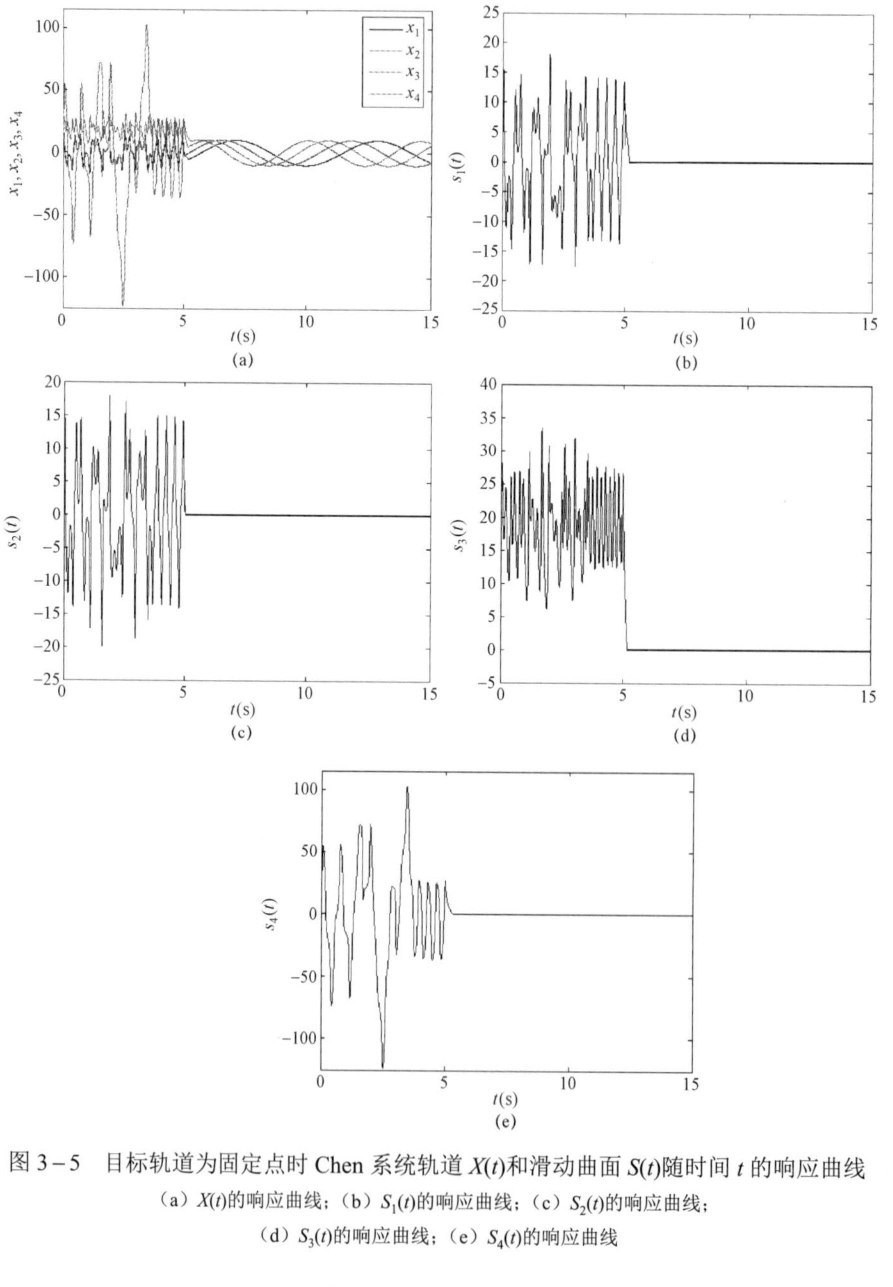

图 3－5　目标轨道为固定点时 Chen 系统轨道 $X(t)$和滑动曲面 $S(t)$随时间 t 的响应曲线

（a）$X(t)$的响应曲线；（b）$S_1(t)$的响应曲线；（c）$S_2(t)$的响应曲线；

（d）$S_3(t)$的响应曲线；（e）$S_4(t)$的响应曲线

3.5 本章小结

本章研究了一类具有多扇区非线性输入的不确定连续混沌系统的滑模控制问题。基于线性分离技术和滑模控制相结合的方法，设计了滑模控制器，从理论上证明了该控制器对上述混沌系统的有效性。通过对具有多扇区非线性输入的不确定 Rössler 系统和超混沌 Chen 系统的数值仿真实验，不但进一步验证了所提出方案的有效性，而且还证实本方案可使受控系统迅速到达任意目标轨道，且不受输入的多扇区非线性和外部噪声的影响，具有很强的鲁棒性。与其他常规控制器相比，滑模变结构控制器更加适合本章问题的解决。

第 4 章

异结构混沌系统的投影同步控制

在部分耦合线性系统中，Mainieri 和 Xu 等研究指出驱动—响应系统可以同步到一个比例因子上，这种类型的同步被称为投影同步[186]。在混沌保密通信中，投影同步可以把二进制数扩展到 M 进制以实现更快的传输，因此对投影同步的研究具有重要的理论意义和应用前景[187–194]。例如：Xu 等[187–189]提出了任意维连续混沌系统的投影同步的判定标准和任意维离散混沌系统达到投影同步的必要条件；Chee 等[190]把投影同步技术应用到了混沌安全保密通信上。最近，基于 Lyapunov 稳定性理论，文献［191］的作者利用自适应控制方法驱动两个异结构的混沌系统达到比例函数同步。文献［192,193］的作者将投影同步的概念扩展到全状态混合投影同步。Hung 等[194]设计了自适应滑模控制器，完成了带死区的 Chus's 的投影同步。然而，在以上提到的研究和其他现存的投影同步的研究中，异结构投影同步和扇区非线性输入没有同时被考虑。而在实际的应用中，由于物理器件的限制，系统本身的不确定性、扇区和死区非线性是经常存在的[195]。所以，在设计和实现混沌系统的投影同步方案时，必须考虑这些因素的影响。本节利用自适应技术和滑模控制方法，设计了一种新的投影同步方法。该方法能够在具有非线性输入的情况下，使异结构的混沌系统按指定的比例因子迅速达到同步，而不要求事先知道系统的不确定性和外部扰动的界限。

4.1 问题描述

考虑两个具有如下形式的异结构混沌系统：

$$\dot{\boldsymbol{x}} = \boldsymbol{A}\boldsymbol{x} + \boldsymbol{h}(\boldsymbol{x}) \tag{4-1}$$

和

$$\dot{\boldsymbol{y}} = \boldsymbol{B}\boldsymbol{y} + \boldsymbol{g}(\boldsymbol{y}) + \Delta\boldsymbol{f}(\boldsymbol{y}) + \boldsymbol{d}(t) + \boldsymbol{\Phi}(\boldsymbol{u}) \tag{4-2}$$

式中，$\boldsymbol{x}\in\mathbf{R}^n$ 是系统（4－1）的 n 维状态向量；$\boldsymbol{A}\in\mathbf{R}^{n\times n}$ 是系统（4－1）线性部分的系数矩阵；$\boldsymbol{h}(\boldsymbol{x}):\mathbf{R}^n\to\mathbf{R}^n$ 是系统（4－1）的非线性部分，是一个连续光滑函数。相应的，$\boldsymbol{y}$、$\boldsymbol{B}$ 和 $\boldsymbol{g}(\boldsymbol{y})$ 分别是系统（4－2）的 n 维状态向量、线性部分的系数矩阵和非线性部分。$\Delta\boldsymbol{f}(\boldsymbol{y})$ 和 $\boldsymbol{d}(t)$ 分别是系统（4－2）的参数不确定项和外部扰动，通常 $\Delta\boldsymbol{f}(\boldsymbol{y})$ 和 $\boldsymbol{d}(t)$ 被设定为有界函数。$\boldsymbol{\Phi}(\boldsymbol{u})=[\phi_1(u_1),\phi_2(u_2),\cdots,\phi_n(u_n)]^{\mathrm{T}}$，$\phi_i(u_i)(i=1,2,\cdots,n)$ 为扇区非线性的连续函数，且假设 $-u_{i0-}\leqslant u_i\leqslant u_{i0+}$ 时，$\phi_i(u_i)=0$。另外，$\phi_i(u_i)$ 还应满足如下条件：

$$\begin{cases}\alpha_{i1}(u_i-u_{i0+})^2\leqslant(u_i-u_{i0+})\phi_i(u_i)\leqslant\alpha_{i2}(u_i-u_{i0+})^2 & (u_i>u_{i0+})\\ \alpha_{i1}(u_i+u_{i0-})^2\leqslant(u_i+u_{i0-})\phi_i(u_i)\leqslant\alpha_{i2}(u_i+u_{i0-})^2 & (u_i<-u_{i0-})\end{cases}\tag{4-3}$$

这里 α_{i1} 和 α_{i2} 是非零正常数，图 4－1 给出了在扇区 $[\alpha_{i1}\ \ \alpha_{i2}]$ 内带有死区的非线性连续函数 $\phi_i(u_i)(i=1,2,\cdots,n)$ 的变化曲线。

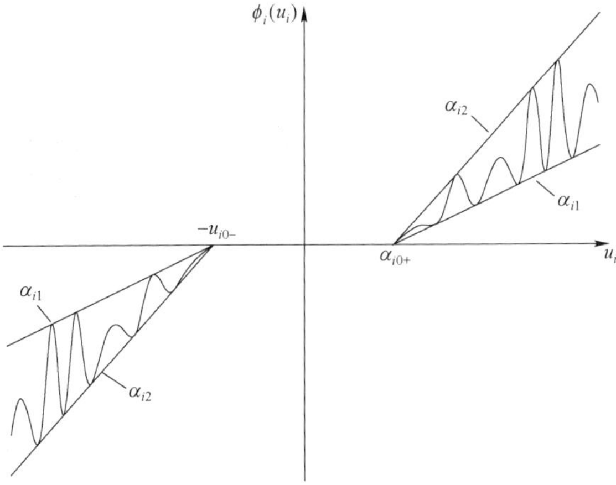

图 4－1　扇区非线性函数 $\phi_i(u_i)$ 的曲线

定义系统（4－1）为驱动系统，系统（4－2）为响应系统，驱动系统与响应系统的投影同步误差为 $\boldsymbol{e}=\boldsymbol{y}-\lambda\boldsymbol{x}$，则由系统（4－1）和系统（4－2）可知，投影同步误差系统为

$$\begin{aligned}\dot{\boldsymbol{e}}&=\dot{\boldsymbol{y}}-\lambda\dot{\boldsymbol{x}}\\&=(\boldsymbol{B}-\boldsymbol{A})\boldsymbol{y}+\boldsymbol{A}\boldsymbol{e}+\boldsymbol{g}(\boldsymbol{y})-\lambda\boldsymbol{h}(\boldsymbol{x})+\Delta\boldsymbol{f}(\boldsymbol{y})+\boldsymbol{d}(t)+\boldsymbol{\Phi}(\boldsymbol{u})\end{aligned}\tag{4-4}$$

这里 λ 是不为零的常数，是被指定的投影同步的比例因子。完全同步和反同步均是投影同步的特例。当比例因子 $\lambda=1$ 时，投影同步就是完全同步。当 $\lambda=-1$ 时，投影同步就变成了反同步。

本节研究的目标是在不知道系统的不确定性和外部扰动界限的条件下，设计一个鲁棒的滑模控制器，使

$$\lim_{t\to\infty}\|\boldsymbol{e}\|=\lim_{t\to\infty}\|\boldsymbol{y}-\lambda\boldsymbol{x}\|=0 \tag{4-5}$$

成立，从而使驱动系统（4-1）和响应系统（4-2）按指定的比例因子λ达到同步，而且不受非线性输入的影响。

4.2 自适应滑模控制器的设计

我们利用自适应技术和滑模变结构相结合的方法来完成系统（4-1）和系统（4-2）的投影同步，设计过程主要分为两步：

1）设计一个滑模切换面，保证投影同步误差系统在滑模面上的运动是渐进稳定的，即式（4-5）成立；

2）确定一个能够保证滑模运动的发生，对非线性输入强鲁棒，对系统的参数不确定性和外部扰动的界限能进行估计的自适应滑模控制器。

为了达到这个目标，定义比例积分切换函数为

$$\boldsymbol{S}(t)=\boldsymbol{e}(t)-\int_0^t(\boldsymbol{A}-\boldsymbol{K})\boldsymbol{e}(\tau)\mathrm{d}\tau \tag{4-6}$$

式中，$\boldsymbol{S}(t)=\left[s_1(t),s_2(t),\cdots,s_n(t)\right]^{\mathrm{T}}$是滑动曲面向量。$\boldsymbol{K}\in\mathbf{R}^{n\times n}$是$n$维矩阵，$\boldsymbol{K}$的值以后求得，并且要保证矩阵$(\boldsymbol{A}-\boldsymbol{K})$的特征值的实部均为负数。

当系统在滑模面上运动时，如下的等式必须成立[155,156]：

$$\boldsymbol{S}(t)=\boldsymbol{e}(t)-\int_0^t(\boldsymbol{A}-\boldsymbol{K})\boldsymbol{e}(\tau)\mathrm{d}\tau=0 \tag{4-7}$$

和

$$\dot{\boldsymbol{S}}=\dot{\boldsymbol{e}}-(\boldsymbol{A}-\boldsymbol{K})\boldsymbol{e}=0 \tag{4-8}$$

由（4-8）式可得

$$\dot{\boldsymbol{e}}=(\boldsymbol{A}-\boldsymbol{K})\boldsymbol{e} \tag{4-9}$$

由式（4-9）可知，当（$\boldsymbol{A}$，$\boldsymbol{I}$）可控时，利用极点配置技术，总存在增益矩阵$\boldsymbol{K}$，使得矩阵$(\boldsymbol{A}-\boldsymbol{K})$的所有特征值的实部均为负数。根据线性稳定性判定准则，式（4-5）成立，并且方程（4-9）的收敛速度由矩阵$\boldsymbol{K}$来决定。

为了保证滑模运动的发生，设计的控制器如下：

$$u_i(t)=\begin{cases}-\gamma_i\eta_i\mathrm{sign}(s_i(t))-u_{i0-},\ s_i(t)>0\\ 0,\ s_i(t)=0\\ -\gamma_i\eta_i\mathrm{sign}(s_i(t))+u_{i0+},\ s_i(t)<0\end{cases}\tag{4-10}$$

这里$\eta_i=\left|(b_i-a_i)\boldsymbol{y}+g_i(\boldsymbol{y})-\lambda h_i(\boldsymbol{x})\right|+\left|k_i\boldsymbol{e}\right|+\hat{\theta}_i(i=1,2,\cdots,n)$，$a_i$和$b_i$分别是矩阵$\boldsymbol{A}$和$\boldsymbol{B}$的第 i 个行向量；$\gamma_i=\beta/\alpha_{i1}(\beta>1)$；$\mathrm{sign}(s_i(t))$是$s_i(t)$的符号函数，若$s_i(t)>0$，则$\mathrm{sign}(s_i(t))=1$；若$s_i(t)=0$，则$\mathrm{sign}(s_i(t))=0$；若$s_i(t)<0$，则$\mathrm{sign}(s_i(t))=-1$。

$\hat{\theta}_i$是一个参数估计，满足如下的自适应率：

$$\dot{\hat{\theta}}_i=\left|S_i\right|,\quad \hat{\theta}_i(0)=\hat{\theta}_{i0}\tag{4-11}$$

式中，$\hat{\theta}_{i0}$是正数，是$\hat{\theta}_i$的初始值。通常$\left|\Delta f_i(\boldsymbol{y})+d_i(t)\right|$被设定是有界的，即$\left|\Delta f_i(\boldsymbol{y})+d_i(t)\right|<\theta_i$，$\theta_i$是未知的正的常数。定义$\hat{\theta}_i$的自适应误差为

$$\tilde{\theta}_i=\hat{\theta}_i-\theta_i\tag{4-12}$$

因为θ_i是一个存在的常数，可以得到

$$\dot{\tilde{\theta}}_i=\dot{\hat{\theta}}_i=\left|S_i\right|\tag{4-13}$$

下面证明自适应滑模控制器（4-10）能够保证滑模运动的发生，控制系统（4-1）和系统（4-2）达到投影同步。

定理 4-1　在控制器（4-10）的驱动下，驱动系统（4-1）和响应系统（4-2）的投影同步误差向量收敛到滑模面$\boldsymbol{S}(t)=0$。

证明：选择如下的 Lyapunov 函数

$$V=0.5(\boldsymbol{S}^{\mathrm{T}}(t)\boldsymbol{S}(t)+\tilde{\theta}^{\mathrm{T}}\tilde{\theta})$$

则由式（4-4）和式（4-8）可得

$$\begin{aligned}\dot{V}&=\boldsymbol{S}^{\mathrm{T}}(t)\dot{\boldsymbol{S}}(t)+\tilde{\theta}^{\mathrm{T}}\dot{\tilde{\theta}}\\&=\boldsymbol{S}^{\mathrm{T}}(t)(\dot{\boldsymbol{e}}-(\boldsymbol{A}-\boldsymbol{K})\boldsymbol{e})+\tilde{\theta}^{\mathrm{T}}\dot{\tilde{\theta}}\\&=\boldsymbol{S}^{\mathrm{T}}(t)((\boldsymbol{B}-\boldsymbol{A})\boldsymbol{y}+\boldsymbol{A}\boldsymbol{e}+\boldsymbol{g}(\boldsymbol{y})-\lambda\boldsymbol{h}(\boldsymbol{x})+\Delta\boldsymbol{f}(\boldsymbol{y})+\boldsymbol{d}(t)+\boldsymbol{\Phi}(\boldsymbol{u})-(\boldsymbol{A}-\boldsymbol{K})\boldsymbol{e})+\tilde{\theta}^{\mathrm{T}}\dot{\tilde{\theta}}\\&=\boldsymbol{S}^{\mathrm{T}}(t)((\boldsymbol{B}-\boldsymbol{A})\boldsymbol{y}+\boldsymbol{g}(\boldsymbol{y})-\lambda\boldsymbol{h}(\boldsymbol{x})+\boldsymbol{K}\boldsymbol{e}+\Delta\boldsymbol{f}(\boldsymbol{y})+\boldsymbol{d}(t))+\boldsymbol{S}^{\mathrm{T}}(t)\boldsymbol{\Phi}(\boldsymbol{u})+\tilde{\theta}^{\mathrm{T}}\dot{\tilde{\theta}}\\&=\sum_{i=1}^{n}[s_i(t)((b_i-a_i)\boldsymbol{y}+g_i(\boldsymbol{y})-\lambda h_i(\boldsymbol{x})+k_i\boldsymbol{e}+\Delta f_i(\boldsymbol{y})+d_i(t))+s_i(t)\phi_i(u_i)_i+\tilde{\theta}_i\dot{\tilde{\theta}}_i]\\&\leqslant\sum_{i=1}^{n}[\left|s_i(t)\right|(\left|(b_i-a_i)\boldsymbol{y}+g_i(\boldsymbol{y})-\lambda h_i(\boldsymbol{x})\right|+\left|k_i\boldsymbol{e}\right|+\theta_i)+\tilde{\theta}_i\dot{\tilde{\theta}}_i+s_i(t)\phi_i(u_i)]\end{aligned}$$

$$
\begin{aligned}
&=\sum_{i=1}^{n}[|s_i(t)|(|(b_i-a_i)\boldsymbol{y}+g_i(\boldsymbol{y})-\lambda h_i(\boldsymbol{x})|+|k_i\boldsymbol{e}|+\hat{\theta}_i-\tilde{\theta}_i)+\tilde{\theta}_i\,|\,s_i(t)\,|+s_i(t)\phi_i(u_i)]\\
&=\sum_{i=1}^{n}[|s_i(t)|(|(b_i-a_i)\boldsymbol{y}+g_i(\boldsymbol{y})-\lambda h_i(\boldsymbol{x})|+|k_i\boldsymbol{e}|+\hat{\theta}_i)+s_i(t)\phi_i(u_i)]\\
&=\sum_{i=1}^{n}[|s_i(t)|\eta_i+s_i(t)\phi_i(u_i)]
\end{aligned}
\tag{4-14}
$$

当 $s_i>0$ 时，有

$$
\begin{aligned}
(u_i+u_{i0-})\phi_i(u_i)&=-\gamma_i\eta_i\operatorname{sign}(s_i(t))\phi_i(u_i)\geqslant\alpha_{i1}(u_i+u_{i0-})^2\\
&=\alpha_{i1}\gamma_i^2\eta_i^2[\operatorname{sign}(s_i(t))]^2
\end{aligned}
\tag{4-15}
$$

当 $s_i<0$ 时，有

$$
\begin{aligned}
(u_i-u_{i0+})\phi_i(u_i)&=-\gamma_i\eta_i\operatorname{sign}(s_i(t))\phi_i(u_i)\geqslant\alpha_{i1}(u_i-u_{i0+})^2\\
&=\alpha_{i1}\gamma_i^2\eta_i^2[\operatorname{sign}(s_i(t))]^2
\end{aligned}
\tag{4-16}
$$

因为 $s_i^2(t)\geqslant 0$，根据等式（4－15）和式（4－16）有

$$
-\gamma_i\eta_i s_i(t)^2\operatorname{sign}(s_i(t))\phi_i(u_i)\geqslant\alpha_{i1}\gamma_i^2\eta_i^2 s_i(t)^2[\operatorname{sign}(s_i(t))]^2
$$

因为 $s_i(t)\operatorname{sign}(s_i(t))=|s_i(t)|$，可推得

$$
-\gamma_i\eta_i s_i(t)\phi_i(u_i)\geqslant\alpha_{i1}\gamma_i^2\eta_i^2|s_i(t)|A,\quad s_i(t)\phi_i(u_i)\leqslant-\alpha_{i1}\gamma_i\eta_i|s_i(t)|
\tag{4-17}
$$

将式（4－17）代入式（4－14），可得

$$
\dot{V}=\boldsymbol{S}^{\mathrm{T}}(t)\dot{\boldsymbol{S}}(t)+\tilde{\theta}^{\mathrm{T}}\dot{\tilde{\theta}}\leqslant\sum_{i=1}^{n}(1-\alpha_{i1}\gamma_i)\eta_i|s_i(t)|\leqslant 0
\tag{4-18}
$$

设 $w(t)=\sum_{i=1}^{n}(\alpha_{i1}\gamma_i-1)\eta_i|s_i(t)|$，可得

$$
\dot{V}\leqslant -w(t)\leqslant 0
\tag{4-19}
$$

将以上的方程从 0 到 t 进行积分，得到

$$
V(0)\geqslant V(t)+\int_0^t w(v)\,\mathrm{d}v\geqslant\int_0^t w(v)\,\mathrm{d}v
\tag{4-20}
$$

随着 $t\to\infty$，以上的积分总是小于或等于 $V(0)$。而 $V(0)$ 是正的有限的，所以 $\lim\limits_{t\to\infty}\int_0^t w(v)\,\mathrm{d}v$ 是存在的有限的。因此，根据 Barbalat 引理[196]可以得到

$$
\lim_{t\to\infty}w(t)=\lim_{t\to\infty}\sum_{i=1}^{n}(\alpha_{i1}\gamma_i-1)\eta_i|s_i(t)|=0
\tag{4-21}
$$

因为$(\alpha_{i1}\gamma_i-1)\eta_i>0$，可以推得$\lim\limits_{t\to\infty}\sum\limits_{i=1}^{n}|s_i(t)|=\lim\limits_{t\to\infty}s(t)=0$。故命题成立。

4.3 实例应用

为了说明以上设计的自适应滑模控制器的有效性，我们利用此控制器研究了两对具有非线性输入的异结构混沌系统（Lorenz 系统－Chen 系统，Chen 系统－Lü 系统）的投影同步。Lorenz 系统[11]利用以下的非线性方程来表示

$$\begin{cases}\dot{x}_1=-\rho_1x_1+\rho_1x_2\\ \dot{x}_2=\rho_2x_1-x_2-x_1x_3\\ \dot{x}_3=x_1x_2-\rho_3x_3\end{cases}\tag{4-22}$$

当参数$\rho_1=10$、$\rho_2=28$和$\rho_3=8/3$时，系统（4－22）处于混沌状态，其混沌吸引子如图 4－2（a）所示。Chen 系统[78]是典型的混沌反控制模式，它可以被描述为

$$\begin{cases}\dot{y}_1=-\nu_1y_1+\nu_1y_2\\ \dot{y}_2=(\nu_2-\nu_1)y_1-y_1y_3+\nu_2y_2\\ \dot{y}_3=y_1y_2-\nu_3y_3\end{cases}\tag{4-23}$$

Chen 系统的混沌吸引子如图 4－2(b)所示，这时参数$\nu_1=35$、$\nu_2=28$和$\nu_3=3$。第三个混沌系统 Lü 系统[79]连接了 Lorenz 系统和 Chen 系统，它被表示为

$$\begin{cases}\dot{z}_1=-\omega_1z_1+\omega_1z_2\\ \dot{z}_2=-z_1z_3+\omega_2z_2\\ \dot{z}_3=z_1z_2-\omega_3z_3\end{cases}\tag{4-24}$$

当参数$\omega_1=36$、$\omega_2=20$和$\omega_3=3$时，Lü 系统的混沌吸引子如图 4－2（c）所示。如下利用所设计的控制器分别来控制这两对混沌系统达到投影同步。

1. Lorenz 系统和 Chen 系统的投影同步

具有非线性输入的 Chen 系统表示如下：

$$\begin{cases}\dot{y}_1=-\nu_1y_1+\nu_1y_2+\Delta f_1(y)+d_1(t)+\phi_1\\ \dot{y}_2=(\nu_2-\nu_1)y_1-y_1y_3+\nu_2y_2+\Delta f_2(y)+d_2(t)+\phi_2\\ \dot{y}_3=y_1y_2-\nu_3y_3+\Delta f_3(y)+d_3(t)+\phi_3\end{cases}\tag{4-25}$$

定义系统（4－22）和系统（4－25）分别为驱动系统和响应系统。则矩阵 $\boldsymbol{A}$、

$\boldsymbol{B}$ 和非线性部分 $\boldsymbol{h}(\boldsymbol{x})$、$\boldsymbol{g}(\boldsymbol{y})$ 分别为

$$\boldsymbol{A}=\begin{pmatrix}-\rho_1 & \rho_1 & 0\\ \rho_2 & -1 & 0\\ 0 & 0 & -\rho_3\end{pmatrix},\quad \boldsymbol{B}=\begin{pmatrix}-\nu_1 & \nu_1 & 0\\ \nu_2-\nu_1 & \nu_2 & 0\\ 0 & 0 & -\nu_3\end{pmatrix},$$

$$\boldsymbol{h}(\boldsymbol{x})=\begin{pmatrix}0\\ -x_1x_3\\ x_1x_2\end{pmatrix},\quad \boldsymbol{g}(\boldsymbol{y})=\begin{pmatrix}0\\ -y_1y_3\\ y_1y_2\end{pmatrix} \tag{4-26}$$

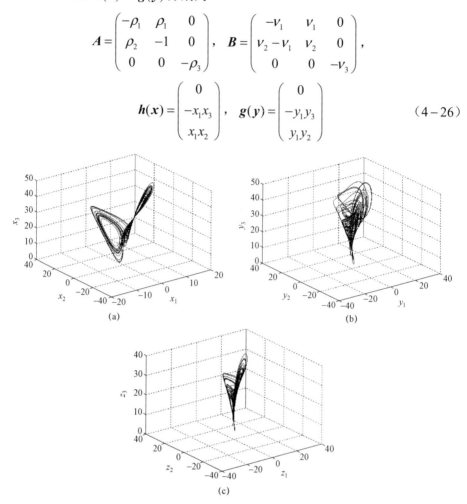

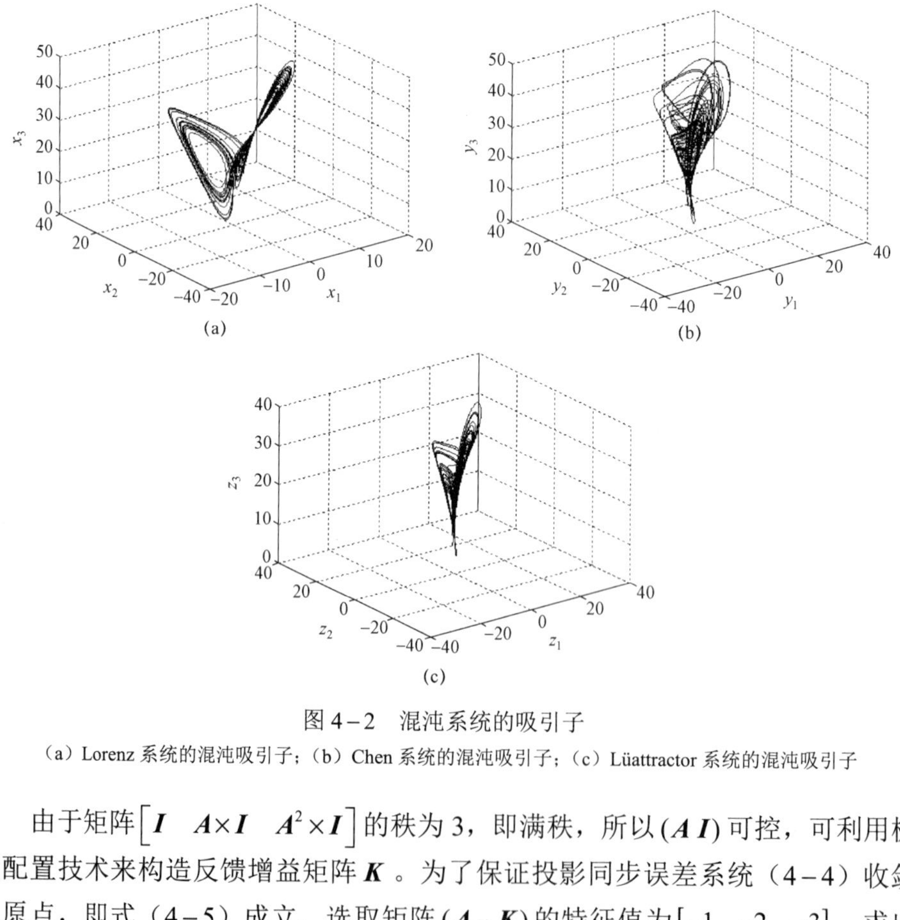

图 4-2　混沌系统的吸引子

（a）Lorenz 系统的混沌吸引子；（b）Chen 系统的混沌吸引子；（c）Lüattractor 系统的混沌吸引子

由于矩阵 $\begin{bmatrix}\boldsymbol{I} & \boldsymbol{A}\times\boldsymbol{I} & \boldsymbol{A}^2\times\boldsymbol{I}\end{bmatrix}$ 的秩为 3，即满秩，所以 $(\boldsymbol{A}\ \boldsymbol{I})$ 可控，可利用极点配置技术来构造反馈增益矩阵 $\boldsymbol{K}$。为了保证投影同步误差系统（4-4）收敛于原点，即式（4-5）成立，选取矩阵 $(\boldsymbol{A}-\boldsymbol{K})$ 的特征值为 $[-1\quad -2\quad -3]$，求出矩阵 $\boldsymbol{K}$ 为

$$\boldsymbol{K}=\begin{pmatrix}-9 & 10 & 0\\ 28 & 1 & 0\\ 0 & 0 & 1/3\end{pmatrix} \tag{4-27}$$

选取系统的不确定项 $\Delta\boldsymbol{f}=\left[\Delta f_1,\Delta f_2,\Delta f_3\right]^{\mathrm{T}}=[0.1y_1,0.1y_2,0.1y_3]^{\mathrm{T}}$，外部扰动 $\boldsymbol{d}(t)=\left[d_1(t),d_2(t),d_3(t)\right]^{\mathrm{T}}=\left[0.2\cos(2\pi t),0.3\cos(3\pi t),0.4\cos(4\pi t)\right]^{\mathrm{T}}$。定义扇区非线性函数 $\phi_i(u_i)$ $(i=1,2,3)$ 为

$$\phi_1(u_1)=\begin{cases}[0.8+0.1\sin(u_1)](u_1-u_{10+})\ (u_1>u_{10+})\\0\ (-u_{10-}\leqslant u_1\leqslant u_{10+})\\ [0.8+0.1\sin(u_1)](u_1+u_{10-})\ (u_1<-u_{10-})\end{cases}\tag{4-28}$$

$$\phi_2(u_2)=\begin{cases}[0.8+0.2\sin(u_2)](u_2-u_{20+})\ (u_2>u_{20+})\\0\ (-u_{20-}\leqslant u_2\leqslant u_{20+})\\ [0.8+0.2\sin(u_2)](u_2+u_{20-})\ (u_2<-u_{20-})\end{cases}\tag{4-29}$$

$$\phi_3(u_3)=\begin{cases}[0.9+0.3\sin(u_3)](u_3-u_{30+})\ (u_3>u_{30+})\\0\ (-u_{30-}\leqslant u_3\leqslant u_{30+})\\ [0.9+0.3\sin(u_3)](u_3+u_{30-})\ (u_3<-u_{30-})\end{cases}\tag{4-30}$$

由式（4－28）～式（4－30）可知 $\alpha_{11}=0.7$，$\alpha_{21}=0.6$，$\alpha_{31}=0.6$。选取 $\hat{\theta}_{10}=\hat{\theta}_{20}=\hat{\theta}_{30}=1$，$\beta=1.01$，$u_{10-}=u_{10+}=1$，$u_{20-}=u_{20+}=2$，$u_{30-}=u_{30+}=3$。上述参数完全满足定理 4－1 的要求。

驱动系统（4－22）与响应系统（4－25）的初始点分别选取：$x_1(0)=1$、$x_2(0)=2$、$x_3(0)=3$，$y_1(0)=5$、$y_2(0)=8$、$y_3(0)=12$。比例因子 λ 分别选取 2、-2 和 -0.5。投影同步过程的模拟结果如图 4－3～图 4－6 所示。由误差效果图 4－3 可见，误差 e_1、e_2 和 e_3 很快分别稳定在零点上，即系统（4－25）与系统（4－22）达到了同步；由相轨迹在二维平面的投影图 4－4～图 4－6 可见，系统（4－25）状态矢量的幅值分别是系统（4－22）的 2 倍、2 倍和 0.5 倍，两系统的相位分别为同相、反相和反相，即系统（4－25）和系统（4－22）的吸引子按指定的比例因子 λ 达到了投影同步。

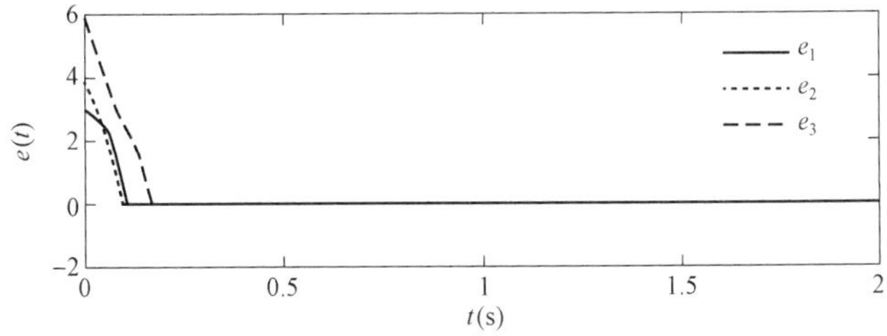

(a)

图 4－3　系统（4－22）与系统（4－25）投影同步的误差曲线

（a）$\lambda=2$

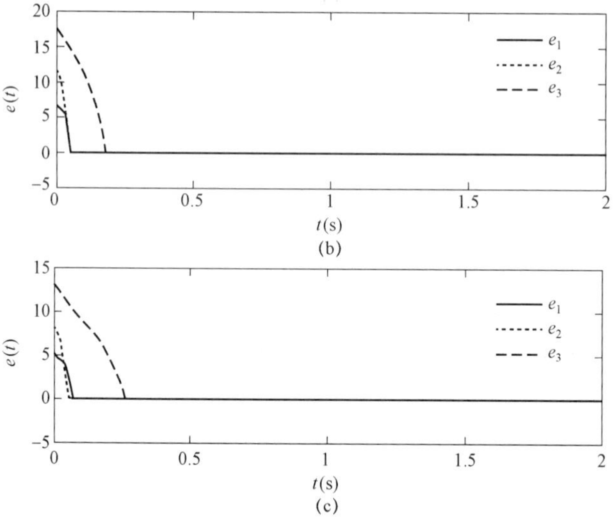

图 4−3　系统（4−22）与系统（4−25）投影同步的误差曲线（续）

（b）$\lambda=-2$；（c）$\lambda=-0.5$

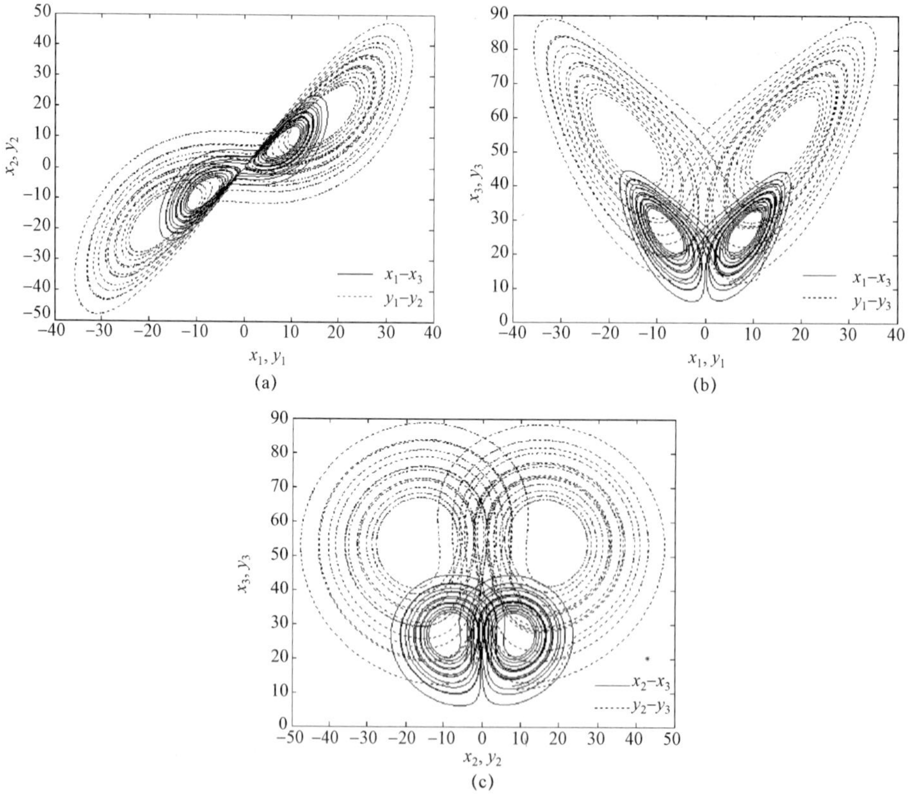

图 4−4　当 $\lambda=2$，系统（4−22）与系统（4−25）的吸引子在二维平面的投影

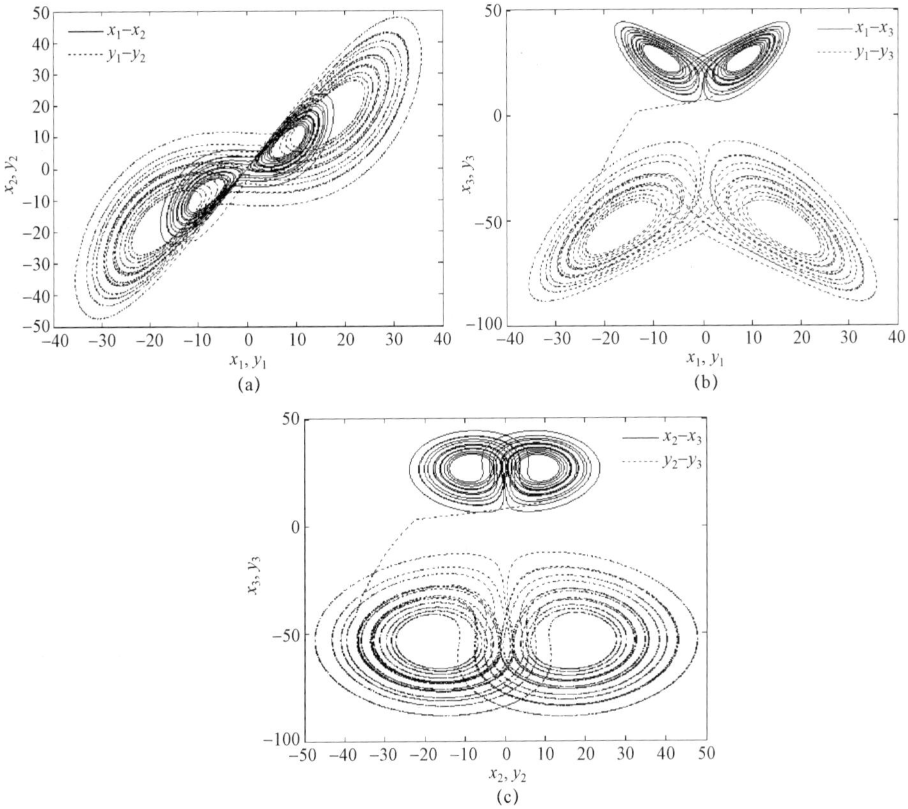

图 4－5　当 $\lambda=-2$，系统（4－22）与系统（4－25）的吸引子在二维平面的投影

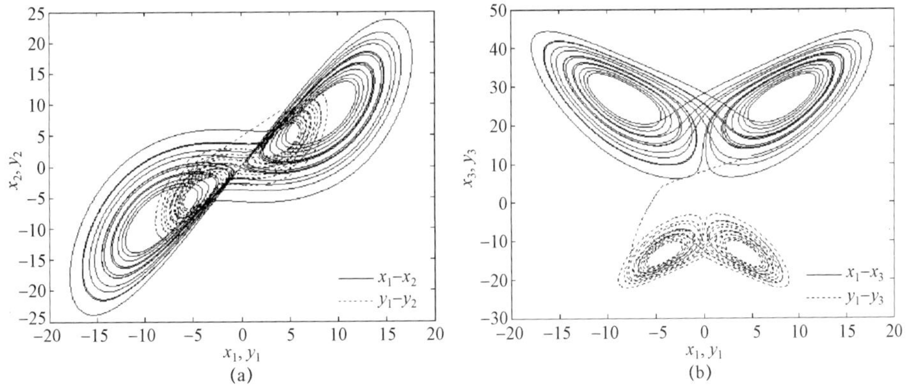

图 4－6　当 $\lambda=-0.5$，系统（4－22）与系统（4－25）的吸引子在二维平面的投影

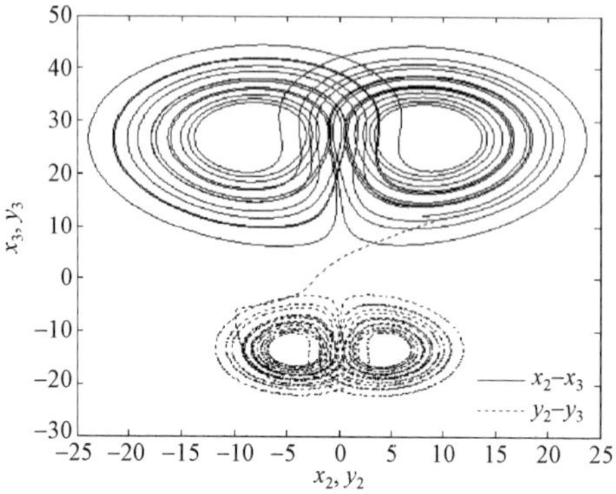

(c)

图 4－6　当 $\lambda=-0.5$，系统（4－22）与系统（4－25）的吸引子在二维平面的投影（续）

2. Chen 系统和 Lü 系统的投影同步

具有非线性输入的 Lü 系统表示如下：

$$\begin{cases}\dot{z}_1=-\omega_1 z_1+\omega_1 z_2+\Delta f_1(z)+d_1(t)+\phi_1\\\dot{z}_2=-z_1 z_3+\omega_2 z_2+\Delta f_2(z)+d_2(t)+\phi_2\\\dot{z}_3=z_1 z_2-\omega_3 z_3+\Delta f_3(z)+d_3(t)+\phi_3\end{cases}\tag{4-31}$$

定义系统（4－23）和系统（4－31）分别为驱动系统和响应系统。则矩阵 $\boldsymbol{A}$、$\boldsymbol{B}$ 和非线性部分 $\boldsymbol{h}(\boldsymbol{y})$、$\boldsymbol{g}(\boldsymbol{z})$ 分别为

$$\boldsymbol{A}=\begin{pmatrix}-\nu_1 & \nu_1 & 0\\\nu_2-\nu_1 & \nu_2 & 0\\0 & 0 & -\nu_3\end{pmatrix},\quad \boldsymbol{B}=\begin{pmatrix}-\omega_1 & \omega_1 & 0\\0 & \omega_2 & 0\\0 & 0 & -\omega_3\end{pmatrix},$$

$$\boldsymbol{h}(\boldsymbol{y})=\begin{pmatrix}0\\-y_1y_3\\y_1y_2\end{pmatrix},\quad \boldsymbol{g}(\boldsymbol{z})=\begin{pmatrix}0\\-z_1z_3\\z_1z_2\end{pmatrix}\tag{4-32}$$

由于矩阵 $\begin{bmatrix}\boldsymbol{I} & \boldsymbol{A}\times\boldsymbol{I} & \boldsymbol{A}^2\times\boldsymbol{I}\end{bmatrix}$ 是满秩的，所以选取矩阵 $(\boldsymbol{A}-\boldsymbol{K})$ 的特征值为 $\begin{bmatrix}-1 & -2 & -1\end{bmatrix}$。利用极点配置技术，求出矩阵 $\boldsymbol{K}$ 为

$$\boldsymbol{K}=\begin{pmatrix}-34 & 35 & 0\\-7 & 30 & 0\\0 & 0 & -2\end{pmatrix}\tag{4-33}$$

扇区非线性函数 $\phi_i(u_i)$ $(i=1,2,3)$ 与上一个模拟中选取的值相同。选取 $\hat{\theta}_{10}=\hat{\theta}_{20}=\hat{\theta}_{30}=2$，$\beta=1.01$。上述参数完全满足定理 4－1 的要求。

驱动系统（4－23）与响应系统（4－31）的初始点分别选取：$y_1(0)=5$、$y_2(0)=8$、$y_3(0)=12$ 和 $z_1(0)=2$、$z_2(0)=4$、$z_3(0)=8$。比例因子 λ 分别选取 2、-1 和 -0.5。投影同步过程的模拟结果如图 4－7～图 4－10 所示。由图 4－7～图 4－10 可以看出，响应系统（4－31）与驱动系统（4－23）同步到指定的比例因子 λ。

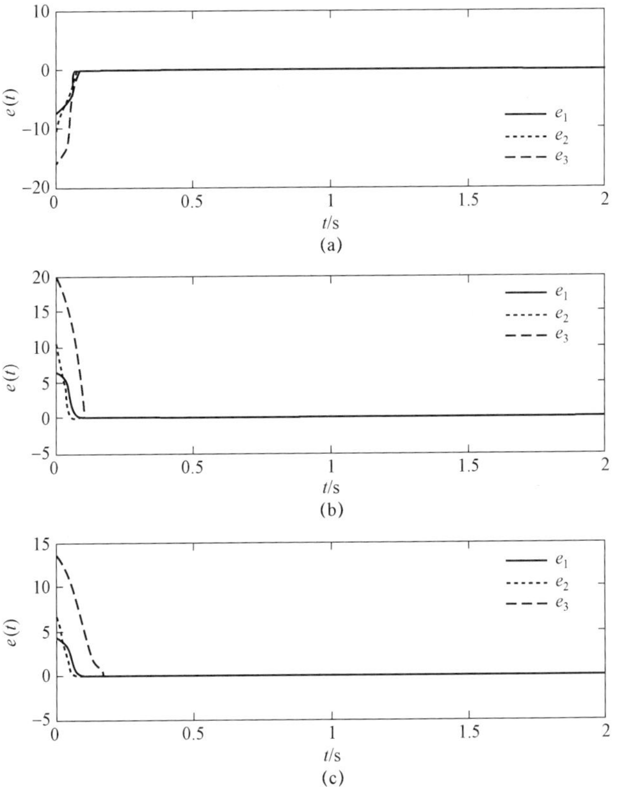

图 4－7 系统（4－23）与系统（4－31）
投影同步的误差曲线

（a）$\lambda=2$；（b）$\lambda=-1$；（c）$\lambda=-0.5$

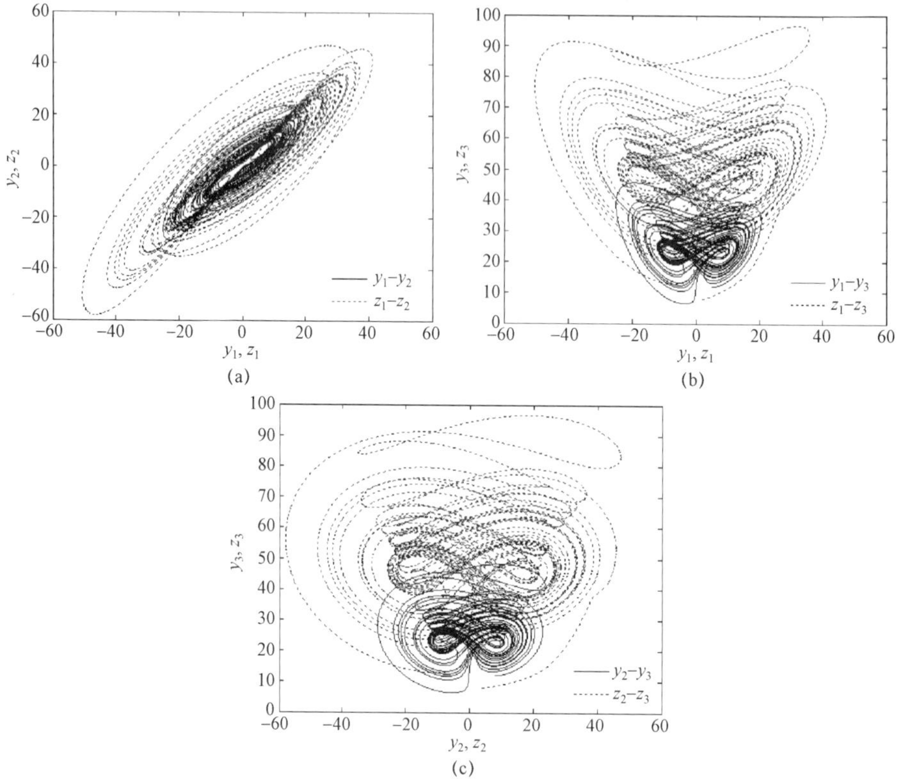

图 4-8　当 $\lambda=2$，系统（4-23）与系统（4-31）的吸引子在二维平面的投影

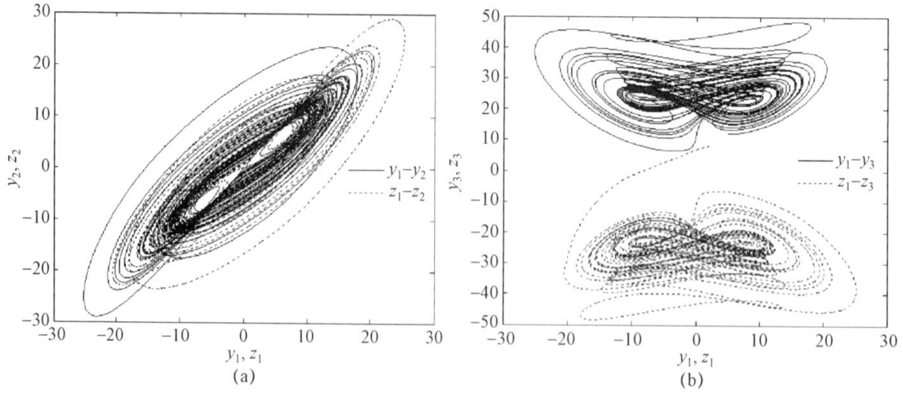

图 4-9　当 $\lambda=-1$，系统（4-23）与系统（4-31）的吸引子在二维平面的投影

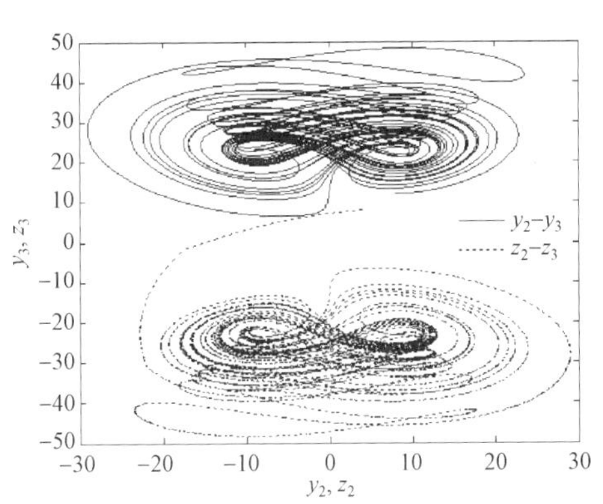

(c)

图 4－9　当 $\lambda=-1$，系统（4－23）与系统（4－31）的吸引子在二维平面的投影（续）

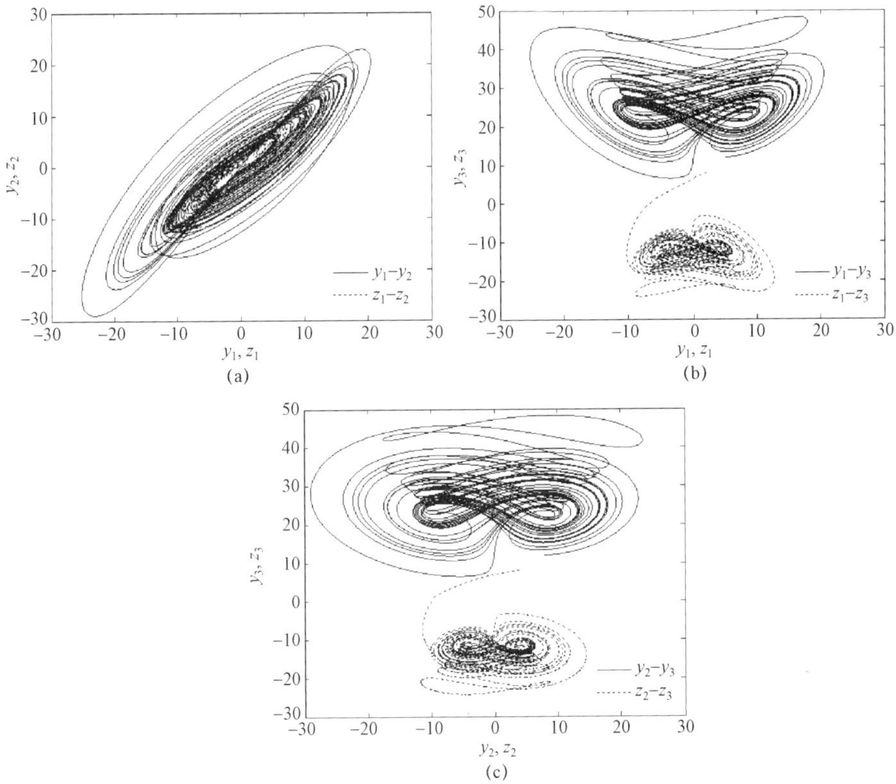

图 4－10　当 $\lambda=-0.5$，系统（4－23）与系统（4－31）的吸引子在二维平面的投影

4.4 本章小结

本节根据自适应技术和滑模控制方法，设计了一种异结构混沌系统的投影同步方法。该方法可使得驱动系统和响应系统按指定的比例因子迅速达到投影同步，且不受系统本身的不确定性、多扇区和死区非线性输入的影响，具有很强的鲁棒性。通过数值仿真实验，进一步验证了本方法的有效性。与以前所提出的投影同步控制方法[163-194]相比，所设计的控制方法有如下优势：

1）所提的控制方法能够克服扇区非线性输入的影响；

2）所设计的控制器对系统的参数不确定和外部噪声扰动是鲁棒的，并且不需要先知道参数不确定项和外部扰动的界限；

3）所提的控制方法能够进一步应用到更多变量异结构混沌系统的投影同步中。

第5章

一个新的分数阶混沌系统的广义投影同步控制

近年来，国内外研究学者发现，在黏滞系统[197,198]、电极－电解液和电磁波[199]等中都存在分数阶的动力学行为。常微分系统与分数阶系统有着本质的区别，常微分方程绝大多数属性和结构一般不能简单应用于分数阶微分系统。因此，分数阶系统的研究引起了越来越多的研究者的兴趣。最近，许多学者研究发现一些分数阶系统具有混沌行为[200–206]。例如，分数阶蔡氏电路在 2.7 阶时可产生混沌[200]；非自治 Duffing 系统的阶数低于 2 阶时能产生混沌行为[203]；Li 和 Chen 等发现 4 维分数阶 Rössler 系统出现超混沌的最低阶数为 3.8[204]。此外，分数阶 Lorenz 系统[201]、分数阶 Chen 系统[202]、3 维分数阶 Rössler 系统[205]和分数阶 Liu 系统[206]等都具有混沌现象。在上述的分数阶系统动力学行为分析中[200–206]，系统在不同阶数时的动力学属性是通过观察系统数值模拟的相图和计算最大 Lyapunov 指数来获得的。在本节中，基于分数阶系统的稳定性理论，分析了一个新的分数阶系统[81]取不同阶数时的动力学属性。首先，运用分数阶系统的稳定性理论分析计算出分数阶系统产生混沌的阶数范围。而后，再通过数值仿真实验和计算最大 Lyapunov 指数来进一步验证理论分析的有效性。对这个分数阶系统分析发现，在这个新的 3 维系统中存在混沌的最低阶数是 2.46，也发现了不同的周期行为。并且，基于拉普拉斯变换理论，设计了一个非线性反馈控制器，完成了这个分数阶混沌系统的广义投影同步控制。

5.1 分数阶微分和它的近似计算

目前，已经有几种分数阶微分的定义。但在应用研究中使用较多的是

Riemann-Liouville 定义和 Caputo 定义。Riemann-Liouville 定义的分数阶微分数学表达式如下：

$$\frac{\mathrm{d}^{\alpha} f(t)}{\mathrm{d}t^{\alpha}}=\frac{1}{\Gamma(n-\alpha)}\frac{\mathrm{d}^{n}}{\mathrm{d}t^{n}}\int_{\alpha}^{t}\frac{f(\tau)}{(t-\tau)^{\alpha-n+1}}\mathrm{d}\tau \tag{5-1}$$

式中，n 为整数，且 $\alpha>0$，$n-1\leqslant\alpha<n$，$\Gamma(\bullet)$ 是 Gamma 函数。R－L 分数阶微分的拉氏变化为

$$L\left\{\frac{\mathrm{d}^{\alpha} f(t)}{\mathrm{d}t^{\alpha}}\right\}=s^{\alpha}L\{f(t)\}-\sum_{k=0}^{n-1}s^{k}\left[\frac{\mathrm{d}^{\alpha-1-k} f(t)}{\mathrm{d}t^{\alpha-1-k}}\right]_{t=0} \tag{5-2}$$

式中，n 为整数，且 $\alpha>0$，$n-1\leqslant\alpha<n$[36]。考虑到初始条件为零，式（5－2）简化为

$$L\left\{\frac{\mathrm{d}^{\alpha} f(t)}{\mathrm{d}t^{\alpha}}\right\}=s^{\alpha}L\{f(t)\} \tag{5-3}$$

由此 α 阶的分数阶积分算子可转化到频域计算，传递函数为 $F(s)=1/s^{\alpha}$。

使用 Riemann-Liouville 定义的分数阶微分，必须精确知道分数阶微分的未知函数在初始时间 t=0 时的初始值。在实际应用中，函数 $f(t)$ 可能有某种特定的物理意义，但是它的分数阶微分就不一定具有这样的意义了，因此函数 $f(t)$ 的初始值常常难以测度和给定。

下面介绍另一种 Caputo 微分[207]定义。Caputo 微分定义如下：

$$\frac{\mathrm{d}^{\alpha} f(t)}{\mathrm{d}t^{\alpha}}=J^{n-\alpha}\frac{\mathrm{d}^{n} f(t)}{\mathrm{d}t^{n}}\ (\alpha>0) \tag{5-4}$$

这里 n 是不小于 α 的最小整数；$J^{\beta}(\beta>0)$ 是 β 阶 Reimann-Liouville 积分算子，并且满足

$$J^{\beta}\varphi(t)=\frac{1}{\Gamma(\beta)}\int_{0}^{t}(t-\tau)^{\beta-1}\varphi(\tau)\,\mathrm{d}\tau \tag{5-5}$$

这里 Γ 是 Gamma 函数，$0<\beta\leqslant1$。

Caputo 微分是一种时域计算方法。在实际的应用中，对于 Caputo 定义的分数阶微分，由于初始值 $f(0)$，$f'(0)$，…，$f^{(n-1)}(0)$ 可以具有各自的含义，因此这些初始值容易测度和确定[183]。因此，在以下的分数阶系统的动力学分析中，我们使用 Caputo 定义的分数阶微分，并给出了数值仿真结果。

最近，刘文波和陈关荣在文献[81]中，提出了一个整数阶混沌系统，它由如下的非线性微分方程来表示：

$$\begin{cases}\dot{x}=ax-yz\\ \dot{y}=by+xz\\ \dot{z}=cz+xy\end{cases} \tag{5-6}$$

式中，x、y、z 是系统的状态变量；a、b、c 是系统的参数。当 $a=5$ 、$b=-10$ 、$c=-3.4$ 时，系统（5-6）进入混沌状态，产生一个类 Chen 吸引子，如图 5-1 所示。

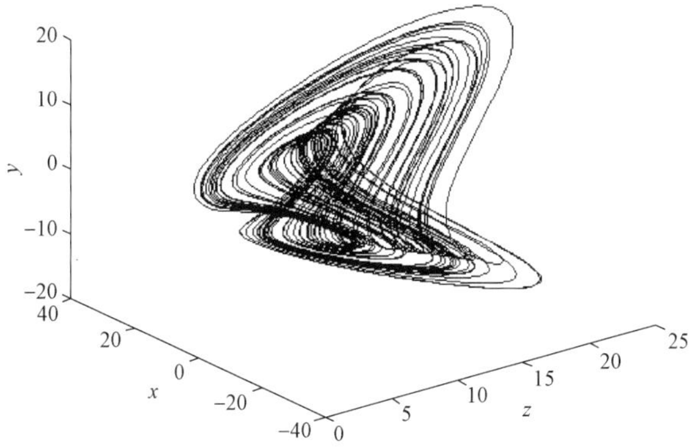

图 5-1　系统（5-6）的类 Chen 混沌吸引子

本节研究在上述参数选择下，系统（5-6）在不同分数阶的动力学行为。系统（5-6）的分数阶形式可以表示如下：

$$\begin{cases}\dfrac{\mathrm{d}^{q_1}x}{\mathrm{d}t^{q_1}}=ax-yz\\ \dfrac{\mathrm{d}^{q_2}y}{\mathrm{d}t^{q_2}}=by+xz\\ \dfrac{\mathrm{d}^{q_3}z}{\mathrm{d}t^{q_3}}=cz+xy\end{cases} \tag{5-7}$$

这里 q_i 是分数阶数，$0<q_i\leqslant 1(i=1,2,3)$ 。

根据文献［208-210］，可以得到系统（5-7）的预测-修正算法，该方法是 Adams-Bashforth-Moulton 方法的一般化[210]。微分方程

$$\frac{\mathrm{d}^{\alpha}x}{\mathrm{d}t^{\alpha}}=f(t,x)\text{，}\quad 0\leqslant t\leqslant T$$

$$x^{(k)}(0)=x_0^{(k)}\text{，}\quad k=0,1,2,\cdots,n-1$$

是等价于如下的 Volterra 积分方程[209]：

$$x(t)=\sum_{k=0}^{n-1}x_0^{(k)}\frac{t^k}{k!}+\frac{1}{\Gamma(\alpha)}\int_0^t\frac{f(\tau,x)}{(t-\tau)^{1-\alpha}}\mathrm{d}\tau \tag{5-8}$$

设$h=T/N$，$t_n=nh(n=0,1,2,\cdots,N)$，则等式（5－8）可用如下式子来表示：

$$x_h(t_{n+1})=\sum_{k=0}^{n-1}x_0^{(k)}\frac{t_{n+1}^k}{k!}+\frac{h^\alpha}{\Gamma(\alpha+2)}f(t_{n+1},x_h^\rho(t_{n+1}))+\frac{h^\alpha}{\Gamma(\alpha+2)}\sum a_{j,n+1}f(t_j,x_h(t_j)),$$

式中，

$$a_{j,n+1}=\begin{cases}n^{\alpha+1}-(n-\alpha)(n+1)^{\alpha+1}, & j=0\\(n-j+2)^{\alpha+1}+(n-j)^{\alpha+1}-2(n-j+1)^{\alpha+1}, & 1\leqslant j\leqslant n\\1, & j=n+1\end{cases},$$

$$x_h^\rho(t_{n+1})=\sum_{k=0}^{n-1}x_0^{(k)}\frac{t_{n+1}^k}{k!}+\frac{1}{\Gamma(\alpha)}\sum_{j=0}^{n}b_{j,n+1}f(t_j,x_h(t_j)),\quad b_{j,n+1}=\frac{h^\alpha}{\alpha}((n-j+1)^\alpha-(n-j)^\alpha)。$$

误差估计为$e=max\left|x(t_j)-x_h(t_j)\right|=o(h^\rho)(j=0,1,\cdots,N)$，这里$\rho=min(2,1+\alpha)$。

利用上述方法，可将分数阶系统（5－7）离散化表示为

$$\begin{cases}x_{n+1}=x_0+\frac{h^{q_1}}{\Gamma(q_1+2)}(ax_{n+1}^\rho-y_{n+1}^\rho z_{n+1}^\rho)+\frac{h^{q_1}}{\Gamma(q_1+2)}\sum_{j=0}^{n}\beta_{1,j,n+1}(ax_j-y_jz_j)\\y_{n+1}=y_0+\frac{h^{q_2}}{\Gamma(q_2+2)}(by_{n+1}^\rho+x_{n+1}^\rho z_{n+1}^\rho)+\frac{h^{q_2}}{\Gamma(q_2+2)}\sum_{j=0}^{n}\beta_{2,j,n+1}(by_j+x_jz_j)\\z_{n+1}=z_0+\frac{h^{q_3}}{\Gamma(q_3+2)}(cz_{n+1}^\rho+x_{n+1}^\rho y_{n+1}^\rho)+\frac{h^{q_3}}{\Gamma(q_3+2)}\sum_{j=0}^{n}\beta_{3,j,n+1}(cz_j+x_jy_j)\end{cases} \tag{5-9}$$

式中，

$$\begin{cases}x_{n+1}^\rho=x_0+\frac{1}{\Gamma(q_1)}\sum_{j=0}^{n}\gamma_{1,j,n+1}(ax_j-y_jz_j)\\y_{n+1}^\rho=y_0+\frac{1}{\Gamma(q_2)}\sum_{j=0}^{n}\gamma_{2,j,n+1}(by_j+x_jz_j)\\z_{n+1}^\rho=z_0+\frac{1}{\Gamma(q_3)}\sum_{j=0}^{n}\gamma_{3,j,n+1}(cz_j+x_jy_j)\end{cases},$$

$$\beta_{i,j,n+1}=\begin{cases}n^{q_i+1}-(n-\theta_i)(n+1)^{q_i}, & j=0\\(n-j+2)^{q_i+1}+(n-j)^{q_i+1}-2(n-j+1)^{q_i+1}, & 1\leqslant j\leqslant n\\1, & j=n+1\end{cases},$$

$$\gamma_{i,j,n+1}=\frac{h^{q_i}}{\theta_i}((n-j+1)^{q_i}-(n-j)^{q_i})，\quad 0\leqslant j\leqslant n，\ i=1,2,3。$$

5.2　新分数阶系统的动力学分析

定理 5－1 若 n 维分数阶系统在某个平衡点处的 Jacobian 矩阵的所有特征值（$\lambda_1,\lambda_2,\cdots,\lambda_n$）均满足

$$|\arg(\lambda_i)|>\alpha\pi/2,\ \alpha=\max(q_1,q_2,\cdots,q_n)\ (i=1,2,\cdots,n) \qquad (5-10)$$

则这个分数阶系统在该平衡点是渐进稳定的。

由分数阶系统的线性稳定性理论[211]，分数阶线性系统的零平衡点处的稳定区域和不稳定区域的分界如图 5－2 所示，当分数阶线性系统零平衡点处的 Jacobian 矩阵的所有特征值的幅角都处于稳定区时，零点将是该系统的稳定平衡点。易证得定理 5－1。还可以利用图 5－2 进一步阐述一下定理 5－1。从图 5－2 可以看出，只要有一个平衡点处于稳定区域，那么分数阶系统最终将稳定于固定点；而只有所有平衡点都处于不稳定区域，这时分数阶系统才是混沌的。

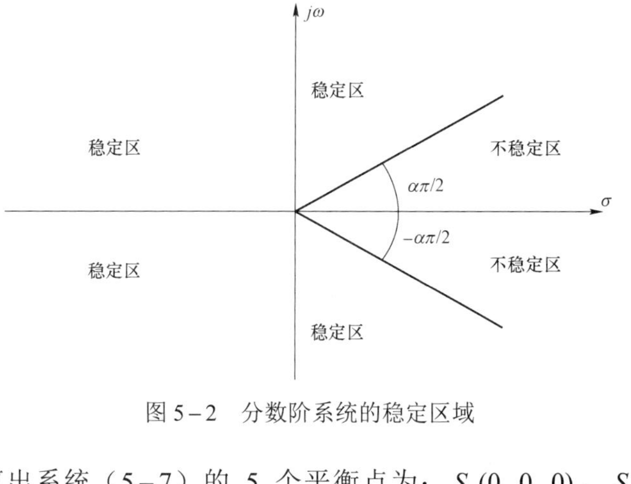

图 5－2　分数阶系统的稳定区域

可以计算出系统（5－7）的 5 个平衡点为：$S_0(0,\ 0,\ 0)$、$S_1(x_0,y_0,z_0)$、$S_2(x_0,-y_0,-z_0)$、$S_3(-x_0,y_0,-z_0)$ 和 $S_4(-x_0,-y_0,z_0)$，式中 $x_0=\sqrt{bc}$、$y_0=\sqrt{-ac}$、$z_0=\sqrt{-ab}$。当 $a=5$、$b=-10$ 和 $c=-3.4$ 时，得到平衡点的具体数值：$S_0(0,\ 0,\ 0)$、$S_1(\sqrt{34},\sqrt{17},5\sqrt{2})$、$S_2(\sqrt{34},-\sqrt{17},-5\sqrt{2})$、$S_3(-\sqrt{34},\sqrt{17},-5\sqrt{2})$ 和 $S_4(-\sqrt{34},-\sqrt{17},5\sqrt{2})$。

首先，研究一下平衡点 $S_0(0,\ 0,\ 0)$ 是否是稳定的。系统（5−7）在平衡点 $S_0(0,\ 0,\ 0)$ 处的雅可比矩阵为

$$\boldsymbol{J}=\begin{pmatrix} a & -z & -y \\ z & b & x \\ y & x & c \end{pmatrix}=\begin{pmatrix} a & 0 & 0 \\ 0 & b & 0 \\ 0 & 0 & c \end{pmatrix} \tag{5-11}$$

其特征方程为

$$(\lambda_1-a)(\lambda_2-b)(\lambda_3-c)=0 \tag{5-12}$$

显然，特征方程（5−12）的特征根为 $\lambda_1=a=5$， $\lambda_2=b=-10$， $\lambda_3=c=-3.4$。可以计算出 $\arg(\lambda_1)=0$、$\arg(\lambda_2)=\pi$、$\arg(\lambda_3)=\pi$。由定理 5−1 可知 S_0 必处于不稳定区域，所以 $S_0(0,\ 0,\ 0)$ 是系统（5−7）的不稳定平衡点。

再看一下 $S_1(\sqrt{34},\sqrt{17},5\sqrt{2})$ 的情况。可以计算出对应 $S_1(\sqrt{34},\sqrt{17},5\sqrt{2})$ 的 Jacobian 矩阵的特征根为 $\lambda_1=-12.649\,6$、$\lambda_2=2.124\,8+7.017\,2i$、$\lambda_3=2.124\,8-7.017\,2i$。可以算得 $\arg(\lambda_1)=\pi$、$\arg(\lambda_2)=1.276\,8$、$\arg(\lambda_3)=-1.276\,8$，由定理 5−1 可知当 q_1、q_2、q_3 都小于 $0.812\,8(1.276\,8\times2/\pi)$ 时，$S_1(\sqrt{34},\sqrt{17},5\sqrt{2})$ 处于稳定区域；而当 q_1、q_2、q_3 都大于 0.812 8 时，$\mathrm{S}_1(\sqrt{34},\sqrt{17},5\sqrt{2})$ 处于不稳定区域。

同理，q_1、q_2 和 q_3 都小于 0.812 8 时，$S_2(\sqrt{34},-\sqrt{17},-5\sqrt{2})$、$S_3(-\sqrt{34},\sqrt{17},-5\sqrt{2})$ 和 $S_4(-\sqrt{34},-\sqrt{17},5\sqrt{2})$ 均处于稳定区域；而当 q_1、q_2 和 q_3 都大于 0.812 8 时，$S_2(\sqrt{34},-\sqrt{17},-5\sqrt{2})$、$S_3(-\sqrt{34},\sqrt{17},-5\sqrt{2})$ 和 $S_4(-\sqrt{34},-\sqrt{17},5\sqrt{2})$ 处于不稳定区域。

综上所述，当 q_1、q_2 和 q_3 都大于 0.812 8 时，所有平衡点都是不稳定的，系统（5−7）将呈现混沌状态。当 q_1、q_2 和 q_3 都小于 0.812 8 时系统（5−7）存在稳定平衡点，最终将稳定于某个平衡点。当 q_1、q_2 和 q_3 都等于 0.812 8 时，系统（5−7）处于临界状态，将呈现围绕某个平衡点的极限环。而当 $q_i<0.812\,8<q_j\,(i\neq j)$ 时，系统（5−7）可能处于以上三种状态中的任意一种，此处暂不考虑这种情况。

利用在 5.1 小节介绍的 Caputo 定义的分数阶系统离散化计算方法，对系统（5−7）在不同分数阶下进行了数值模拟。在数值模拟的过程中，选取 $q_1=q_2=q_3=0.812\,8$（图 5−6），进行了数值模拟。而在系统是混沌的范围内（q_1、q_2、q_3 ＞0.812 8），选了比较具有代表性的三种值：

1） $q_1=q_2=q_3=0.95$（图 5−3）：在 $0.8128<q_1$、q_2、$q_3<1$ 范围内，q_1、q_2 和 q_3 取三个较大的值时，观察系统是否是混沌的。

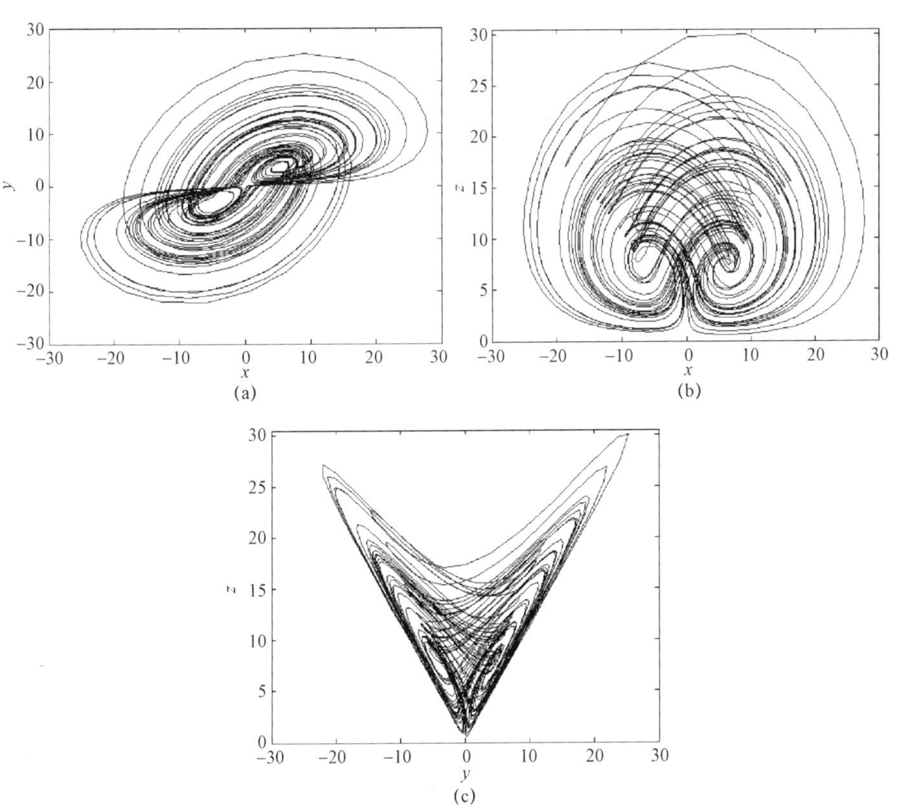

图 5-3　$q_1=0.95,q_2=0.95,q_3=0.95$ 时，系统（5-7）的混沌吸引子在相平面上的投影

2）$q_1=0.85$，$q_2=0.9$，$q_3=0.95$（图 5-4）：在 $0.8128<q_1$、q_2、$q_3<1$ 范围内，q_1、q_2 和 q_3 取三个不等的值时，观察系统是否是混沌的。

3）$q_1=q_2=q_3=0.82$（图 5-5）：在保留两位小数情况下（通常保留两位小数），q_1、q_2 和 q_3 取大于 0.812 8 的最小值（0.82）时，观察一下系统是否有混沌吸引子。

相应地，在系统是收敛的范围内（$0<q_1$、q_2、$q_3<0.8128$），也取了三种值：

1）小于 0.812 8 的最大值 $q_1=q_2=q_3=0.81$（图 5-7）。

2）三个不等值 $q_1=0.6$，$q_2=0.7$，$q_3=0.8$（图 5-8）。

3）较小值 $q_1=q_2=q_3=0.5$（图 5-9）。

从数值模拟结果（图 5-3～图 5-9）可以看出，当 q_1、q_2 和 q_3 都大于 0.812 8 时，系统（5-7）是混沌的（图 5-3～图 5-5）。当 q_1、q_2 和 q_3 都等于 0.812 8 时，系统（5-7）呈现为围绕某个平衡点的极限环（图 5-6）。当 q_1、q_2 和 q_3 都小于 0.812 8 时，系统（5-7）将最终稳定于某一固定点（图 5-7～图 5-9），

而 S_0 始终是不稳定的，所以只能稳定于 S_1、S_2、S_3 或 S_4，具体稳定于哪一点与系统（5－7）的初始值有关。

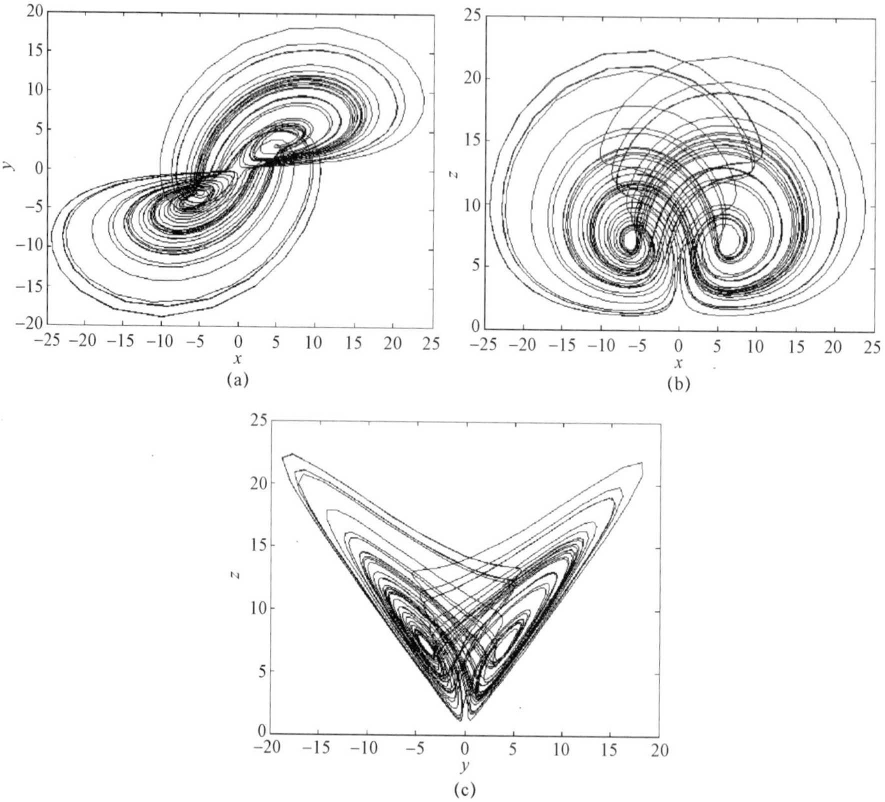

图 5－4　$q_1 = 0.85, q_2 = 0.9, q_3 = 0.95$ 时，系统（5－7）的混沌吸引子在相平面上的投影

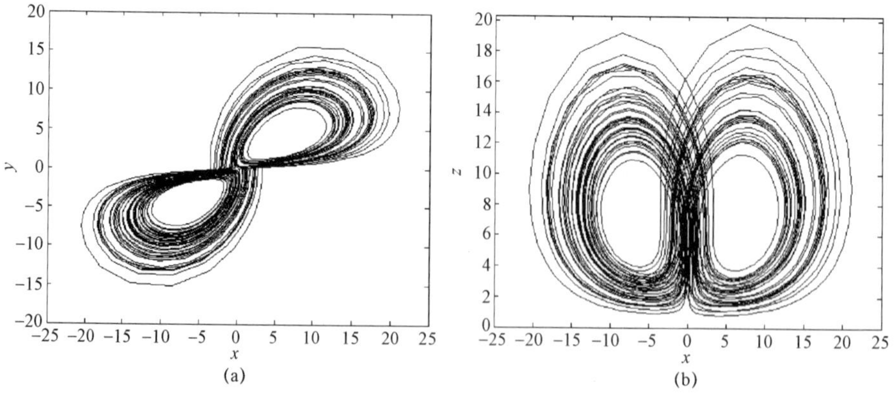

图 5－5　$q_1 = 0.82, q_2 = 0.82, q_3 = 0.82$ 时，系统（5－7）的混沌吸引子在相平面上的投影

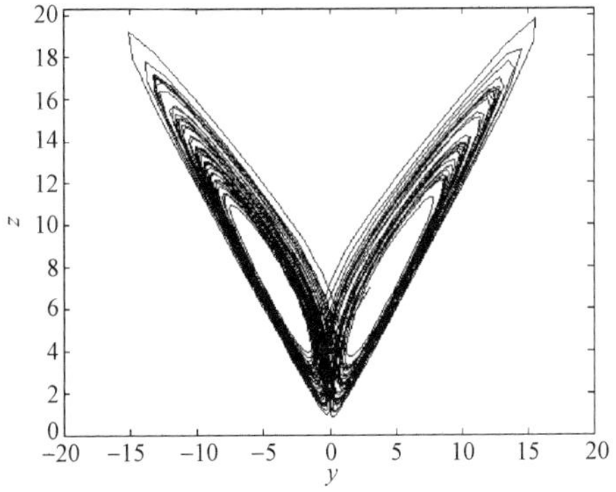

(c)

图 5−5　$q_1=0.82, q_2=0.82, q_3=0.82$ 时，系统（5−7）的混沌吸引子在相平面上的投影（续）

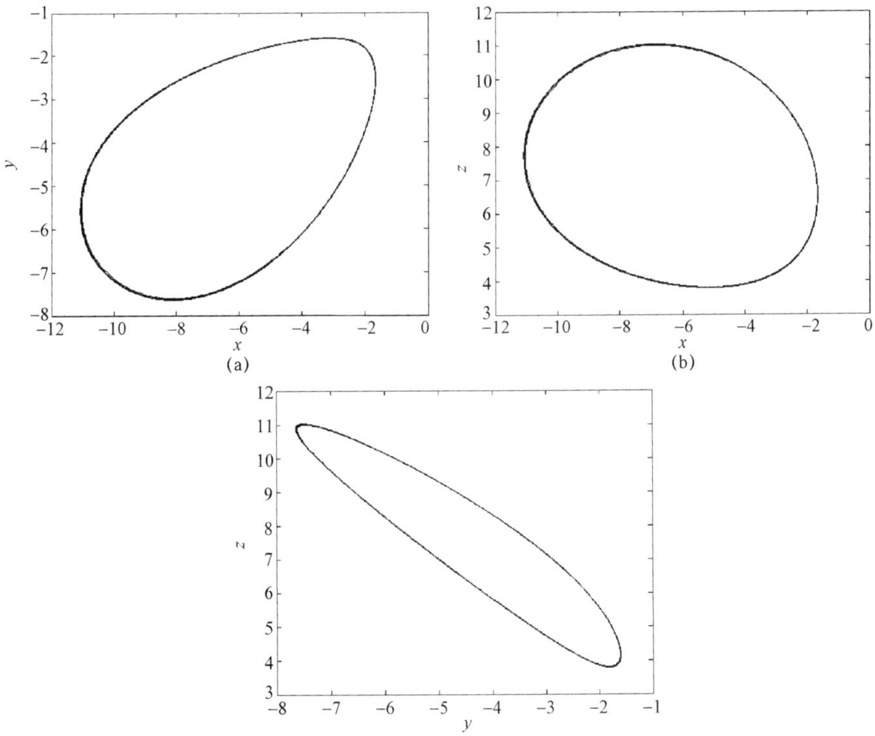

图 5−6　$q_1=0.812\,8, q_2=0.812\,8, q_3=0.812\,8$ 时，系统（5−7）的混沌吸引子在相平面上的投影

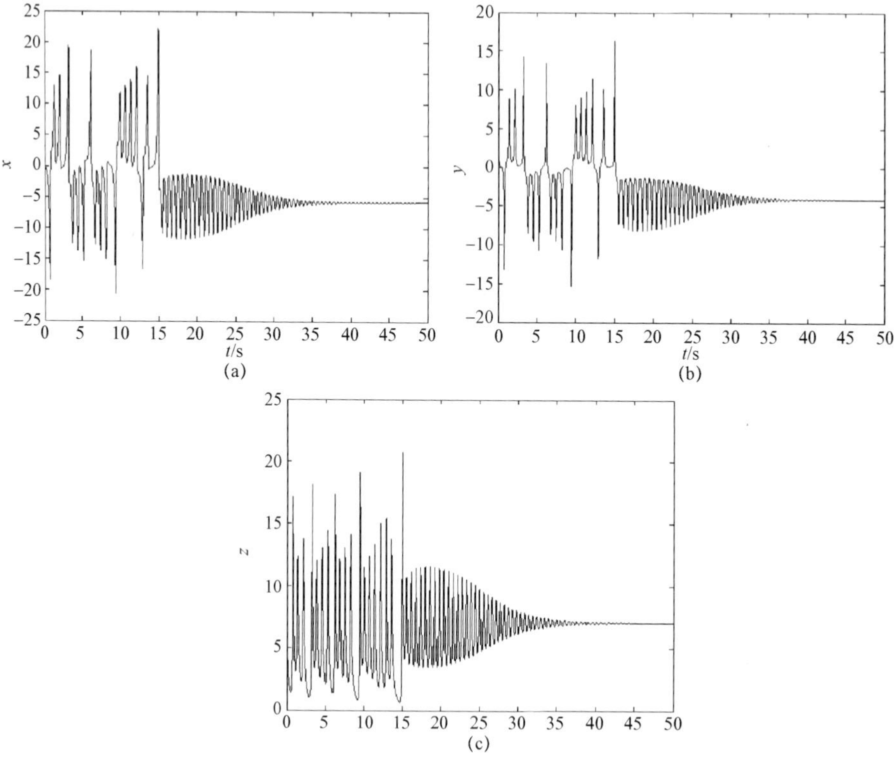

图 5-7　$q_1=0.81,q_2=0.81,q_3=0.81$ 时，系统（5-7）的收敛到某一平衡点

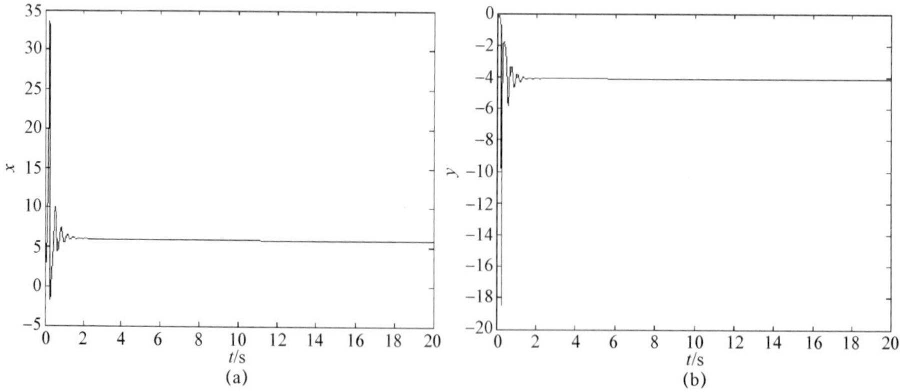

图 5-8　$q_1=0.6,q_2=0.7,q_3=0.8$ 时，系统（5-7）的收敛到某一平衡点

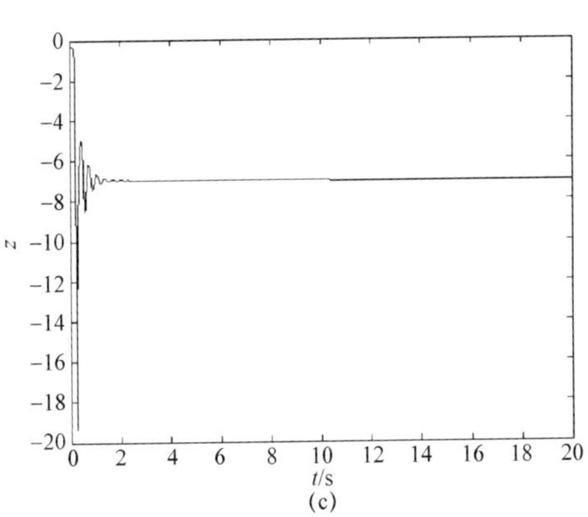

图 5－8　$q_1=0.6, q_2=0.7, q_3=0.8$ 时，系统（5－7）的收敛到某一平衡点（续）

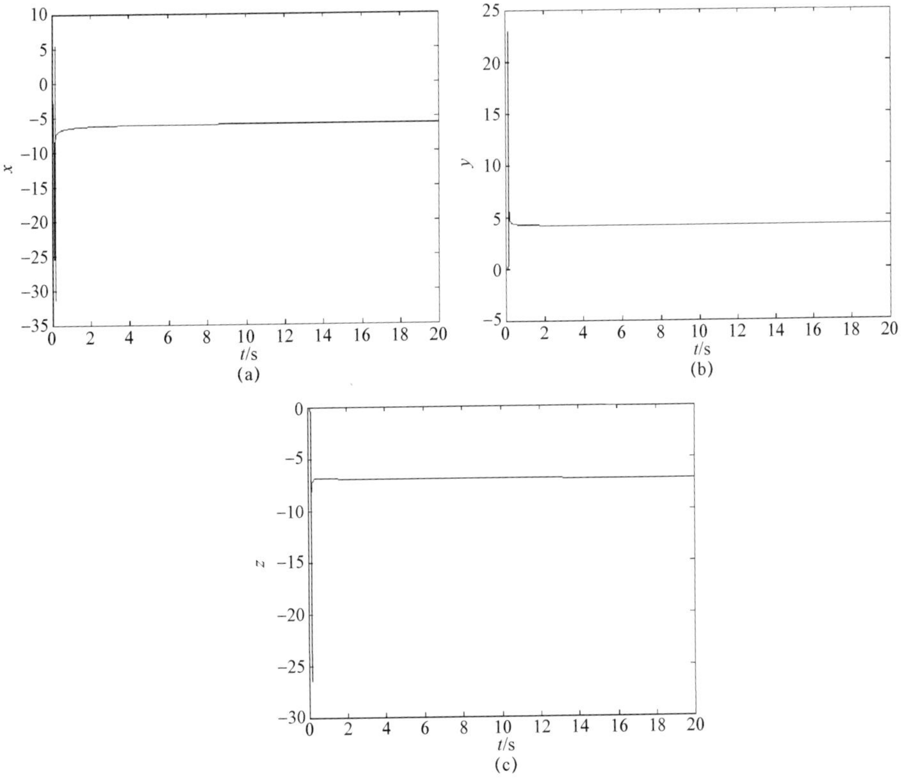

图 5－9　$q_1=0.5, q_2=0.5, q_3=0.5$ 时，系统（5－7）的收敛到某一平衡点

利用 Wolf 算法[20]，计算了分数阶系统（5－7）的最大 Lyapunov 指数。当 $q_1=q_2=q_3=0.82$ 时，系统（5－7）的最大 Lyapunov 指数是 0.351 6。因此，如

果保留两位小数，当$q_1 = q_2 = q_3$时，分数阶系统（5－7）产生混沌的最低阶数是2.46。

5.3 新分数阶混沌系统的广义投影同步

5.3.1 同步控制器的设计

广义投影同步是响应系统通过一个比例因子和驱动系统达到同步。设分数阶系统（5－7）为广义投影同步的驱动系统，则受控的分数阶系统表示为

$$\begin{cases} \dfrac{\mathrm{d}^{q_1}\boldsymbol{x}'}{\mathrm{d}t^{q_1}} = a\boldsymbol{x}' - \boldsymbol{y}'\boldsymbol{z}' + u_1 \\ \dfrac{\mathrm{d}^{q_2}\boldsymbol{y}'}{\mathrm{d}t^{q_2}} = b\boldsymbol{y}' + \boldsymbol{x}'\boldsymbol{z}' + u_2 \\ \dfrac{\mathrm{d}^{q_3}\boldsymbol{z}'}{\mathrm{d}t^{q_3}} = c\boldsymbol{z}' + \boldsymbol{x}'\boldsymbol{y}' + u_3 \end{cases} \tag{5-13}$$

式中，$\boldsymbol{x}'$、$\boldsymbol{y}'$、$\boldsymbol{z}'$是系统（5－13）的状态向量；$\boldsymbol{u} = (u_1, u_2, u_3)^{\mathrm{T}}$为非线性控制向量。设响应系统（5－13）与驱动系统（5－7）的广义投影同步的误差为

$$\begin{cases} e_1 = \boldsymbol{x}' - \beta x \\ e_2 = \boldsymbol{y}' - \beta y \\ e_3 = \boldsymbol{z}' - \beta z \end{cases} \tag{5-14}$$

式中，β是不为零的常数，是广义投影同步的比例因子。显然，$\beta = 1$时为混沌系统的完全同步；当$\beta = -1$时为混沌系统的反同步，这些都是广义投影同步的特例。广义投影同步通过改变比例因子，获得任意比例于原驱动混沌系统的输出信号，这种性质应用在数字信号保密通信中，可以提高保密性，具有很好的应用前景。

定理 5－2 选取如下非线性反馈控制器：

$$\begin{cases} u_1 = -ke_1 + \beta ze_2 + \beta ye_3 + e_2e_3 + (\beta^2 - \beta)yz \\ u_2 = -\beta ze_1 - \beta xe_3 - e_1e_3 + (\beta - \beta^2)xz \\ u_3 = (\beta - \beta^2)xy \end{cases} \tag{5-15}$$

式中，$k(k > a)$是耦合常数。通过改变比例因子β的大小，则能实现分数阶系统（5－13）和系统（5－7）的广义投影同步。

证明　将式（5－15）代入式（5－8），求得响应系统（5－13）与驱动系统（5－7）的误差方程为

$$\begin{cases}\dfrac{\mathrm{d}^{q_1}e_1}{\mathrm{d}t^{q_1}}=-(k-a)e_1\\\dfrac{\mathrm{d}^{q_2}e_2}{\mathrm{d}t^{q_2}}=be_2\\\dfrac{\mathrm{d}^{q_3}e_3}{\mathrm{d}t^{q_3}}=ce_3+e_1e_2+\beta ye_1+\beta xe_2\end{cases}\tag{5-16}$$

对方程（5－16）两边进行拉式变换[212]，并设 $E_i(s)=L(e_i(t)),(i=1,2,3)$ 和 $L(\mathrm{d}^q e_i/\mathrm{d}t^q)=s^qE_i(s)-s^{q-1}e_i(0)\ (i=1,2,3)$，有

$$\begin{cases}s^{q_1}E_1(s)-s^{q_1-1}e_1(0)=-(k-a)E_1(s)\\s^{q_2}E_2(s)-s^{q_2-1}e_2(0)=bE_2(s)\\s^{q_3}E_3(s)-s^{q_3-1}e_3(0)=cE_3(s)+E_1(s)E_2(s)+\beta(L(ye_1)+L(xe_2))\end{cases}\tag{5-17}$$

等式（5－17）可以重写成如下形式：

$$\begin{cases}E_1(s)=\dfrac{s^{q_1-1}e_1(0)}{s^{q_1}+(k-a)}\\E_2(s)=\dfrac{s^{q_2-1}e_2(0)}{s^{q_2}-b}\\E_3(s)=\dfrac{s^{q_3-1}e_3(0)+E_1(s)E_2(s)}{s^{q_3}-c}+\dfrac{\beta(L(ye_1)+L(xe_2))}{s^{q_3}-c}\end{cases}\tag{5-18}$$

根据拉式终值定理[213]，可以得到

$$\lim_{t\to\infty}e_1(t)=\lim_{s\to 0}sE_1(s)=\lim_{s\to 0}\frac{s^{q_1}e_1(0)}{s^{q_1}+(k-a)}=0\tag{5-19}$$

$$\lim_{t\to\infty}e_2(t)=\lim_{s\to 0}sE_2(s)=\lim_{s\to 0}\frac{s^{q_2}e_2(0)}{s^{q_2}-b}=0\tag{5-20}$$

$$\lim_{t\to\infty}e_3(t)=\lim_{s\to 0}sE_3(s)=\lim_{s\to 0}\frac{s^{q_3}e_3(0)+sE_1(s)E_2(s)}{s^{q_3}-c}+\frac{\beta(sL(ye_1)+sL(xe_2))}{s^{q_3}-c}\tag{5-21}$$

由于混沌系统的有界性，令常数 $M>0$，使得

$$|x|\leqslant M<\infty,\quad |y|\leqslant M<\infty\tag{5-22}$$

则有

$$|L(xe_2)|\leqslant M|E_2(s)|\tag{5-23}$$

$$\left|L(ye_1)\right| \leqslant M\left|E_1(s)\right| \tag{5-24}$$

根据等式（5－13）和等式（5－14），可以进一步推出

$$\lim_{t\to\infty} e_3(t) = 0 \tag{5-25}$$

证毕。

根据以上证明，可知在非线性控制器（5－15）作用下，误差系统（5－16）在原点处渐近稳定。这表明当时间趋于无穷时，初始值不同的两个分数阶混沌系统（5－13）和系统（5－7）渐近达到广义投影同步。

5.3.2 实例应用

利用 5.1 节的 Caputo 定义的分数阶系统离散化方法，对系统（5－13）与系统（5－7）在分数阶算子 $q_1 = 0.85$ 、 $q_2 = 0.9$ 和 $q_3 = 0.95$ 时，进行了广义投影同步的数值模拟。投影同步比例因子分别选为 $\beta = 2$ 和 $\beta = -1.5$ ，取控制器（5－9）中的常数 $k = 7 > a$ 。系统（5－13）和系统（5－7）的初值分别为 $x'(0) = -1$ 、 $y'(0) = 0$ 、 $z'(0) = 1$ 和 $x(0) = 1$ 、 $y(0) = 3$ 、 $x(0) = 9$ ，同步的仿真结果如图 5－10～图 5－12 所示。

由相轨迹在二维平面的投影图 5－10 可见，系统（5－13）状态矢量的幅值分别是系统（5－7）的 2 倍、1.5 倍，两系统的相位分别为同相和反相。由误差效果图 5－11 和图 5－12 可见，误差 e_1 、 e_2 和 e_3 很快分别稳定在零点，即响应系统（5－13）和驱动系统（5－7）的吸引子按指定的比例因子 β 达到了同相位或反相位同步。

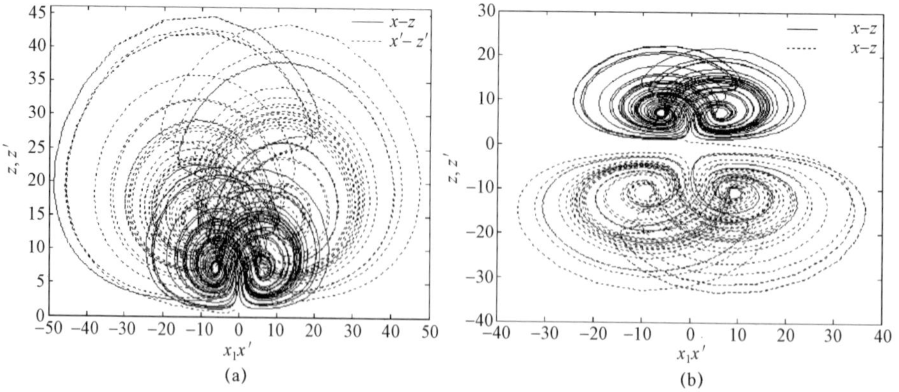

图 5－10　系统（5－7）和系统（5－13）引子在相平面上的投影

（a） $q_1 = 0.85, q_2 = 0.9, q_3 = 0.95, \beta = 2$ ；（b） $q_1 = 0.85, q_2 = 0.9, q_3 = 0.95, \beta = -1.5$

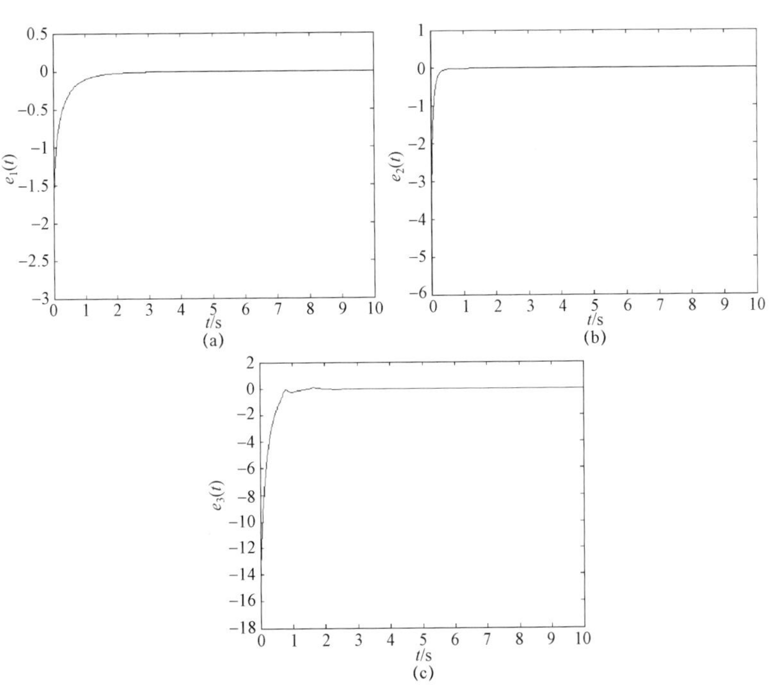

图 5－11　$q_1=0.85, q_2=0.9, q_3=0.95, \beta=2$ 时，误差 $e_1(t), e_2(t), e_3(t)$ 的响应曲线

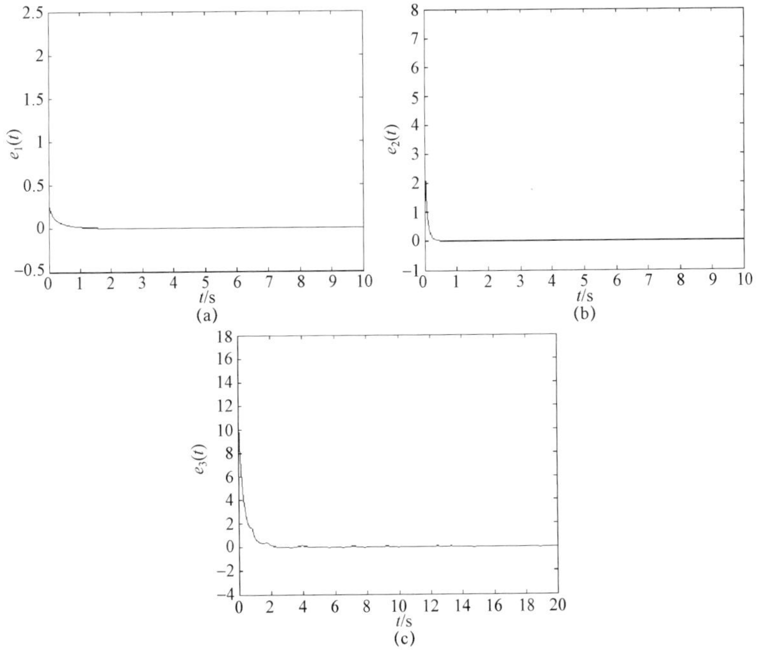

图 5－12　$q_1=0.85, q_2=0.9, q_3=0.95, \beta=-1.5$ 时，误差 $e_1(t), e_2(t), e_3(t)$ 的响应曲线

5.4 本章小结

本小结基于分数阶系统平衡点的稳定性，分析了一个新混沌系统取不同分数阶时的动力学行为。首先，运用分数阶系统的稳定性理论分析计算出分数阶系统产生混沌的阶数范围。而后，再通过数值仿真实验和计算最大 Lyapunov 指数来进一步验证理论分析的有效性。对这个分数阶系统分析发现，这个新分数阶系统存在混沌的最低阶数是 2.46，也发现了周期行为。对分数阶系统的仿真结果进一步证实了理论分析的正确性。作者还使用该方法对分数阶 Lorenz 系统[201]和分数阶 Chen[202]系统进行了理论分析，三个方程取相同阶数时分别得出：当 q_1、q_2、$q_3 \geqslant 0.99$ 时，分数阶 Lorenz 系统是混沌的；当 q_1、q_2、$q_3 \geqslant 0.69$ 时，分数阶 Chen 系统是混沌的。这些理论分析结果与文献［201］和［202］的结论是一致的。这一点进一步证实了我们分析方法的正确性。在其他的分数阶系统的动力学分析中[200–206]，系统的动态是通过数值模拟和计算最大 Lyapunov 指数来获得的。而在该方法中，先是运用分数阶系统的稳定性理论计算出分数阶系统产生混沌的阶数范围，而后再通过数值仿真实验和计算最大 Lyapunov 指数来进一步验证理论分析的有效性。这是该方法与其他方法的不同之处。

本小结还研究了分数阶混沌系统的广义投影同步的条件，利用非线性反馈控制法设计了这个新分数阶混沌系统的广义投影同步控制器，利用拉氏变换理论证明了该分数阶控制器的有效性，并进行了数值仿真。

第6章

异结构混沌系统的自适应同步控制

1990年，Pecora和Corroll提出了“混沌同步”的概念，并在电路实验中实现了耦合混沌系统的自同步[6,214]。由于混沌同步在保密通信、信号处理和生命科学等方面有着十分广阔的应用前景和巨大的市场潜在价值，人们对其进行了广泛而深入的研究[4,162,163]，并提出了许多混沌系统自同步的方法[215–229]。但实际系统，如激光器阵列、生物系统中认知过程中很难找到完全相同的混沌系统。而且，异结构混沌同步在保密通信中的应用正变得越来越重要。为此，一些学者对异结构混沌同步又作了深入的研究。如：文献［230–235］用主动控制技术实现了异结构混沌同步；文献［236］用滑膜控制技术实现了具有非线性输入的异结构同步。但这些工作均没有同时考虑到非线性输入、系统参数的变化所引起的系统的不确定性和外部扰动。

实际系统不可避免地要受到系统的不确定性和未知的或实变的外部扰动的影响，另外，由于物理限制，来自控制驱动器件的非线性也是经常存在的[195]。忽略了上述影响，通常会导致系统性能的退变。为此，在系统的不确定性、外部干扰和非线性输入同时存在的条件下，本节研究了一类异结构混沌系统的同步问题，设计了滑模切换面，保证了同步误差系统在滑膜面上的渐进稳定；设计了自适应变结构控制器，用自适应律来估计系统参数的不确定性和外部干扰的界限。该控制器保证了滑膜运动的发生，并使异结构的驱动系统和响应系统迅速达到同步，而不用预先知道系统的不确定性和干扰的界限，克服了非线性输入的影响。通过对三对异结构的混沌系统（Lorenz–Chen，Chen–Lü 和 Lü–Lorenz）的数值模拟，进一步验证了本方法的有效性。

6.1 问题描述

考虑具有如下形式的两个不同的混沌系统：

$$\dot{\boldsymbol{x}} = \boldsymbol{A}\boldsymbol{x} + \boldsymbol{h}(\boldsymbol{x}) \tag{6-1}$$

和

$$\dot{\boldsymbol{y}} = \boldsymbol{B}\boldsymbol{y} + g(\boldsymbol{y}) + \Delta\boldsymbol{f}(\boldsymbol{y}) + \boldsymbol{d}(t) + \boldsymbol{\Phi}(\boldsymbol{u}) \tag{6-2}$$

式中，$\boldsymbol{x}$ 是系统（6-1）的 n 维状态向量；$\boldsymbol{A}\boldsymbol{x}$ 是系统（6-1）的线性部分，$\boldsymbol{A}\in\mathbf{R}^{n\times n}$ 是线性部分的系数矩阵；$\boldsymbol{h}(\boldsymbol{x}):\mathbf{R}^n\rightarrow\mathbf{R}^n$ 是系统（6-1）的非线性部分，是一个连续光滑函数。$\boldsymbol{y}$、$\boldsymbol{B}\boldsymbol{y}$ 和 $g(\boldsymbol{y})$ 分别是系统（6-2）的 n 维状态向量、线性部分和非线性部分。$\Delta\boldsymbol{f}(\boldsymbol{y})$ 是由系统本身参数变化引起的不确定项。$\boldsymbol{d}(t)=[d_1(t),d_2(t),\cdots,d_n(t)]^{\mathrm{T}}$，$d_i(t)(i=1,2,\cdots,n)$ 为不确定外部扰动。$\boldsymbol{\Phi}(\boldsymbol{u})=[\phi_1(u_1),\phi_2(u_2),\cdots,\phi_n(u_n)]^{\mathrm{T}}$，$\phi_i(u_i)(i=1,2,\cdots,n)$ 为扇区非线性的连续函数；且假设 $-u_{i0-}\leqslant u_i\leqslant u_{i0+}$ 时，$\phi_i(u_i)=0$；另外，$\phi_i(u_i)$ 还应满足如下条件：

$$\begin{cases}\alpha_{i1}(u_i-u_{i0+})^2\leqslant(u_i-u_{i0+})\phi_i(u_i)\leqslant\alpha_{i2}(u_i-u_{i0+})^2 & (u_i>u_{i0+})\\ \alpha_{i1}(u_i+u_{i0-})^2\leqslant(u_i+u_{i0-})\phi_i(u_i)\leqslant\alpha_{i2}(u_i+u_{i0-})^2 & (u_i<-u_{i0-})\end{cases} \tag{6-3}$$

式中，α_{i1} 和 α_{i2} 是非零正常数，图 6-1 给出了在扇区 $[\alpha_{i1}\ \ \alpha_{i2}]$ 内带有死区的非线性连续函数 $\phi_i(u_i)(i=1,2,\cdots,n)$ 的变化曲线。

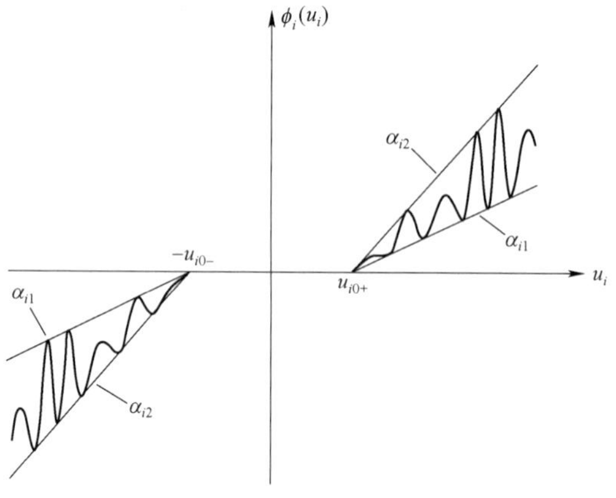

图 6-1　扇区 $[\alpha_{i1}\ \ \alpha_{i2}]$ 内带有死区的非线性函数 $\phi_i(u_i)$ 的曲线

定义系统（6-1）为驱动系统，系统（6-2）为响应系统。定义系统（6-1）与系统（6-2）的同步误差为 $\boldsymbol{e}=\boldsymbol{y}-\boldsymbol{x}$，则由系统（6-1）和系统（6-2）可知，同步误差系统为

$$\dot{\boldsymbol{e}}=\dot{\boldsymbol{y}}-\dot{\boldsymbol{x}}=(\boldsymbol{B}-\boldsymbol{A})\boldsymbol{y}+\boldsymbol{A}\boldsymbol{e}+g(\boldsymbol{y})-\boldsymbol{h}(\boldsymbol{x})+\Delta\boldsymbol{f}(\boldsymbol{y})+\boldsymbol{d}(t)+\boldsymbol{\Phi}(\boldsymbol{u}) \tag{6-4}$$

本节研究的目标是设计一个鲁棒的自适应滑模控制器，在不用预先知道系统的不确定性和外部干扰界限的条件下，使

$$\lim_{t\to\infty}\|\boldsymbol{e}\|=\lim_{t\to\infty}\|\boldsymbol{y}-\boldsymbol{x}\|=0 \tag{6-5}$$

成立，即异结构的驱动系统（6–1）和响应系统（6–2）达到同步，而不受系统的不确定性、外部干扰、扇区和死区非线性输入的影响。

6.2　自适应滑膜控制器的设计

实现系统（6–1）和系统（6–2）的同步主要分为两步：

1）选定一个切换面，保证同步误差系统在滑膜面上的运动是渐进稳定的，即式（6–5）成立；

2）确定一个保证滑膜运动的发生，并能对系统的不确定性和外部干扰的界限进行估计，对非线性输入强鲁棒的控制器。

为了达到这个目标，定义切换函数为

$$\boldsymbol{S}(t)=\boldsymbol{e}(t)-\int_0^t(\boldsymbol{A}-\boldsymbol{K})\boldsymbol{e}(\tau)\mathrm{d}\tau \tag{6-6}$$

式中，$\boldsymbol{S}(t)=[s_1(t),s_2(t),\cdots,s_n(t)]^{\mathrm{T}}$ 是滑动曲面向量。$\boldsymbol{K}\in\mathbf{R}^{n\times n}$ 是 n 维矩阵，$\boldsymbol{K}$ 的值以后求得，并且要保证矩阵 $(\boldsymbol{A}-\boldsymbol{K})$ 的特征值的实部均为负数。

若系统在滑膜面上运动时，则有如下等式

$$\boldsymbol{S}(t)=\boldsymbol{e}(t)-\int_0^t(\boldsymbol{A}-\boldsymbol{K})\boldsymbol{e}(\tau)\mathbf{d}\tau=0 \tag{6-7}$$

和

$$\dot{\boldsymbol{S}}=\dot{\boldsymbol{e}}-(\boldsymbol{A}-\boldsymbol{K})\boldsymbol{e}=0 \tag{6-8}$$

成立[155,156]。由式（6–8）可得

$$\dot{\boldsymbol{e}}=(\boldsymbol{A}-\boldsymbol{K})\boldsymbol{e} \tag{6-9}$$

由式（6–9）可知，当（$\boldsymbol{A}$，$\boldsymbol{I}$）可控时，利用极点配置技术，总存在增益矩阵 $\boldsymbol{K}$，使得矩阵 $(\boldsymbol{A}-\boldsymbol{K})$ 的所有特征值的实部均为负数。根据线性稳定性判定准则可知式（6–5）成立，并且式（6–9）的收敛速度可由矩阵 $\boldsymbol{K}$ 来决定。

为了保证滑膜运动的发生，给出如下自适应控制策略

$$u_i(t)=\begin{cases}-\gamma_i\eta_i\mathrm{sign}(s_i(t))-u_{i0-},\ s_i(t)>0\\0,\ s_i(t)=0\\-\gamma_i\eta_i\mathrm{sign}(s_i(t))+u_{i0+},\ s_i(t)<0\end{cases} \tag{6-10}$$

式中，a_i 和 b_i 分别是矩阵 $\boldsymbol{A}$ 和 $\boldsymbol{B}$ 的第 i 个行向量，$\gamma_i=\beta/\alpha_{i1}\,(\beta>1)$。$\mathrm{sign}(s_i(t))$

是 $s_i(t)$ 的符号函数，若 $s_i(t)>0$，则 $\mathrm{sign}(s_i(t))=1$；若 $s_i(t)=0$，则 $\mathrm{sign}(s_i(t))=0$；若 $s_i(t)<0$，则 $\mathrm{sign}(s_i(t))=-1$. $\hat{\theta}_i$ 是参数估计，满足如下的自适应率

$$\dot{\hat{\theta}}_i=|S_i|,\quad \hat{\theta}_i(0)=\hat{\theta}_{i0} \tag{6-11}$$

式中，$\hat{\theta}_{i0}$ 是 $\hat{\theta}_i$ 的正的有界初始值。设 $|\Delta f_i(\boldsymbol{y})+d_i(t)|<\theta_i$，即 $|\Delta f_i(\boldsymbol{y})+d_i(t)|$ 是有界的，但 θ_i 是未知的正的常数。这样定义 $\hat{\theta}_i$ 的估计误差 $\tilde{\theta}_i$ 如下

$$\tilde{\theta}_i=\hat{\theta}_i-\theta_i \tag{6-12}$$

既然 θ_i 是常数，还可以导出

$$\dot{\tilde{\theta}}_i=\dot{\hat{\theta}}_i=|S_i| \tag{6-13}$$

下面证明自适应控制策略（6-10）可保证滑膜运动的发生，控制系统（6-1）和系统（6-2）达到同步。

定理 6-1 在自适应控制策略（6-10）的控制下，异结构的驱动系统（6-1）和响应系统（6-2）的同步误差向量收敛到滑膜面 $\boldsymbol{S}(t)=0$。

证明：考虑如下的 Lyapunov 函数

$$V=\frac{1}{2}(\boldsymbol{S}^{\mathrm{T}}(t)\boldsymbol{S}(t)+\tilde{\theta}^{\mathrm{T}}\tilde{\theta})$$

则由式（6-4）、式（6-8）、式（6-12）和式（6-13）可得

$$\begin{aligned}
\dot{V}&=\boldsymbol{S}^{\mathrm{T}}(t)\dot{\boldsymbol{S}}(t)+\tilde{\theta}^{\mathrm{T}}\dot{\tilde{\theta}}\\
&=\boldsymbol{S}^{\mathrm{T}}(t)(\dot{\boldsymbol{e}}-(\boldsymbol{A}-\boldsymbol{K})\boldsymbol{e})+\tilde{\theta}^{\mathrm{T}}\dot{\tilde{\theta}}\\
&=\boldsymbol{S}^{\mathrm{T}}(t)((\boldsymbol{B}-\boldsymbol{A})\boldsymbol{y}+\boldsymbol{g}(\boldsymbol{y})-\boldsymbol{h}(\boldsymbol{x})+\Delta\boldsymbol{f}(\boldsymbol{y})+\boldsymbol{d}(t)+\boldsymbol{Ke})+\boldsymbol{S}^{\mathrm{T}}(t)\boldsymbol{\Phi}(\boldsymbol{u})+\tilde{\theta}^{\mathrm{T}}\dot{\tilde{\theta}}\\
&\leqslant\sum_{i=1}^{n}[|s_i(t)|(|(b_i-a_i)\boldsymbol{y}+g_i(\boldsymbol{y})-h_i(\boldsymbol{x})|+\theta_i+|k_i\boldsymbol{e}|)+\tilde{\theta}_i\dot{\tilde{\theta}}_i+s_i(t)\phi_i(u_i)]\\
&=\sum_{i=1}^{n}[|s_i(t)|(|(b_i-a_i)\boldsymbol{y}+g_i(\boldsymbol{y})-h_i(\boldsymbol{x})|+\hat{\theta}_i-\tilde{\theta}_i+|k_i\boldsymbol{e}|)+\tilde{\theta}_i\,|\,s_i(t)\,|+s_i(t)\phi_i(u_i)_i]\\
&=\sum_{i=1}^{n}[|s_i(t)|(|(b_i-a_i)\boldsymbol{y}+g_i(\boldsymbol{y})-h_i(\boldsymbol{x})|+|k_i\boldsymbol{e}|+\hat{\theta}_i)+s_i(t)\phi_i(u_i)]\\
&=\sum_{i=1}^{n}[|s_i(t)|\eta_i+s_i(t)\phi_i(u_i)]
\end{aligned} \tag{6-14}$$

当 $s_i>0$ 时，有

$$(u_i+u_{i0-})\phi_i(u_i)=-\gamma_i\eta_i\mathrm{sign}(s_i(t))\phi_i(u_i)\geqslant\alpha_{i1}(u_i+u_{i0-})^2=\alpha_{i1}\gamma_i^2\eta_i^2[\mathrm{sign}(s_i(t))]^2 \tag{6-15}$$

当 $s_i<0$ 时，有

$$(u_i - u_{i0+})\phi_i(u_i) = -\gamma_i \eta_i \text{sign}(s_i(t))\phi_i(u_i) \geqslant \alpha_{i1}(u_i - u_{i0+})^2 = \alpha_{i1}\gamma_i^2 \eta_i^2 [\text{sign}(s_i(t))]^2 \tag{6-16}$$

因为$s_i^2(t) \geqslant 0$，根据式（6-15）和式（6-16）有

$$-\gamma_i \eta_i s_i(t)^2 \text{sign}(s_i(t))\phi_i(u_i) \geqslant \alpha_{i1}\gamma_i^2 \eta_i^2 s_i(t)^2 [\text{sign}(s_i(t))]^2$$

因为$s_i(t)\text{sign}(s_i(t)) = |s_i(t)|$，可推得

$$-\gamma_i \eta_i s_i(t)\phi_i(u_i) \geqslant \alpha_{i1}\gamma_i^2 \eta_i^2 |s_i(t)| \tag{6-17}$$

$$s_i(t)\phi_i(u_i) \leqslant -\alpha_{i1}\gamma_i \eta_i |s_i(t)| \tag{6-18}$$

将式（6-18）代入式（6-14），可得

$$\dot{V} = \boldsymbol{S}^{\mathrm{T}}(t)\dot{\boldsymbol{S}}(t) + \tilde{\theta}^{\mathrm{T}}\dot{\tilde{\theta}} \leqslant \sum_{i=1}^{n}(1 - \alpha_{i1}\gamma_i)\eta_i |s_i(t)| \leqslant 0 \tag{6-19}$$

设$w(t) = \sum_{i=1}^{n}(\alpha_{i1}\gamma_i - 1)\eta_i |s_i(t)|$，则有

$$\dot{V} \leqslant -w(t) \leqslant 0 \tag{6-20}$$

对上式从 0 到 t 积分，得

$$V(0) \geqslant V(t) + \int_0^t w(\lambda)\,\mathrm{d}\lambda \geqslant \int_0^t w(\lambda)\,\mathrm{d}\lambda \tag{6-21}$$

当$t \to \infty$时，以上积分式总是小于或等于$V(0)$。又因为$V(0)$是正的，有界的，所以$\lim\limits_{t\to\infty}\int_0^t w(\lambda)\,\mathrm{d}\lambda$存在并有界。根据 Barbalat 引理[196]，可以得到

$$\lim_{t\to\infty} w(t) = \lim_{t\to\infty}\sum_{i=1}^{n}(\alpha_{i1}\gamma_i - 1)\eta_i |s_i(t)| = 0 \tag{6-22}$$

因为$(\alpha_{i1}\gamma_i - 1)\eta_i$大于 0，可得$\lim\limits_{t\to\infty}\sum\limits_{i=1}^{n}|s_i(t)| = \lim\limits_{t\to\infty} s(t) = 0$。故命题真。

6.3　实 例 应 用

利用以上设计的自适应滑模变结构控制器，作者研究了三对具有非线性输入的异结构混沌系统（Lorenz－Chen，Chen－Lü 和 Lü－Lorenz）的同步。Lorenz 系统[11]的动力学方程为

$$\begin{cases} \dot{x}_1 = -\rho_1 x_1 + \rho_1 x_2 \\ \dot{x}_2 = \rho_2 x_1 - x_2 - x_1 x_3 \\ \dot{x}_3 = x_1 x_2 - \rho_3 x_3 \end{cases} \tag{6-23}$$

参数 $\rho_1=10$、$\rho_2=28$ 和 $\rho_3=8/3$ 时，系统（6－17）处于混沌态，其吸引子如图 6－2（a）所示。Chen 系统[78]和 Lü 系统[79]的动力学方程分别为

$$\begin{cases}\dot{y}_1=-\nu_1 y_1+\nu_1 y_2\\ \dot{y}_2=(\nu_2-\nu_1)y_1-y_1y_3+\nu_2 y_2\\ \dot{y}_3=y_1y_2-\nu_3 y_3\end{cases} \tag{6-24}$$

和

$$\begin{cases}\dot{z}_1=-\omega_1 z_1+\omega_1 z_2\\ \dot{z}_2=-z_1z_3+\omega_2 z_2\\ \dot{z}_3=z_1z_2-\omega_3 z_3\end{cases} \tag{6-25}$$

参数 $\nu_1=35$、$\nu_2=28$ 和 $\nu_3=3$ 时，系统（6－18）的吸引子如图 6－2（b）所示。参数 $\omega_1=36$、$\omega_2=20$ 和 $\omega_3=3$ 时，系统（6－19）的吸引子如图 6－2（c）所示。下面利用以上设计的控制器，在以上给定的参数条件下，控制给定的三对异结构混沌系统达到同步。

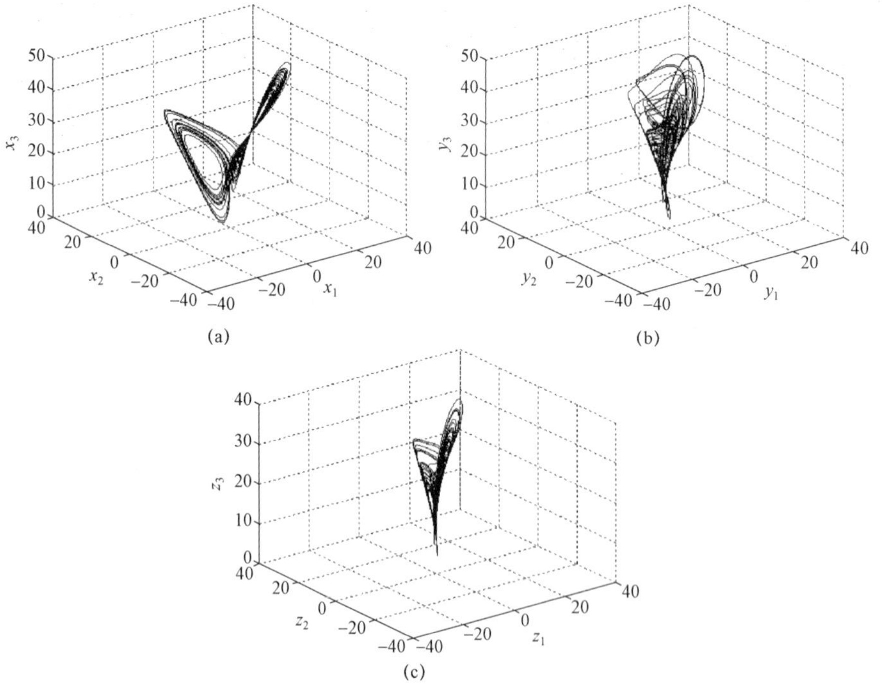

图 6－2　混沌系统的吸引子

（a）Lorenz 吸引子（b）Chen 吸引子；（c） Lü 吸引子

6.3.1　Lorenz 系统和 Chen 系统的同步

具有非线性输入的不确定 Chen 系统表示如下：

$$\begin{cases}\dot{y}_1 = -\nu_1 y_1 + \nu_1 y_2 + \Delta f_1(y) + d_1(t) + \phi_1 \\ \dot{y}_2 = (\nu_2 - \nu_1) y_1 - y_1 y_3 + \nu_2 y_2 + \Delta f_2(y) + d_2(t) + \phi_2 \\ \dot{y}_3 = y_1 y_2 - \nu_3 y_3 + \Delta f_3(y) + d_3(t) + \phi_3\end{cases} \tag{6-26}$$

设定系统（6-23）为驱动系统，系统（6-26）为响应系统，则矩阵 $\boldsymbol{A}$、$\boldsymbol{B}$、$\boldsymbol{h}(\boldsymbol{x})$ 和 $\boldsymbol{g}(\boldsymbol{y})$ 分别为

$$\boldsymbol{A} = \begin{pmatrix} -\rho_1 & \rho_1 & 0 \\ \rho_2 & -1 & 0 \\ 0 & 0 & -\rho_3 \end{pmatrix} \tag{6-27}$$

$$\boldsymbol{B} = \begin{pmatrix} -\nu_1 & \nu_1 & 0 \\ \nu_2 - \nu_1 & \nu_2 & 0 \\ 0 & 0 & -\nu_3 \end{pmatrix} \tag{6-28}$$

$$\boldsymbol{h}(\boldsymbol{x}) = \begin{pmatrix} 0 \\ -x_1 x_3 \\ x_1 x_2 \end{pmatrix} \tag{6-29}$$

$$\boldsymbol{g}(\boldsymbol{y}) = \begin{pmatrix} 0 \\ -y_1 y_3 \\ y_1 y_2 \end{pmatrix} \tag{6-30}$$

这样，由于矩阵 $\begin{bmatrix}\boldsymbol{I} & \boldsymbol{A}\times\boldsymbol{I} & \boldsymbol{A}^2\times\boldsymbol{I}\end{bmatrix}$ 为满秩，所以 $(\boldsymbol{A}, \boldsymbol{I})$ 可控，可利用极点配置技术来构造反馈增益矩阵 $\boldsymbol{K}$ 。为了保证同步误差系统（6-4）收敛于原点，即式（6-5）成立，本节选取矩阵 $(\boldsymbol{A}-\boldsymbol{K})$ 的特征值为 $[-1 \quad -2 \quad -3]$，求出矩阵 $\boldsymbol{K}$ 为

$$\boldsymbol{K} = \begin{pmatrix} -9 & 10 & 0 \\ 28 & 1 & 0 \\ 0 & 0 & 1/3 \end{pmatrix} \tag{6-31}$$

对于响应系统（6-26），它的不确定项选取

$$\begin{aligned}\Delta \boldsymbol{f}(y) &= \left[\Delta f_1(y), \Delta f_2(y), \Delta f_3(y)\right]^{\mathrm{T}} \\ &= [0.05 y_1, 0.05 y_2, 0.05 y_3]^{\mathrm{T}}\end{aligned} \tag{6-32}$$

并且，外部扰动选取

$$\begin{aligned}\boldsymbol{d}(t)&=\left[d_1(t),d_2(t),d_3(t)\right]^{\mathrm{T}}\\&=\left[0.2\cos(2\pi t),0.3\cos(3\pi t),0.4\cos(4\pi t)\right]^{\mathrm{T}}\end{aligned}\tag{6-33}$$

另外，选取 $\hat{\theta}_i(i=1,2,3)$ 的初值 $\hat{\theta}_{10}=\hat{\theta}_{20}=\hat{\theta}_{30}=1$ 。定义扇区内带有死区的非线性函数 $\phi_i(u_i)(i=1,2,3)$ 为

$$\phi_1(u_1)=\begin{cases}[0.7+0.1\sin(u_1)](u_1-u_{10+})\ (u_1>u_{10+})\\0\ (-u_{10-}\leqslant u_1\leqslant u_{10+})\\[0.7+0.1\sin(u_1)](u_1+u_{10-})\ (u_1<-u_{10-})\end{cases}\tag{6-34}$$

$$\phi_2(u_2)=\begin{cases}[0.8+0.2\sin(u_2)](u_2-u_{20+})\ (u_2>u_{20+})\\0\ (-u_{20-}\leqslant u_2\leqslant u_{20+})\\[0.8+0.2\sin(u_2)](u_2+u_{20-})\ (u_2<-u_{20-})\end{cases}\tag{6-35}$$

$$\phi_3(u_3)=\begin{cases}[0.8+0.3\sin(u_3)](u_3-u_{30+})\ (u_3>u_{30+})\\0\ (-u_{30-}\leqslant u_3\leqslant u_{30+})\\[0.8+0.3\sin(u_3)](u_3+u_{30-})\ (u_3<-u_{30-})\end{cases}\tag{6-36}$$

由式(6-34)～式(6-36)，可知 $\alpha_{11}=0.6$ ，$\alpha_{21}=0.6$ ，$\alpha_{31}=0.5$ 。选取 $\beta=1.01$ ，$u_{10-}=u_{10+}=1$ ，$u_{20-}=u_{20+}=2$ ，$u_{30-}=u_{30+}=3$ ，上述参数满足定理 6-1 的要求。

系统（6-23）与系统（6-26）的初始点分别选取为：$x_1(0)=5$ 、$x_2(0)=8$ 和 $x_3(0)=12$ ，$y_1(0)=10$ 、$y_2(0)=15$ 和 $y_3(0)=18$ 。同步过程的模拟结果如图 6-3 和 6-4 所示。在 $t=5\,\mathrm{s}$ 时打开控制器。由图 6-4 可见，控制器开始工作后，具有非线性输入的响应系统（6-26）的 y_1 、y_2 和 y_3 分别与驱动系统（6-23）的 x_1 、x_2 和 x_3 很快达到了同步。由图 6-3 可见，在 $t=5$ s 后，同步误差 e_1 、e_2 和 e_3 很快分别稳定在零点，即具有非线性输入的 Chen 系统与 Lorenz 系统达到了同步。

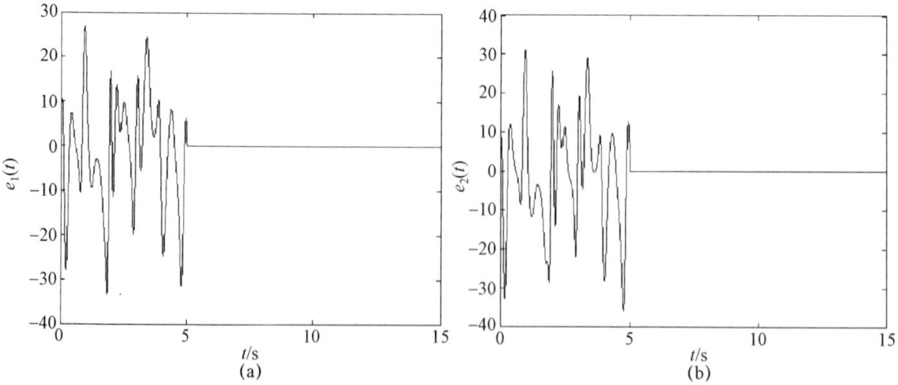

图 6-3　系统（6-23）和系统（6-26）的同步误差曲线

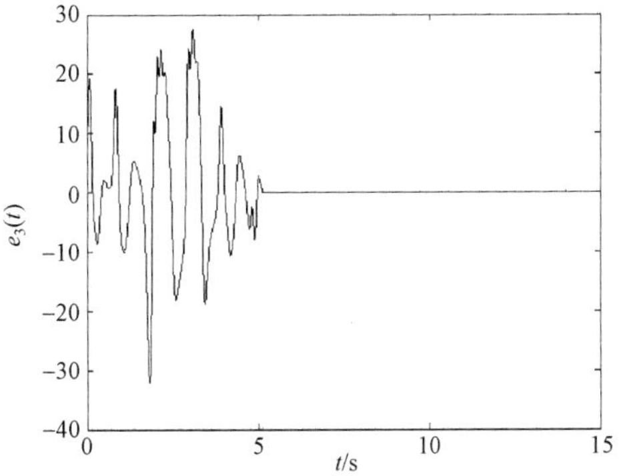

(c)

图 6−3　系统（6−23）和系统（6−26）的同步误差曲线（续）

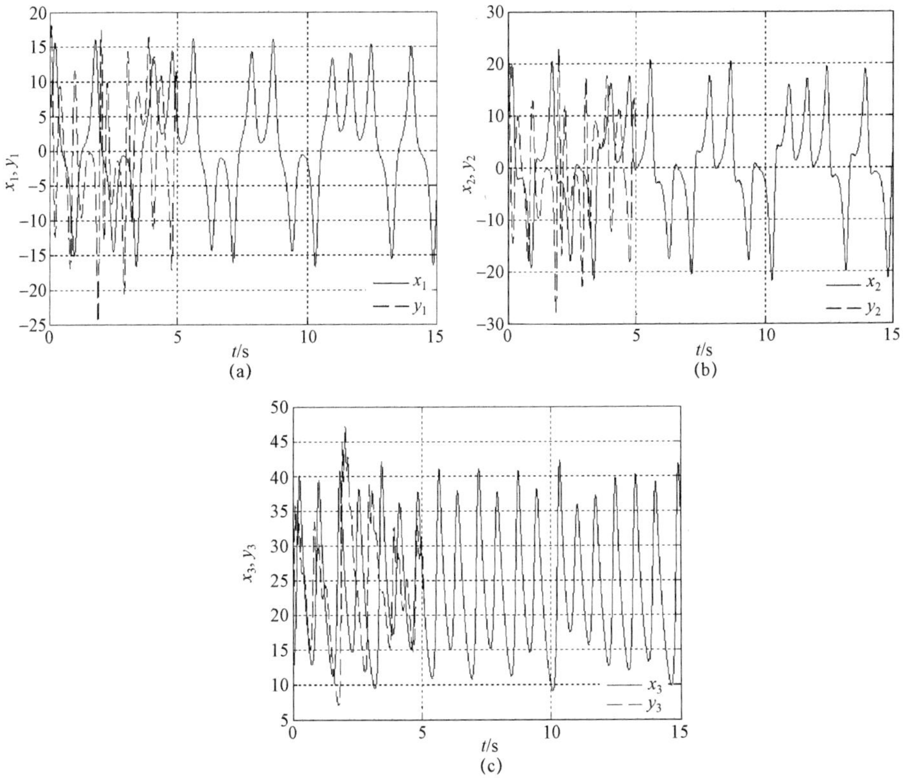

图 6−4　系统（6−23）和系统（6−26）的同步过程

（a）x_1，y_1 的响应曲线；（b）x_2，y_2 的响应曲线；（c）x_3，y_3 的响应曲线

6.3.2　Chen 系统和 Lü 系统的同步

具有非线性输入的不确定 Lü 系统表示如下：

$$\begin{cases}\dot{z}_1=-\omega_1 z_1+\omega_1 z_2+\Delta f_1(z)+d_1(t)+\phi_1\\ \dot{z}_2=-z_1 z_3+\omega_2 z_2+\Delta f_2(z)+d_2(t)+\phi_2\\ \dot{z}_3=z_1 z_2-\omega_3 z_3+\Delta f_3(z)+d_3(t)+\phi_3\end{cases} \tag{6-37}$$

设定系统（6－24）为驱动系统，系统（6－37）为响应系统。则矩阵 $\boldsymbol{A}$、$\boldsymbol{B}$、$\boldsymbol{h}(\boldsymbol{y})$ 和 $\boldsymbol{g}(\boldsymbol{z})$ 分别为

$$\boldsymbol{A}=\begin{pmatrix}-\nu_1 & \nu_1 & 0\\ \nu_2-\nu_1 & \nu_2 & 0\\ 0 & 0 & -\nu_3\end{pmatrix} \tag{6-38}$$

$$\boldsymbol{B}=\begin{pmatrix}-\omega_1 & \omega_1 & 0\\ 0 & \omega_2 & 0\\ 0 & 0 & -\omega_3\end{pmatrix} \tag{6-39}$$

$$\boldsymbol{h}(\boldsymbol{y})=\begin{pmatrix}0\\ -y_1 y_3\\ y_1 y_2\end{pmatrix} \tag{6-40}$$

$$\boldsymbol{g}(\boldsymbol{z})=\begin{pmatrix}0\\ -z_1 z_3\\ z_1 z_2\end{pmatrix} \tag{6-41}$$

由于矩阵 $\begin{bmatrix}\boldsymbol{I} & \boldsymbol{A}\times\boldsymbol{I} & \boldsymbol{A}^2\times\boldsymbol{I}\end{bmatrix}$ 为满秩，选取矩阵 $(\boldsymbol{A}-\boldsymbol{K})$ 的特征值为 $[-1\quad -2\quad -1]$，可求出矩阵 $\boldsymbol{K}$ 为

$$\boldsymbol{K}=\begin{pmatrix}-34 & 35 & 0\\ -7 & 30 & 0\\ 0 & 0 & -2\end{pmatrix} \tag{6-42}$$

对于响应系统（6－37），不确定项选取

$$\begin{aligned}\Delta\boldsymbol{f}(z)&=\left[\Delta f_1(z),\Delta f_2(z),\Delta f_3(z)\right]^{\mathrm{T}}\\ &=[0.05z_1,0.05z_2,0.05z_3]^{\mathrm{T}}\end{aligned} \tag{6-43}$$

并且，外部扰动 $\boldsymbol{d}(t)$ 和非线性输入 $\phi_i(u_i)(i=1,2,3)$ 的选取与 6.3.1 节中的相同。$\hat{\theta}_i(i=1,2,3)$ 的初值为 $\hat{\theta}_{10}=\hat{\theta}_{20}=\hat{\theta}_{30}=2$。选取 $\beta=1.01$，上述参数满足定理 6－1 的要求。

系统（6－24）与系统（6－32）的初始点分别选取为：$y_1(0)=1$、$y_2(0)=3$ 和 $y_3(0)=7$，$z_1(0)=2$、$z_2(0)=4$ 和 $z_3(0)=8$。同步过程的模拟结果如图 6－5 和图 6－6 所示。由图 6－5 和图 6－6 可见，在 $t=5\,\mathrm{s}$ 时打开控制器后，具有非线

性输入的 Lü 系统与 Chen 系统达到了同步。

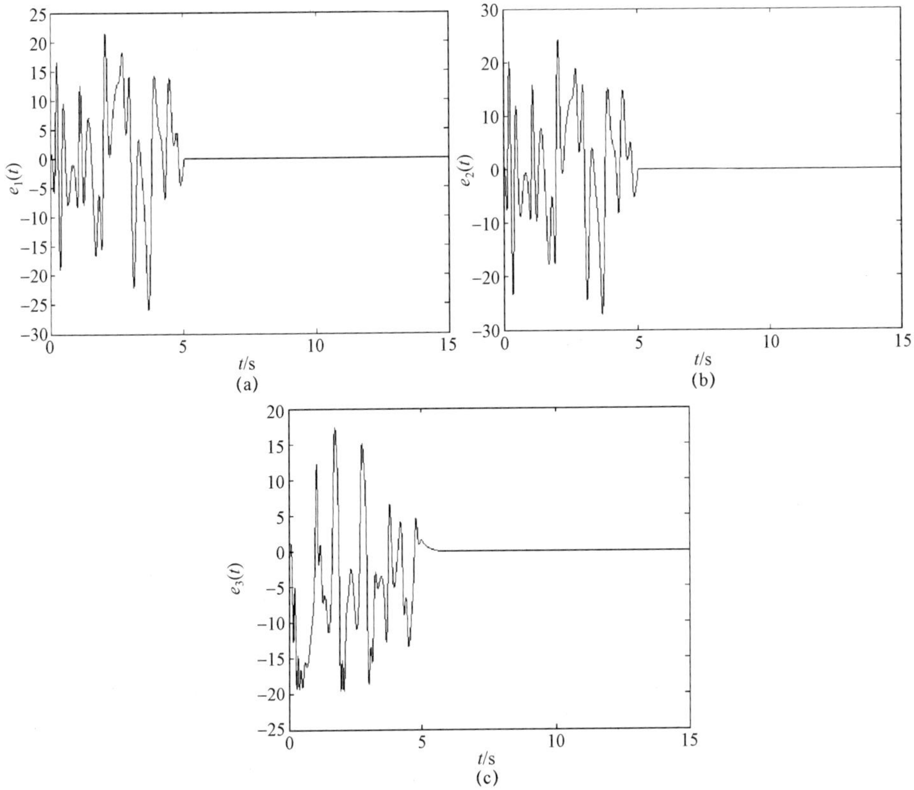

图 6－5　系统（6－24）和系统（6－37）的同步误差曲线

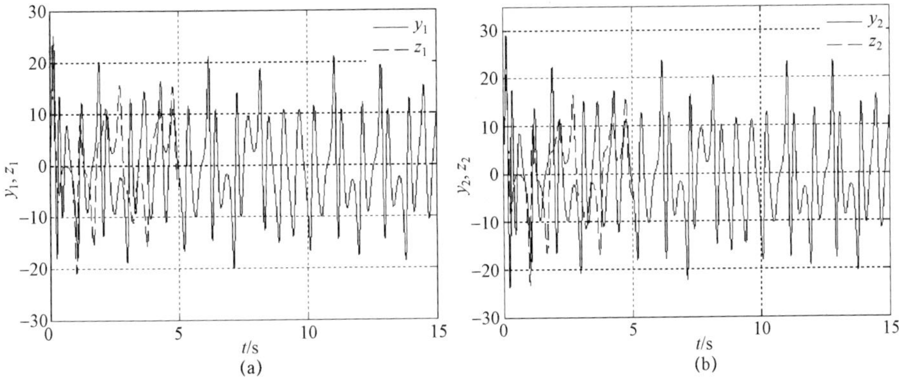

图 6－6　系统（6－24）和系统（6－37）的同步过程

（a）y_1，z_1 的响应曲线；（b）y_2，z_2 响应曲线

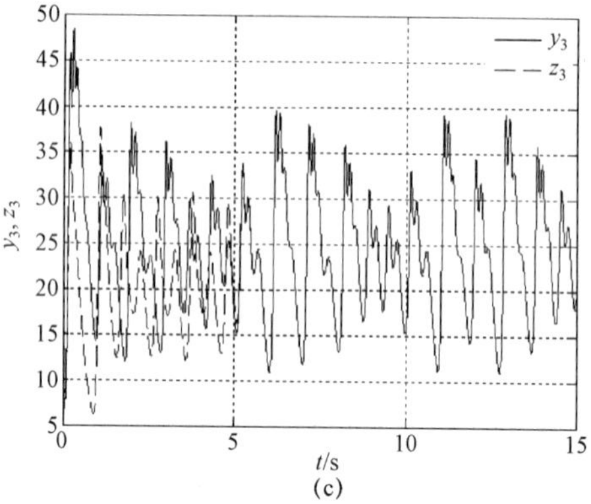

图 6−6 系统（6−24）和系统（6−37）的同步过程（续）

（c）y_3，z_3 响应曲线

6.3.3 Lü 系统和 Lorenz 系统的同步

具有非线性输入的不确定 Lorenz 系统表示如下：

$$\begin{cases}\dot{x}_1 = -\rho_1 x_1 + \rho_1 x_2 + \Delta f_1(x) + d_1(t) + \phi_1 \\ \dot{x}_2 = \rho_2 x_1 - x_2 - x_1 x_3 + \Delta f_2(x) + d_2(t) + \phi_2 \\ \dot{x}_3 = x_1 x_2 - \rho_3 x_3 + \Delta f_3(x) + d_3(t) + \phi_3\end{cases} \tag{6-44}$$

设定系统（6−25）为驱动系统，系统（6−44）为响应系统。则矩阵 $\boldsymbol{A}$、$\boldsymbol{B}$、$\boldsymbol{h}(\boldsymbol{z})$ 和 $\boldsymbol{g}(\boldsymbol{x})$ 分别为

$$\boldsymbol{A} = \begin{pmatrix} -\omega_1 & \omega_1 & 0 \\ 0 & \omega_2 & 0 \\ 0 & 0 & -\omega_3 \end{pmatrix} \tag{6-45}$$

$$\boldsymbol{B} = \begin{pmatrix} -\rho_1 & \rho_1 & 0 \\ \rho_2 & -1 & 0 \\ 0 & 0 & -\rho_3 \end{pmatrix} \tag{6-46}$$

$$\boldsymbol{h}(\boldsymbol{z}) = \begin{pmatrix} 0 \\ -z_1 z_3 \\ z_1 z_2 \end{pmatrix} \tag{6-47}$$

$$\boldsymbol{g}(\boldsymbol{x}) = \begin{pmatrix} 0 \\ -x_1 x_3 \\ x_1 x_2 \end{pmatrix} \tag{6-48}$$

矩阵 $\begin{bmatrix}\boldsymbol{I} & \boldsymbol{A}\times\boldsymbol{I} & \boldsymbol{A}^2\times\boldsymbol{I}\end{bmatrix}$ 为满秩，选取矩阵 $(\boldsymbol{A}-\boldsymbol{K})$ 的特征值为 $\begin{bmatrix}-1 & -2 & -3\end{bmatrix}$，求出矩阵 $\boldsymbol{K}$ 为

$$\boldsymbol{K}=\begin{pmatrix}-35 & 36 & 0\\ 0 & 22 & 0\\ 0 & 0 & 0\end{pmatrix} \tag{6-49}$$

对于响应系统（6-44），不确定项选取

$$\begin{aligned}\Delta\boldsymbol{f}(x)&=\left[\Delta f_1(x),\Delta f_2(x),\Delta f_3(x)\right]^{\mathrm{T}}\\&=\left[0.05x_1,0.05x_2,0.05x_3\right]^{\mathrm{T}}\end{aligned} \tag{6-50}$$

并且，外部扰动选取 $\boldsymbol{d}(t)$ 和非线性输入 $\phi_i(u_i)(i=1,2,3)$ 的选取与 6.3.1 节中的相同。$\hat{\theta}_i(i=1,2,3)$ 的初值为 $\hat{\theta}_{10}=\hat{\theta}_{20}=\hat{\theta}_{30}=1$。选取 $\beta=1.01$，上述参数满足定理 6-1 的要求。

系统（6-25）与系统（6-44）的初始点分别选取：$z_1(0)=1$、$z_2(0)=3$ 和 $z_3(0)=5$，$x_1(0)=2$、$x_2(0)=4$ 和 $x_3(0)=6$。同步过程的模拟结果如图 6-7 和图 6-8 所示。在 $t=5$ s 时打开控制器，由图 6-7 和图 6-8 可知，具有非线性输入的 Lorenz 系统与 Lü 系统达到了同步。

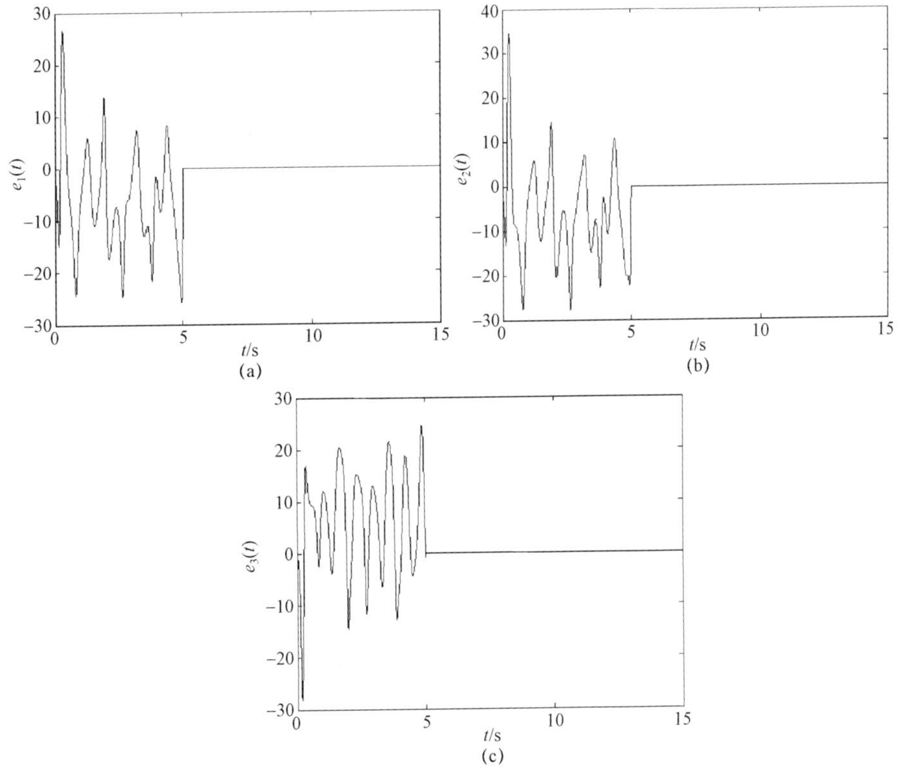

图 6-7　系统（6-25）和系统（6-44）的同步误差曲线

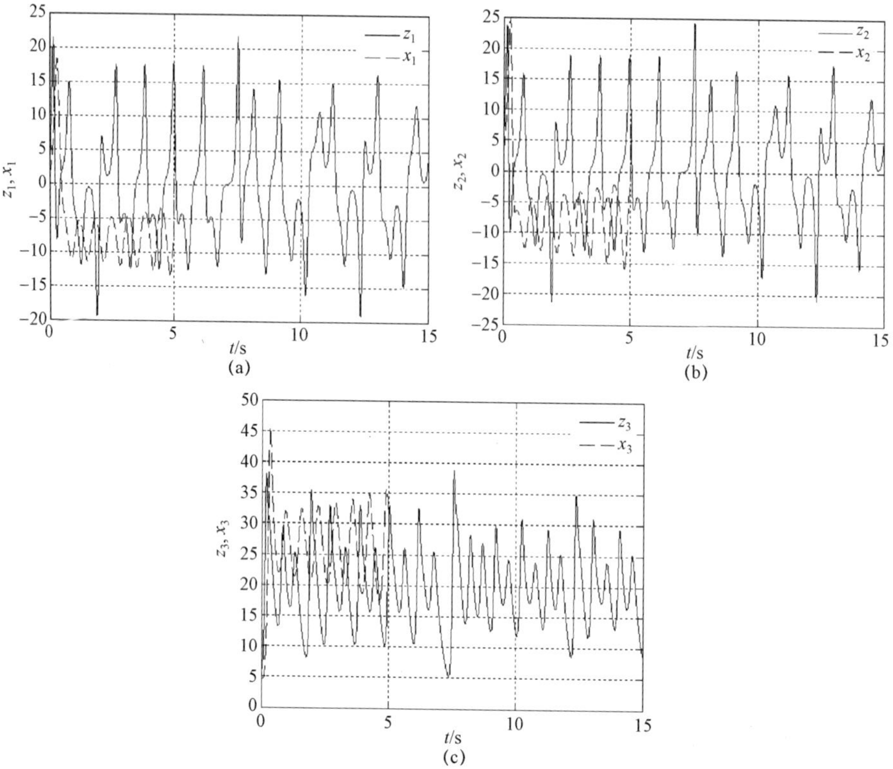

图 6-8　系统（6-25）和系统（6-44）的同步过程

（a）z_1，x_1 的响应曲线；（b）z_2，x_2 响应曲线；（c）z_3，x_3 响应曲线

6.4　本章小结

本节提出了一种新的具有非线性输入的异结构混沌系统的自适应同步方法。该方法可使具有非线性输入的不确定异结构的响应系统与驱动系统迅速达到同步，且不用预先知道系统本身的不确定性和外部扰动的界限。所设计的同步控制器可进一步推广到含有更多状态变量的异结构混沌系统之间的同步。通过对三对具有非线性输入的不同结构的混沌系统（Lorenz-Chen，Chen-Lü 和 Lü-Lorenz）的数值模拟，进一步验证了本同步方法的有效性。

第 7 章

一类不确定混沌系统的反同步控制

由于混沌同步在保密通信、信号处理和生命科学等方面有着十分广阔的应用前景和巨大的市场潜在价值，人们对此给予极大的关注，并进行了广泛而深入的研究[4,162,163]。以往的研究大多集中于混沌系统的自同步[237–242]，以及非恒同混沌系统的同步[243–246]。近年来，一些学者拓宽了同步的概念，提出并实现了不同类型的混沌同步，如完全同步、广义同步、相同步、延迟同步、投影同步等[247–252]。另外，人们在周期混沌系统中还观察到了反同步现象[253,254]。所谓反同步，是指达到同步的两个混沌系统的状态向量的绝对值相同但符号相反。最近，混沌系统的反同步引起了大家的研究兴趣[225,226]。另一方面，在混沌系统的实际应用中，用电子器件来实现混沌系统，所以系统本身的不确定性、外部噪声的干扰、扇区和死区非线性是经常存在的，这些因素的存在将严重减弱甚至破坏系统的执行[195]。所以，在设计和实现混沌系统的反同步方案时，必须考虑这些因素的影响，以免控制方案在实际应用中的失败。

本节提出了一种在噪声干扰条件下，一类具有多扇区、死区非线性输入的不确定混沌系统的反同步方法。用滑模控制方法和极点配置技术，设计了滑模面和控制器，保证了反同步误差系统在滑膜面上的渐进稳定和滑膜运动的发生，并控制驱动系统和响应系统迅速反同步，而不受多扇区、死区输入、不确定项和外部噪声的影响，具有很强的鲁棒性。通过对 Lorenz 系统的数值模拟，进一步验证了该反同步方法的有效性。

7.1 问 题 描 述

考虑具有如下形式的一类非线性系统：

$$\dot{\boldsymbol{x}} = \boldsymbol{A}\boldsymbol{x} + \boldsymbol{h}(\boldsymbol{x}) \tag{7-1}$$

式中，$x\in \mathbf{R}^n$ 是系统的 n 维状态向量；Ax 是系统的线性部分，$A\in \mathbf{R}^{n\times n}$ 是线性部分的系数矩阵；$h(x)$：$\mathbf{R}^n \to \mathbf{R}^n$ 是系统的非线性部分，是一个连续光滑函数。

则具有多扇区、死区输入和不确定外部干扰的系统（7-1）可以表示为

$$\dot{y} = Ay + h(y) + \Delta f + D(t) + \Phi(u) \tag{7-2}$$

式中，Δf 是由系统参数扰动引起的不确定项，通常 Δf 被设定为有界函数；$D(t)=\left[d_1(t),d_2(t),\cdots,d_n(t)\right]^{\mathrm{T}}$，$d_i(t)(i=1,2,\cdots,n)$ 为不确定外部干扰，且 $d_i(t)$ 是有界的，设 $|d_i(t)|\leqslant p_i$（p_i 为大于零的常数）；$\Phi(u)=\left[\phi_1(u_1),\phi_2(u_2),\cdots,\phi_n(u_n)\right]^{\mathrm{T}}$，$\phi_i(u_i)(i=1,2,\cdots,n)$ 为扇区非线性的连续函数，且假设 $-u_{i0-}\leqslant u_i\leqslant u_{i0+}$ 时，$\phi_i(u_i)=0$；之外，$\phi_i(u_i)$ 应还满足如下条件：

$$\begin{cases}\alpha_{i1}(u_i-u_{i0+})^2\leqslant(u_i-u_{i0+})\phi_i(u_i)\leqslant\alpha_{i2}(u_i-u_{i0+})^2 & (u_i>u_{i0+})\\ \alpha_{i1}(u_i+u_{i0-})^2\leqslant(u_i+u_{i0-})\phi_i(u_i)\leqslant\alpha_{i2}(u_i+u_{i0-})^2 & (u_i<-u_{i0-})\end{cases} \tag{7-3}$$

图 7-1 给出了在扇区 $[\alpha_{i1}\ \ \alpha_{i2}]$ 内且带有死区的非线性连续函数 $\phi_i(u_i)(i=1,2,\cdots,n)$ 的变化曲线。

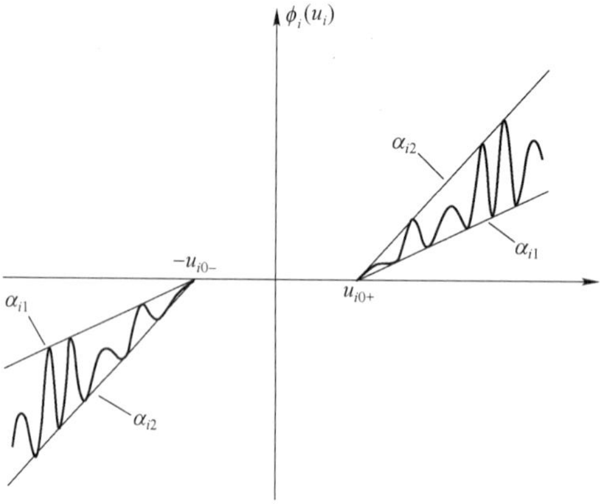

图 7-1　扇区 $[\alpha_{i1}\ \ \alpha_{i2}]$ 内且带有死区的非线性函数 $\phi_i(u_i)$ 的曲线

定义系统（7-1）为驱动系统，系统（7-2）为响应系统，驱动系统（7-1）与响应系统（7-2）的反同步误差为 $e=y+x$，则由系统（7-1）和系统（7-2）可知，反同步误差系统为

$$\dot{e}=\dot{y}+\dot{x}=Ae+h(y)+h(x)+\Delta f+D(t)+\Phi(u) \tag{7-4}$$

本章研究的目标是设计一个鲁棒的滑模控制器，使

$$\lim_{t\to\infty}\|e\|=\lim_{t\to\infty}\|y+x\|=0 \tag{7-5}$$

成立，从而使驱动系统（7-1）和响应系统（7-2）达到反同步，而且不受多扇区、死区非线性输入、不确定项和外部噪声的影响。

7.2　滑膜面和控制器的设计

通常用滑模变结构方法实现具有非线性输入混沌系统反同步的基本步骤为：

1）选定一个滑膜面，保证反同步误差系统在滑膜面上运动的稳定性，即式（7-5）成立；

2）确定一个保证滑膜运动的发生、对非线性输入强鲁棒的控制器。

首先，定义滑模面为

$$\boldsymbol{S}(t)=\boldsymbol{e}(t)-\int_0^t(\boldsymbol{A}-\boldsymbol{K})\boldsymbol{e}(\tau)\,\mathrm{d}\tau=\boldsymbol{0} \tag{7-6}$$

式中，$\boldsymbol{S}(t)=\left[s_1(t),s_2(t),\cdots,s_n(t)\right]^{\mathrm{T}}$ 是滑动曲面向量。$\boldsymbol{K}\in\mathbf{R}^{n\times n}$ 是 n 维矩阵。

当系统在滑膜面上运动时，如下的等式必须成立：

$$\dot{\boldsymbol{S}}=\dot{\boldsymbol{e}}-(\boldsymbol{A}-\boldsymbol{K})\boldsymbol{e}=\boldsymbol{0} \tag{7-7}$$

由（7-7）式可得

$$\dot{\boldsymbol{e}}=(\boldsymbol{A}-\boldsymbol{K})\boldsymbol{e} \tag{7-8}$$

从式子（7-8）中我们可以看出，当$(\boldsymbol{A},\boldsymbol{I})$可控时，利用极点配置技术，总存在增益矩阵 $\boldsymbol{K}$，使得矩阵$(\boldsymbol{A}-\boldsymbol{K})$的特征值均为负实数，这就保证了式（7-5）的成立，即响应系统（7-2）的状态向量 $\boldsymbol{y}$ 随着时间的增大无限接近$-\boldsymbol{x}$，而与系统（7-2）和系统（7-1）的初始值无关。

为了保证滑膜运动的发生，给出如下控制策略：

$$u_i(t)=\begin{cases}-\gamma_i\eta_i\operatorname{sign}(s_i(t))-u_{i0-}\,, & s_i(t)>0\\ 0, & s_i(t)=0\\ -\gamma_i\eta_i\operatorname{sign}(s_i(t))+u_{i0+}\,, & s_i(t)<0\end{cases} \tag{7-9}$$

这里，$\eta_i=\left|h_i(y)+h_i(x)\right|+|\Delta f|+\left|p_i\right|+|k_ie|,r_i=\beta/\alpha_{i1}(\beta>1)$。$\operatorname{sign}(s_i(t))$ 是 $s_i(t)$ 的符号函数，若 $s_i(t)>0$，则 $\operatorname{sign}(s_i(t))=1$；若 $s_i(t)=0$，则 $\operatorname{sign}(s_i(t))=0$；若 $s_i(t)<0$，则 $\operatorname{sign}(s_i(t))=-1$。下面证明控制策略（7-9）保证滑膜运动的发生，可控制系统（7-1）和系统（7-2）达到反同步。

定理 7-1　在控制策略(7-9)的控制下，驱动系统(7-1)和响应系统(7-2)的反同步误差向量收敛到滑膜面（7-6）上的平衡点。

证明：考虑如下的 Lyapunov 函数

$$V=0.5\boldsymbol{S}^{\mathrm{T}}(t)\boldsymbol{S}(t)$$

则由式（7–4）和式（7–7）可得

$$\begin{aligned}\dot{V} &= \boldsymbol{S}^{\mathrm{T}}(t)\dot{\boldsymbol{S}}(t)\\ &= \boldsymbol{S}^{\mathrm{T}}(t)(\dot{\boldsymbol{e}}-(\boldsymbol{A}-\boldsymbol{K})\boldsymbol{e})\\ &= \boldsymbol{S}^{\mathrm{T}}(t)(\boldsymbol{A}\boldsymbol{e}+\boldsymbol{h}(\boldsymbol{y})+\boldsymbol{h}(\boldsymbol{x})+\Delta f(y)+\boldsymbol{D}(t)+\boldsymbol{\Phi}(u)-(\boldsymbol{A}-\boldsymbol{K})\boldsymbol{e})\\ &= \boldsymbol{S}^{\mathrm{T}}(t)(\boldsymbol{h}(\boldsymbol{y})+\boldsymbol{h}(\boldsymbol{x})+\Delta f(y)+\boldsymbol{D}(t)+\boldsymbol{K}\boldsymbol{e})+\boldsymbol{S}^{\mathrm{T}}(t)\boldsymbol{\Phi}(u)\\ &= \sum_{i=1}^{n}[s_i(t)(h_i(y)+h_i(x)+\Delta f_i(y)+d_i(t)+k_i e)+s_i(t)\phi_i(u_i)]\\ &\leqslant \sum_{i=1}^{n}[|s_i(t)|(|h_i(y)+h_i(x)|+|\Delta f_i(y)|+p_i+|k_i e|)+s_i(t)\phi_i(u_i)]\\ &= \sum_{i=1}^{n}[|s_i(t)|\eta_i+s_i(t)\phi_i(u_i)]\end{aligned} \tag{7-10}$$

当 $s_i > 0$ 时，有

$$(u_i+u_{i0-})\phi_i(u_i)=-\gamma_i\eta_i\mathrm{sign}(s_i(t))\phi_i(u_i)\geqslant \alpha_{i1}(u_i+u_{i0-})^2=\alpha_{i1}\gamma_i^2\eta_i^2[\mathrm{sign}(s_i(t))]^2 \tag{7-11}$$

当 $s_i < 0$ 时，有

$$(u_i-u_{i0+})\phi_i(u_i)=-\gamma_i\eta_i\mathrm{sign}(s_i(t))\phi_i(u_i)\geqslant \alpha_{i1}(u_i-u_{i0+})^2=\alpha_{i1}\gamma_i^2\eta_i^2[\mathrm{sign}(s_i(t))]^2 \tag{7-12}$$

因为 $s_i^2(t)\geqslant 0$，根据式（7–11）和式（7–12）有

$$-\gamma_i\eta_i s_i(t)^2\,\mathrm{sign}(s_i(t))\phi_i(u_i)\geqslant \alpha_{i1}\gamma_i^2\eta_i^2 s_i(t)^2[\mathrm{sign}(s_i(t))]^2$$

可推得

$$-\gamma_i\eta_i s_i(t)\phi_i(u_i)\geqslant \alpha_{i1}\gamma_i^2\eta_i^2|s_i(t)| \tag{7-13}$$

$$s_i(t)\phi_i(u_i)\leqslant -\alpha_{i1}\gamma_i\eta_i|s_i(t)| \tag{7-14}$$

将式（7–14）代入式（7–10），可得

$$\boldsymbol{S}^{\mathrm{T}}(t)\dot{\boldsymbol{S}}(t)\leqslant \sum_{i=1}^{n}(1-\alpha_{i1}r_i)\eta_i|s_i(t)| \tag{7-15}$$

因为 $\gamma_i=\beta/\alpha_{i1}(\beta>1)$，所以条件式

$$\dot{V}=\boldsymbol{S}^{\mathrm{T}}(t)\dot{\boldsymbol{S}}(t)<0 \tag{7-16}$$

一直被满足。

我们所选的 Lyapunov 函数为 $V=0.5\boldsymbol{S}^{\mathrm{T}}(t)\boldsymbol{S}(t)$，而且 $\dot{V}=\boldsymbol{S}^{\mathrm{T}}(t)\dot{\boldsymbol{S}}(t)<0$ 一直被满足，根据 Lyapunov 稳定性定理，滑膜面（7–6）是渐进稳定的，所以在滑

膜面上的反同步误差系统收敛到滑膜面（7–6）上的平衡点。故命题真。

根据定理 7–1，利用控制策略（7–9）可使系统（7–1）和系统（7–2）达到反同步，而且不受多扇区、死区输入、不确定项和外部噪声的影响。

7.3 实 例 应 用

为了进一步说明以上反同步方法的有效性，利用以上设计的滑模变结构控制器，作者研究了具有多扇区非线性输入的 Lorenz 系统[11]的反同步，驱动系统和响应系统表示成如下形式：

$$\begin{cases}\dot{x}_1 = -\sigma x_1 + \sigma x_2 \\ \dot{x}_2 = r x_1 - x_2 - x_1 x_3 \\ \dot{x}_3 = x_1 x_2 - b x_3\end{cases} \tag{7–17}$$

$$\begin{cases}\dot{y}_1 = -\sigma y_1 + \sigma y_2 + \Delta f_1 + d_1 + \phi_1 \\ \dot{y}_2 = r y_1 - y_2 - y_1 y_3 + \Delta f_2 + d_2 + \phi_2 \\ \dot{y}_3 = y_1 y_2 - b y_3 + \Delta f_3 + d_3 + \phi_3\end{cases} \tag{7–18}$$

参数 $\boldsymbol{\sigma} = 10$，$\boldsymbol{r} = 28$ 和 $\boldsymbol{b} = 8/3$。显然矩阵 $\boldsymbol{A}$、$\boldsymbol{h}(x)$ 和 $\boldsymbol{h}(y)$ 分别为

$$\boldsymbol{A} = \begin{pmatrix} -\sigma & \sigma & 0 \\ r & -1 & 0 \\ 0 & 0 & -b \end{pmatrix},\quad \boldsymbol{h}(x) = \begin{pmatrix} 0 \\ -x_1 x_3 \\ x_1 x_2 \end{pmatrix},\quad \boldsymbol{h}(y) = \begin{pmatrix} 0 \\ -y_1 y_3 \\ y_1 y_2 \end{pmatrix} \tag{7–19}$$

由于矩阵［$\boldsymbol{I}\quad \boldsymbol{A}\times\boldsymbol{I}\quad \boldsymbol{A}^2\times\boldsymbol{I}$］的秩为 3，即满秩，所以（$\boldsymbol{A}\,\boldsymbol{I}$）可控，可利用极点配置技术来构造反馈增益矩阵 $\boldsymbol{K}$。为了保证反同步误差系统（7–4）收敛于原点，选取矩阵（$\boldsymbol{A}-\boldsymbol{K}$）的特征值为［$-1\,-2\,-3$］，求出矩阵 $\boldsymbol{K}$ 为

$$\boldsymbol{K} = \begin{pmatrix} -9 & 10 & 0 \\ 28 & 1 & 0 \\ 0 & 0 & 1/3 \end{pmatrix} \tag{7–20}$$

选取系统的初始点为 $(x_1, x_2, x_3) = (1,1,1)$，$(y_1, y_2, y_3) = (2,2,2)$，则误差系统（7–4）的初始值为 $(e_1, e_2, e_3) = (3,3,3)$。选取不确定项 Δf 和外部干扰 $\boldsymbol{D}(t)$ 分别为

$$\begin{cases}\Delta f_1 = 0.01 y_1^2 \\ \Delta f_2 = 0.01 y_2^2 \\ \Delta f_3 = 0.01 y_3^2\end{cases},\quad \begin{cases}d_1(t) = 0.2\cos(2\pi t) \\ d_2(t) = 0.3\cos(3\pi t) \\ d_3(t) = 0.4\cos(4\pi t)\end{cases} \tag{7–21}$$

这时，$d_1(t) \leqslant p_1 = 0.2$，$d_2(t) \leqslant p_2 = 0.3$，$d_3(t) \leqslant p_3 = 0.4$，定义扇区内带有死区的非线性函数 $\phi_i(u_i)$ 为

$$\phi_1(u_1) = \begin{cases} [0.8+0.1\sin(u_1)](u_1 - u_{10+}) & (u_1 > u_{10+}) \\ 0 & (-u_{10-} \leqslant u_1 \leqslant u_{10+}) \\ [0.8+0.1\sin(u_1)](u_1 + u_{10-}) & (u_1 < -u_{10-}) \end{cases} \quad (7-22)$$

$$\phi_2(u_2) = \begin{cases} [0.9+0.2\sin(u_2)](u_2 - u_{20+}) & (u_2 > u_{20+}) \\ 0 & (-u_{20-} \leqslant u_2 \leqslant u_{20+}) \\ [0.9+0.2\sin(u_2)](u_2 + u_{20-}) & (u_2 < -u_{20-}) \end{cases} \quad (7-23)$$

$$\phi_3(u_3) = \begin{cases} [0.9+0.3\sin(u_3)](u_3 - u_{30+}) & (u_3 > u_{30+}) \\ 0 & (-u_{30-} \leqslant u_3 \leqslant u_{30+}) \\ [0.9+0.3\sin(u_3)](u_3 + u_{30-}) & (u_3 < -u_{30-}) \end{cases} \quad (7-24)$$

由式（7－22）、式（7－23）和式（7－24）可知 $\alpha_{11} = 0.7$，$\alpha_{21} = 0.7$，$\alpha_{31} = 0.6$。选取 $\beta = 1.01$，$u_{10-} = u_{10+} = 1$，$u_{20-} = u_{20+} = 2$，$u_{30-} = u_{30+} = 3$，上述参数满足定理 7－1 的要求。

反同步过程的模拟结果如图 7－2～图 7－4 所示。由图 7－2 可以看出，系统（7－17）和系统（7－18）的状态变量 x_1—y_1，x_2—y_2 和 x_3—y_3 均处于相图的反对角线上，这说明系统（7－17）和系统（7－18）达到了反同步。由误差效果图 7－3 可以看出，误差 e_1、e_2 和 e_3 很快分别稳定在零点上。由图 7－4 可以看出，系统（7－17）和系统（7－18）的相空间中轨迹在二维平面的投影是反对称的，这也说明此时两者已达到了反同步。

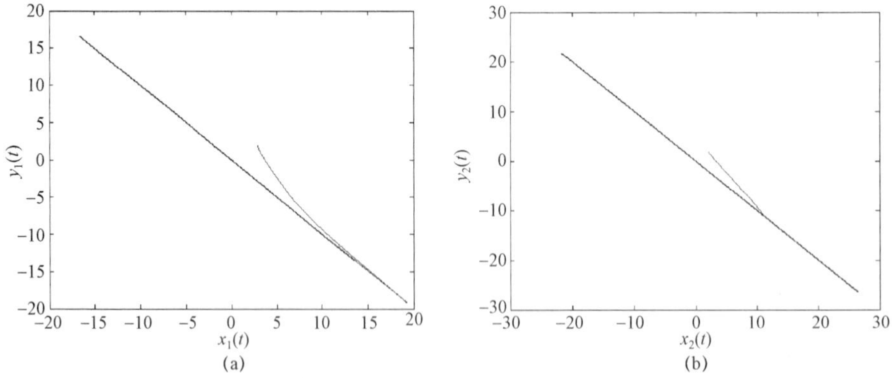

图 7－2　系统（7－17）和系统（7－18）的状态变量反同步图

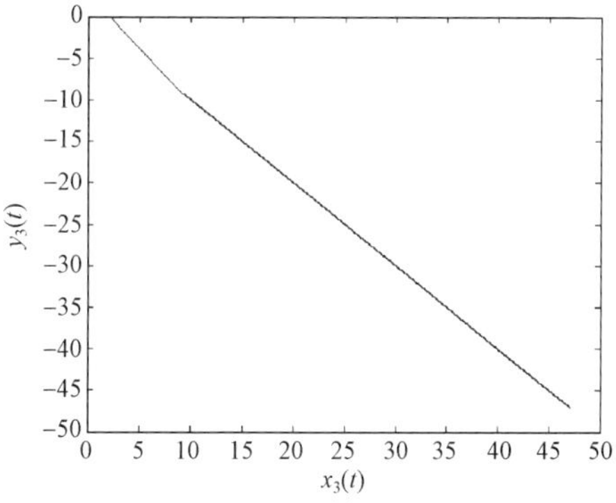

(c)

图 7-2　系统（7-17）和系统（7-18）的状态变量反同步图（续）

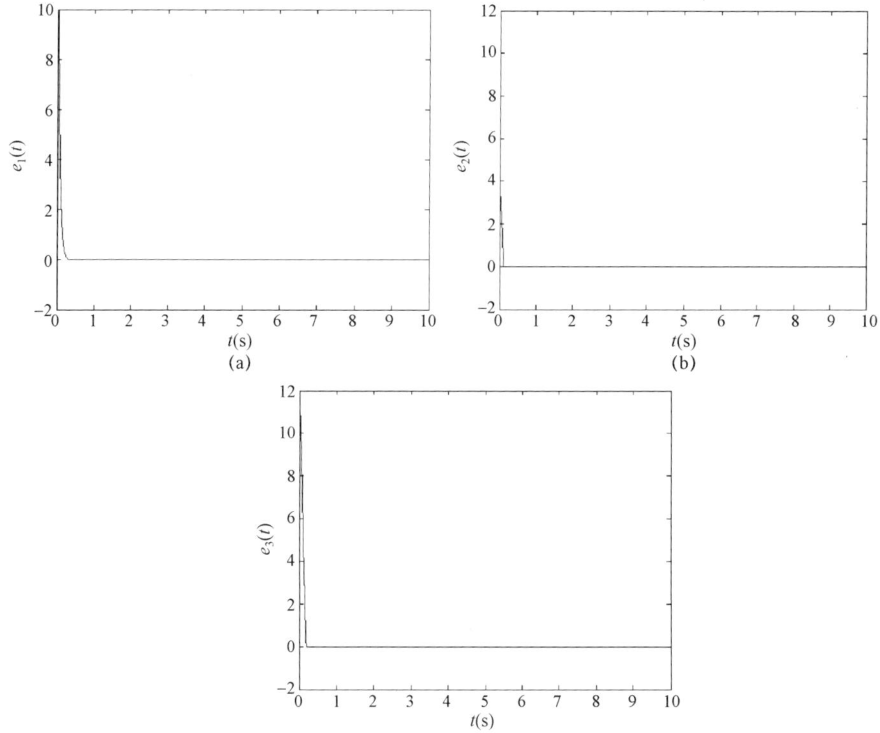

(a)　(b)　(c)

图 7-3　系统（7-17）和系统（7-18）的反同步误差曲线图

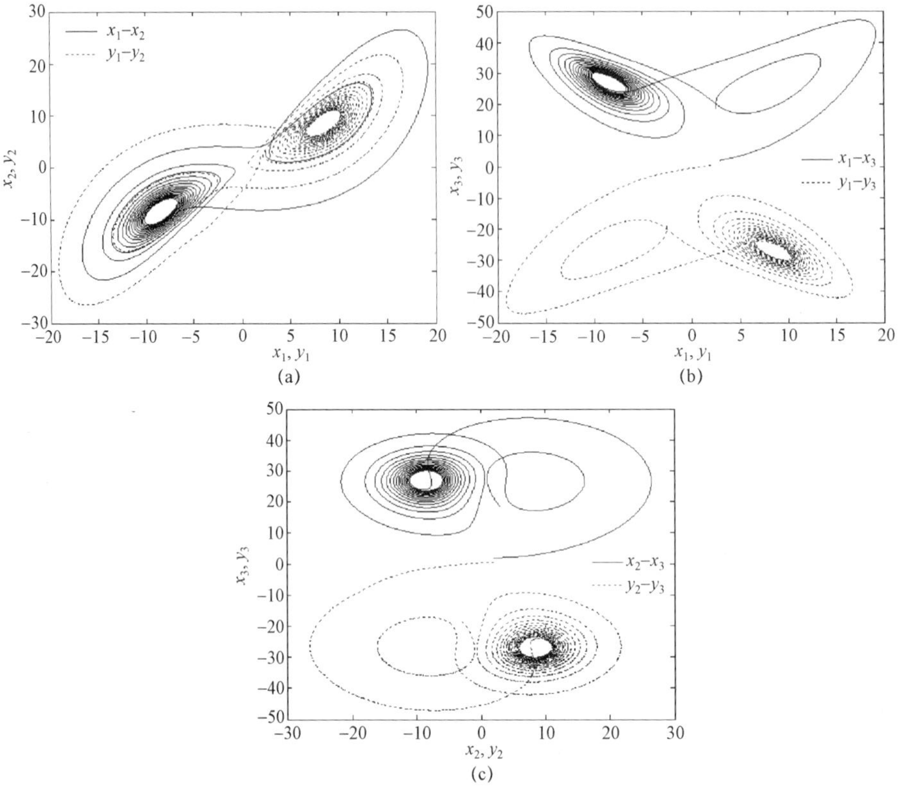

图 7－4　系统（7－17）和系统（7－18）的相轨迹在二维平面的投影

7.4　本 章 小 结

本章研究了在噪声干扰条件下，一类具有多扇区、死区非线性输入的不确定混沌系统的反同步问题。用滑模控制方法和极点配置技术，设计了滑模面和控制器，从理论上证明了该控制器对上述混沌系统的有效性。数值模拟进一步验证了所提出的反同步方法的有效性，而且还证实了该方法可使驱动系统和响应系统迅速反同步，且不受多扇区、死区输入、不确定项和外部噪声的影响，具有很强的鲁棒性。

第 8 章

一个 3 维自治混沌系统的反控制

与混沌相比，超混沌系统具有两个或两个以上的正 Lyapunov 指数，相轨迹在更多方向上分离，其动力学行为更为复杂。近年来，超混沌在非线性电路[257]、保密通信[258]、激光系统[259]、控制和同步[260-262]等领域得到了广泛的应用。由于超混沌在技术应用方面的巨大潜力，产生超混沌，尤其是从一个混沌的而非超混沌系统中通过反馈控制技术来产生超混沌，即混沌系统的反控制，已经成为一个研究热点[263-266]。一些学者在著名的 3 维自治混沌系统（Chen 系统、Lü 系统、广义的 Lorenz 系统）和统一混沌系统基础上产生了 4 维超混沌系统[263-266]。然而由于超混沌的动力学行为比较复杂，而且缺乏统一的理论基础，产生超混沌系统仍然是一项比较有挑战的研究。本节通过引入一个非线性控制器驱动一个 3 维自治混沌系统[267]来产生一个新的超混沌系统。不仅用 Lyapunov 指数谱、分岔分析和相图分析了这个新系统的动力学行为，而且设计了这个系统的电路，通过 Multisim 软件进行了实验模拟。Multisim 的模拟结果与数值模拟的结果完全一致。针对这个 3 维自治混沌系统，关于怎样构建控制项来产生超混沌，给出了一种设计方法，并进行了实例论证。

8.1 通过 3 维系统的反控制获得新的超混沌系统

Qi 等提出了一个新的三维自治混沌系统[153]，它被表示为

$$\begin{cases} \dot{x} = a(y - x) + yz \\ \dot{y} = cx - y - xz \\ \dot{z} = xy - bz \end{cases} \tag{8-1}$$

式中，x、y、z 是系统的状态变量；a、b、c 是系统的参数。当 $a = 35$、$b = 8/3$、$c = 55$ 时，系统（8-1）是混沌的，具有正的 Lyapunov 指数。相应的混沌吸引

子如图 8-1 所示。

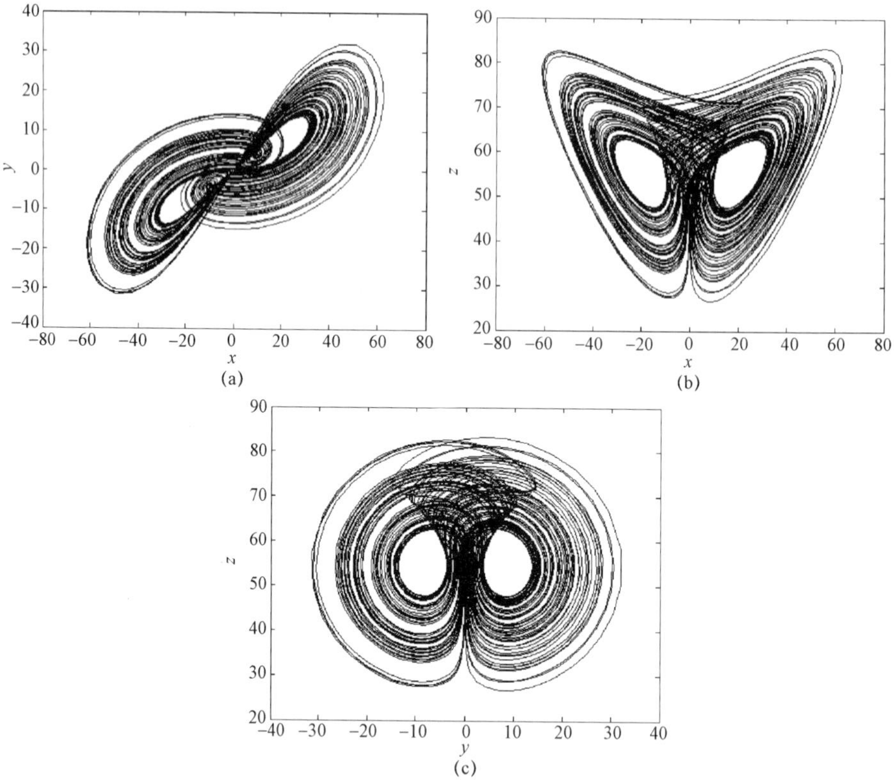

图 8-1　系统（8-1）混沌吸引子在各平面上的投影

为了获得超混沌系统，有如下两个基本要求：

1）包含超混沌吸引子的相空间至少是 4 维，并且系统具有耗散结构。

2）系统中引起不稳定因素的方程的数目至少是两个，其中至少有一个包含非线性项。

现在引入一个简单的动态反馈控制项 w 到系统（8-1）的第二个方程中，获得一个新的动力学系统，如下：

$$\begin{cases}\dot{x}=a(y-x)+yz\\ \dot{y}=cx-y-xz+w\\ \dot{z}=xy-bz\\ \dot{w}=-xz+rw\end{cases} \tag{8-2}$$

式中，r 是控制参数，它的取值决定着系统（8-2）的动力学行为，例如，系统

（8－2）表现为混沌或分岔等性质。很明显，系统（8－2）是一个 4 维的动力学系统，包含四个 Lyapunov 指数。如下将证实这个新的系统随着控制参数 r 的合适取值将表现为超混沌的。

为了保证系统（8－2）是耗散的，必须满足如下要求：

$$\nabla V=\frac{\partial\dot{x}}{\partial x}+\frac{\partial\dot{y}}{\partial y}+\frac{\partial\dot{z}}{\partial z}+\frac{\partial\dot{w}}{\partial w}=-a-1-b+r=r-38.667<0 \qquad (8-3)$$

经过计算，控制参数 r 的理论上的最大值是 38.667。按照 Ramasubramanian 等人提出的方法[268]，在零附近选取 r 的值，以至于以上的耗散结构能够很好地保持。当 $r=1.3$ 时，获得的系统（8－2）的四个 Lyapunov 指数分别为：$\lambda_2=0.218\,2$、$\lambda_2=0.531\,8$、$\lambda_3=0$、$\lambda_4=-41.363\,5$。显然，这时系统（8－2）是超混沌的。它的超混沌吸引子在各个相平面上的投影如图 8－2 所示。

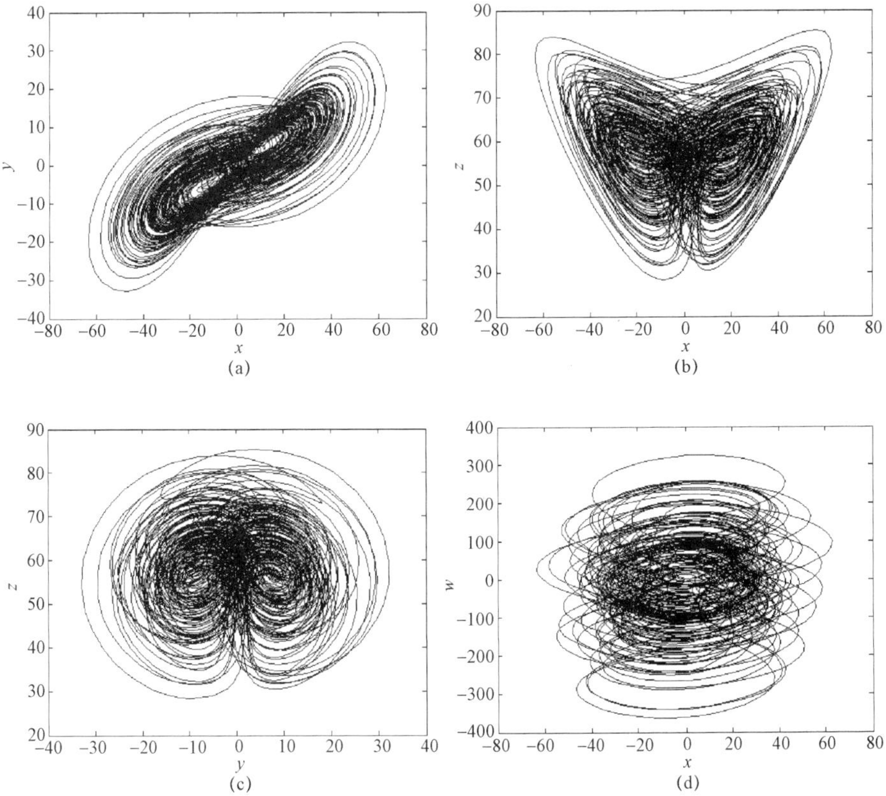

图 8－2　当 $r=1.3$ 时，系统（8－2）混沌吸引子在各平面上的投影

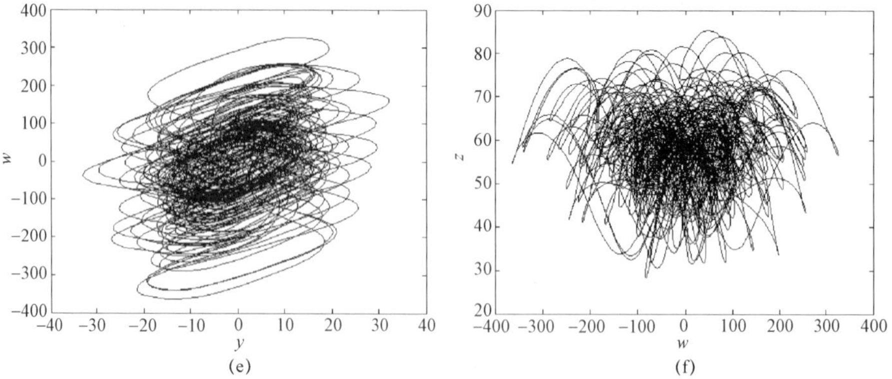

图 8-2　当 $r=1.3$ 时，系统（8-2）混沌吸引子在各平面上的投影（续）

8.2　分 岔 分 析

迄今为止，由于对有目的地设计一个超混沌系统缺乏系统的方法，如下的研究完全依赖于算术分析和数值模拟相结合。随着参数 r 的变化，对系统（8-2）进行了数值模拟，对系统（8-2）的混沌吸引子和分岔行为进行了分析和总结。设系统（8-2）的四个 Lyapunov 指数分别为 λ_1、λ_2、λ_3 和 λ_4，则有

1）当 $\lambda_1<0$、$\lambda_2<0$、$\lambda_3<0$、$\lambda_4=0$ 时，系统（8-2）表现为周期的。

2）当 $\lambda_1>0$、$\lambda_2<0$、$\lambda_3<0$、$\lambda_4=0$ 时，系统（8-2）是混沌的。

3）当 $\lambda_1>0$、$\lambda_2>0$、$\lambda_3<0$、$\lambda_4=0$ 时，系统（8-2）是超混沌的。

系统（8-2）关于 r 的分岔图如图 8-3 所示。X_{max} 表示在每个不稳定周期（或稳定周期）中 x 的峰值，当系统（8-2）做周期运动时，对应同一个 r 值，X_{max}

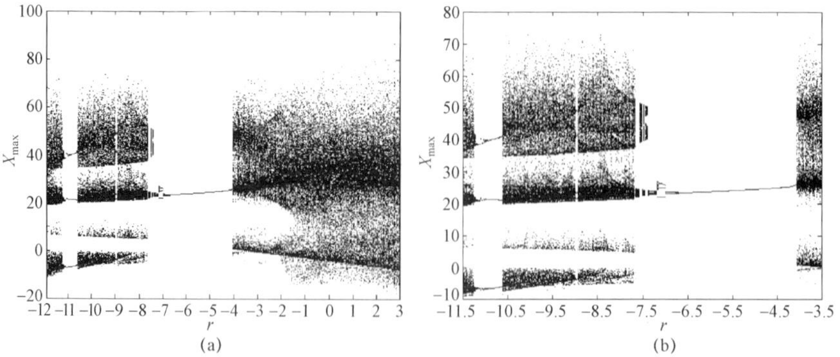

图 8-3　系统（8-2）的分岔图

（a）$-12\leqslant r\leqslant 3$；（b）$-11.5\leqslant r\leqslant -3.5$

只能取到一个或有限几个值；而系统（8–2）做混沌运动时，对应同一个 r 值，X_{max} 能取到无数个值。

按照 Ramasubramanian 等提出的计算方法[268]，计算了系统（8–2）的 Lyapunov 指数谱，如图 8–4 所示。

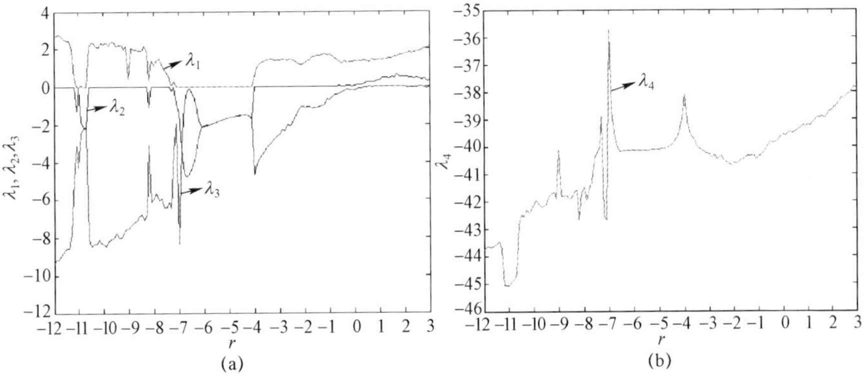

图 8–4　当 $-12 \leqslant r \leqslant 3$ 时，系统（8–2）的 Lyapunov 指数谱

随着参数 r 的取值，系统（8–2）的一些典型的 Lyapunov 指数如表 8–1 所示。系统（8–2）的相图如图 8–5 所示。随着参数 r 的取值，系统（8–2）的稳定性总结如下：

表 8–1　参数 r 取不同值时，系统（8–2）的状态表

r	λ_{1-4}				状态
1.5	1.494 4	0.501 2	0.000 0	38.926 4	超混沌
−11.5	2.426 1	0.000 0	−8.751 0	−43.548 1	混沌
−7.19	0.000 0	−2.129 8	−2.180 7	−44.024 8	周期
−6.0	0.000 0	−2.079 8	−2.095 0	−40.139 1	周期

1）当 $-11.19 < r \leqslant -10.64$，或 $-7.19 \leqslant r \leqslant -4.05$ 时，满足 $\lambda_1 < 0$，$\lambda_2 < 0$，$\lambda_3 < 0$，$\lambda_4 = 0$，系统（8–2）表现为周期行为。

2）当 $-12 \leqslant r \leqslant -11.19$，$-10.64 < r < -7.35$，$-7.21 < r < -7.19$ 或 $-4.05 < r \leqslant 0.41$，满足 $\lambda_1 > 0$，$\lambda_2 < 0$，$\lambda_3 < 0$，$\lambda_4 = 0$，系统（8–2）是混沌的。

3）当 $0.41 < r \leqslant 3$ 时，满足 $\lambda_1 > 0$，$\lambda_2 > 0$，$\lambda_3 < 0$，$\lambda_4 = 0$，系统（8–2）是超混沌的。

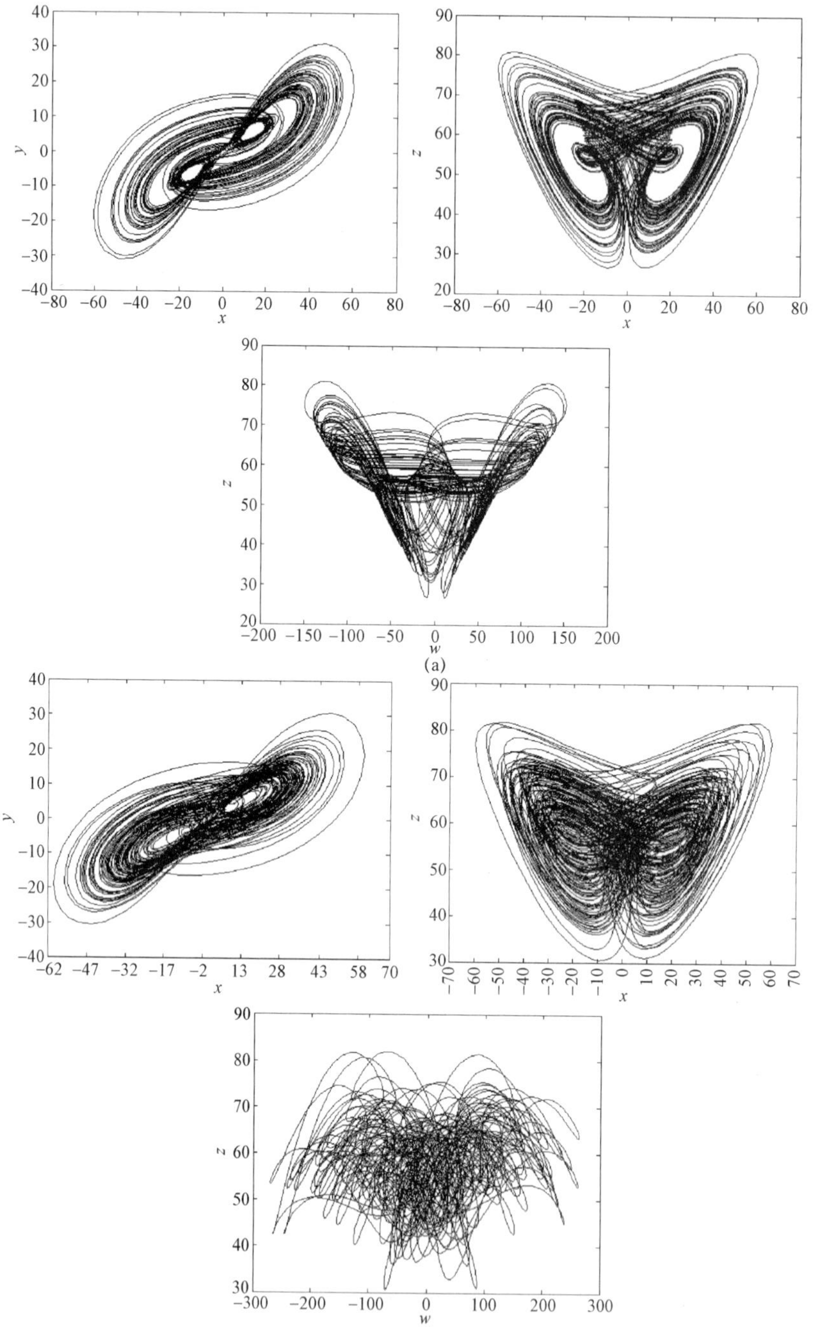

图 8-5　当 r 取不同值时，系统（8-2）的相图

（a）当 $r=-11.5$ 时，系统（8-2）混沌吸引子在部分平面上的投影；

（b）当 $r=1.5$ 时，系统（8-2）超混沌吸引子在部分平面上的投影

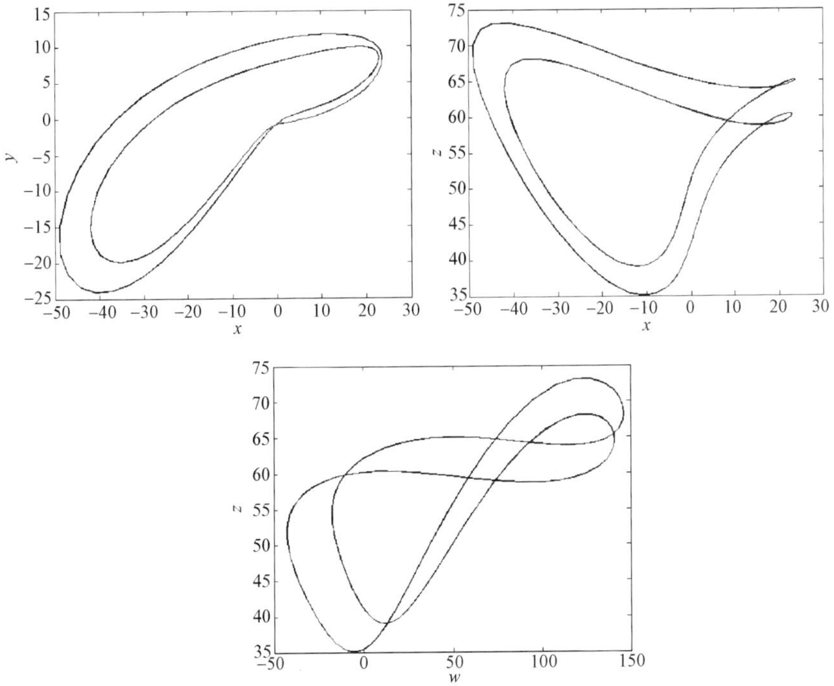

(c)

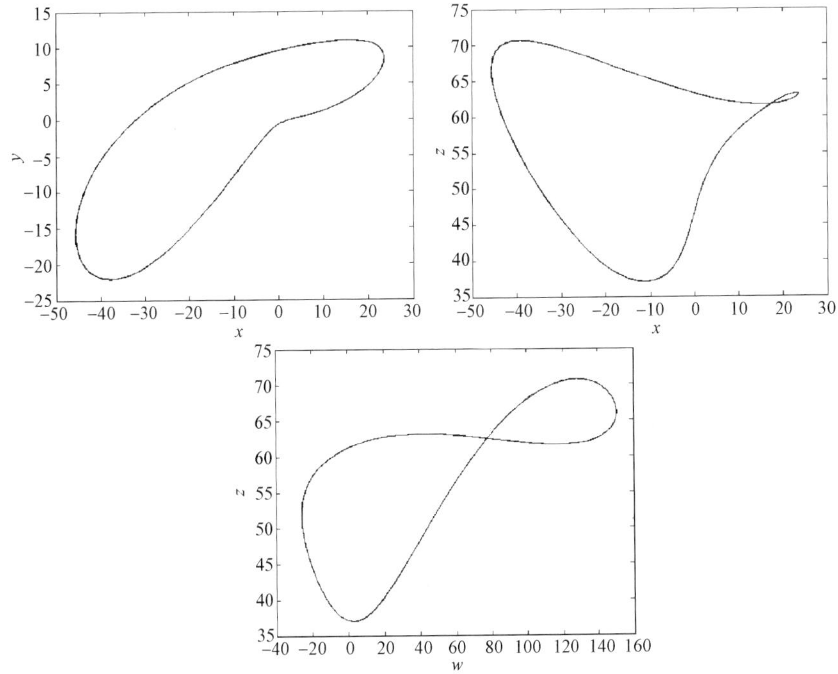

(d)

图 8－5　当 r 取不同值时，系统（8－2）的相图（续）

（c）当 $r=-7.19$ 时，系统（8－2）在部分平面上的投影；（d）当 $r=-6$ 时，系统（8－2）在部分平面上的投影

8.3 超混沌系统的电路设计

考虑到实际的电子器件承受电压的能力，设置

$$x = 10x',\quad y = 10y',\quad z = 10z',\quad w = 10w' \tag{8-4}$$

因为系统变量的取代并不影响系统的状态和属性，进行如下替换：

$$x = x',\quad y = y',\quad z = z',\quad w = w' \tag{8-5}$$

那么在新的坐标系统中，超混沌系统（8-2）可以表示成如下形式：

$$\begin{cases} \dot{x} = a(y-x) + 10yz \\ \dot{y} = cx - y - 10xz + w \\ \dot{z} = 10xy - bz \\ \dot{w} = -10xz + rw \end{cases} \tag{8-6}$$

系统（8-6）的电路图的设计如图 8-6 所示。在图 8-6 中，C_1、C_2、C_3、C_4 两端的电压分别代表变量 x、y、z 和 w。运算放大器及其组合电路执行加、减和积分基本操作。系统（8-6）的非线性项用模拟乘法器来实现。相应的电路方程能够描述如下：

$$\begin{cases} \dot{x} = \dfrac{R_4}{R_1R_5C_1}y - \dfrac{R_4R_7}{R_3R_6R_5C_1}x + \dfrac{R_4}{R_2R_5C_1}yz \\ \dot{y} = \dfrac{R_{11}}{R_8R_{12}C_2}x - \dfrac{R_{11}R_{14}}{R_{15}R_{13}R_{12}C_2}y - \dfrac{R_{11}R_7}{R_9R_6R_{12}C_2}xz + \dfrac{R_{11}}{R_{10}R_{12}C_2}w \\ \dot{z} = \dfrac{R_{18}}{R_{16}R_{19}C_3}xy - \dfrac{R_{18}R_{21}}{R_{17}R_{20}R_{19}C_3}z \\ \dot{w} = -\dfrac{R_{23}R_7}{R_{22}R_6R_{24}C_4}xz + \left(\dfrac{R_{23}}{R_{27}R_{24}C_4} - \dfrac{R_{23}R_{26}}{R_{28}R_{25}R_{24}C_4}\right)w \end{cases} \tag{8-7}$$

设定各个器件的参数值为：$R_1 = R_3 = 4\ \text{k}\Omega$，$R_2 = R_4 = 14\ \text{k}\Omega$，$R_5 = R_{12} = R_{19} = R_{24} = 100\ \text{k}\Omega$，$R_6 = R_7 = 10\ \text{k}\Omega$，$R_8 = 4\ \text{k}\Omega$，$R_{10} = 220\ \text{k}\Omega$，$R_9 = R_{11} = 22\ \text{k}\Omega$，$R_{13} = 20\ \text{k}\Omega$，$R_{14} = 10\ \text{k}\Omega$，$R_{15} = 110\ \text{k}\Omega$，$R_{16} = R_{17} = R_{18} = 10\ \text{k}\Omega$，$R_{20} = 60\ \text{k}\Omega$，$R_{21} = 16\ \text{k}\Omega$，$R_{22} = R_{23} = R_{25} = R_{26} = 10\ \text{k}\Omega$，$R_{27} = 25\ \text{k}\Omega$，$C_1 = C_2 = C_3 = C_4 = 1\ \mu\text{F}$。系统（8-6）中参数 r 的变化通过调整电阻 R_{28} 的值来实现，并且遵循如下的关系式：

$$r = \frac{R_{23}}{R_{27}R_{24}C_4} - \frac{R_{23}R_{26}}{R_{28}R_{25}R_{24}C_4} = 4 - \frac{100}{R_{28}},\quad (6.25\ \text{k}\Omega \leqslant R_{28} \leqslant 100\ \text{k}\Omega) \tag{8-8}$$

因此，电路方程（8-7）和系统（8-6）在参数 $a = 35$、$b = 8/3$、$c = 55$、$-12 \leqslant r \leqslant 3$ 时，是等价的。

利用 Multisim 7.0，对系统（8–6）进行了电路模拟观察，如图 8–7～图 8–10 所示。从图 8–6～图 8–10 可以看出，通过简单地调整电阻 R_{28} 的值，就可以获得混沌、超混沌和不同的周期行为。与图 8–5（a）～图 8–5（d）相对照，通过 Multisim 软件的电路模拟结果与 Matlab 数值模拟结果完全吻合。

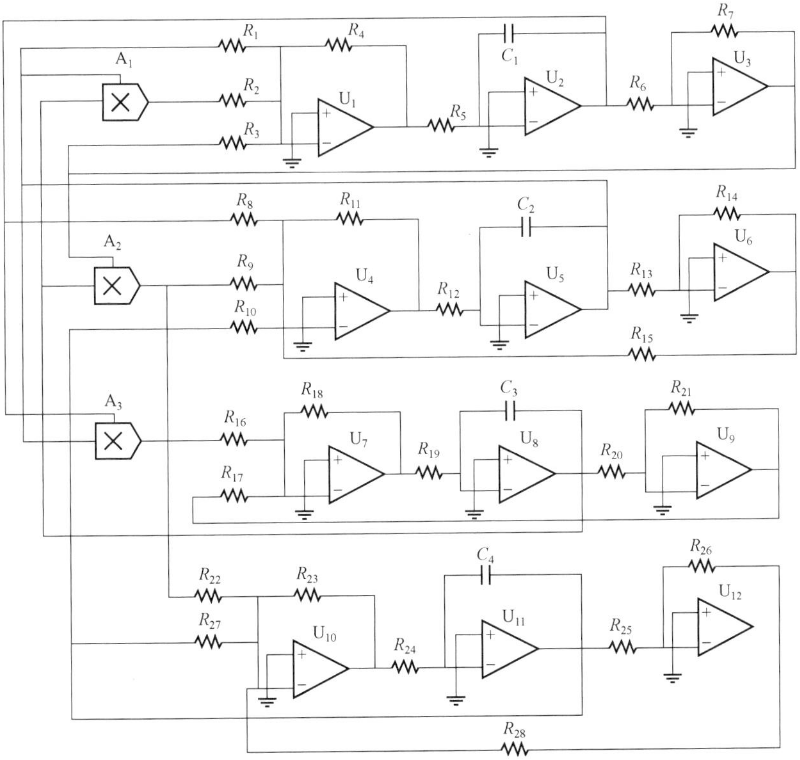

图 8–6　系统（8–6）的电路图

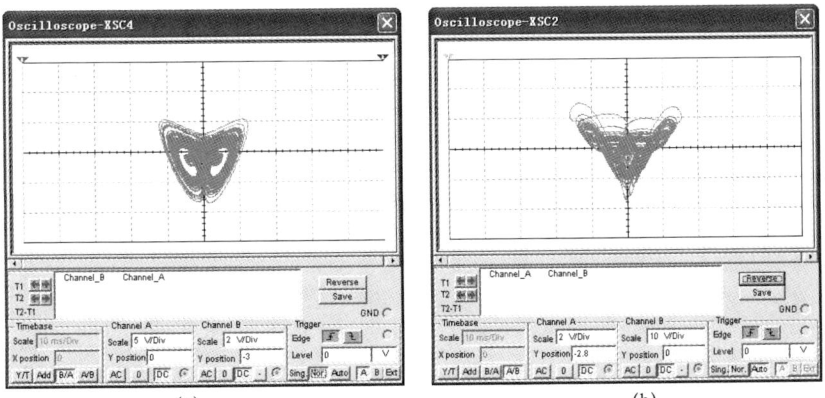

（a）　　（b）

图 8–7　系统（8–6）的仿真观察结果（R_{28}=6.451 61 kΩ，即 r=–11.5）

（a）x–z 平面；（b）w–z 平面

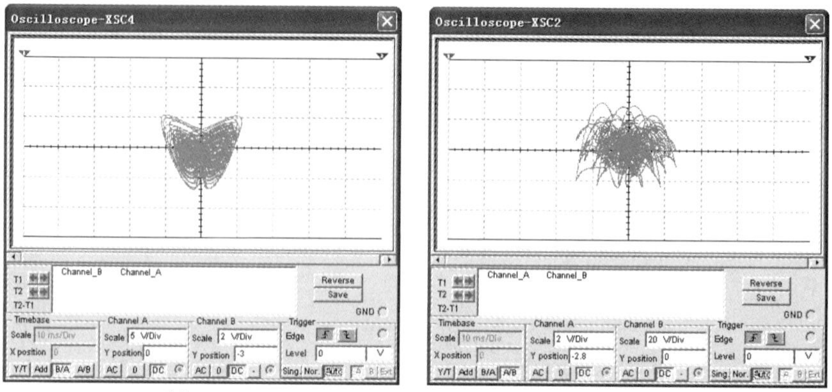

(a) (b)

图 8-8　系统（8-6）的仿真观察结果（$R_{28}=40\ \text{k}\Omega$，即 $r=1.5$）

（a）$x-z$ 平面；（b）$w-z$ 平面

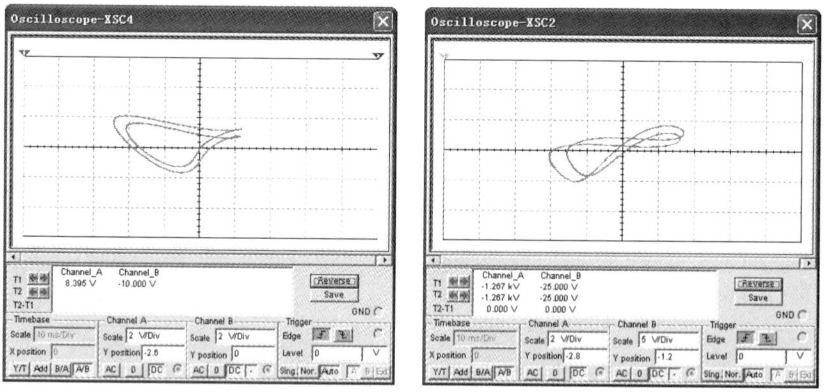

(a) (b)

图 8-9　系统（8-6）的仿真观察结果（$R_{28}=6.451\ 61\ \text{k}\Omega$，即 $r=-7.9$）

（a）$x-z$ 平面；（b）$w-z$ 平面

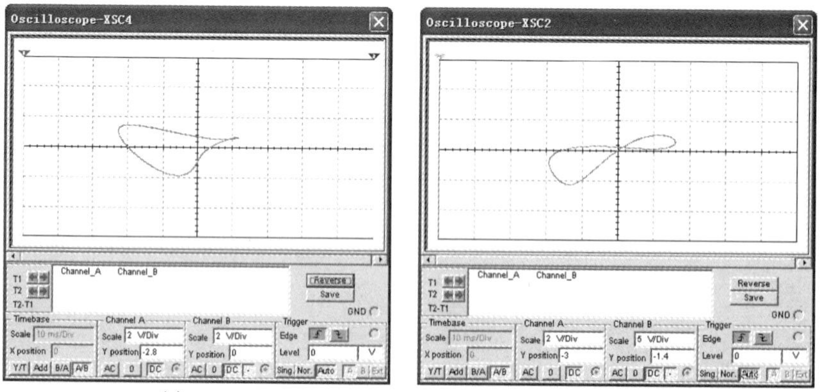

(a) (b)

图 8-10　系统（8-6）的仿真观察结果（$R_{28}=10\ \text{k}\Omega$，即 $r=-6$）

（a）$x-z$ 平面；（b）$w-z$ 平面

8.4 讨　　论

由于超混沌系统复杂的动力学行为和缺乏基本的理论指导，从 3 维自治混沌系统来构建一个新的超混沌系统是一项非常有挑战的工作。目前通常是，先引入一个附加的控制项来构成一个 4 维自治系统。然后通过算术分析和数值模拟相结合的方法来证实 4 维系统中超混沌的动力学属性。

在本节中，利用非线性反馈控制，在系统（8－1）的基础上产生了一个新的超混沌系统。在设计的过程中，针对系统（8－1），我们摸索了怎样构建控制项以至于能够产生超混沌的方法。这个方法是，“从系统（8－1）较容易产生超混沌，如果所设计的控制项中包含这个控制项所添加到的微分方程中的项”。关于这个方法的详细解释如下。

在本节中，对于系统（8－1）进行了如下变换：

$$\begin{cases}\dot{x}=a(y-x)+yz\\ \dot{y}=cx-y-xz\\ \dot{z}=xy-bz\end{cases} \Rightarrow \begin{cases}\dot{x}=a(y-x)+yz\\ \dot{y}=cx-y-xz+w\\ \dot{z}=xy-bz\\ \dot{w}=-xz+rw\end{cases} \tag{8-9}$$

在以上的变换中，控制项 w 添加到了第二个微分方程上，其形式为 $\dot{w}=-xz+rw$。可以看出控制项中包含项 xz，而 xz 也是第二个微分方程中的项。

按照以上构建控制项的方法，在系统（8－1）的基础上，我们设计了另外两个控制项 w_1 和 w_2，相应地获得了两个新的超混沌系统如下：

$$\begin{cases}\dot{x}=a(y-x)+yz\\ \dot{y}=cx-y-xz+w_1\\ \dot{z}=xy-bz\\ \dot{w}_1=-63x+r_1w_1\end{cases} \tag{8-10}$$

和

$$\begin{cases}\dot{x}=a(y-x)+yz\\ \dot{y}=cx-y-xz+w_2\\ \dot{z}=xy-bz\\ \dot{w}_2=-x-xz+r_2w_2\end{cases} \tag{8-11}$$

从系统（8－10）和系统（8－11）可以看出，控制项 w_1 和 w_2 均被添加到第二个微分方程上。控制项 w_1 包含系统（8－10）中第二个微分方程中的 x 项，而 w_2 包含系统（8－11）中第二微分方程中的 x 项和 xz 项。按照 Ramasubramanian 等人提出的计算方法[268]，分别计算了这两个新系统的 Lyapunov 指数谱。得到，当 $-0.7 < r_1 \leqslant 1.8$ 时，满足 $\lambda_1 > 0$，$\lambda_2 > 0$，$\lambda_3 < 0$ 和 $\lambda_4 = 0$，系统（8－10）是超混沌的；当 $0.5 < r_2 \leqslant 3.4$ 时，系统（8－11）是超混沌的。

另外，这种构建控制项的方法在文献[263,264,269–271]中也均有体现。对于这种方法，目前还不能从理论上进行证明或解释。但是它有可能对构建控制项的规则的形成和完善起到启发作用。我们将对从 3 维自治混沌系统产生超混沌的控制项设计进行进一步的研究。

8.5 本章小结

本节提出了一个新的 4 维超混沌系统，利用 Lyapunov 指数谱和分岔图，对其复杂的动力学行为进行了详细的研究，发现这个新系统可以表现出周期、混沌和超混沌行为。并且设计了这个新系统的电路，通过 Multisim 软件进行了实验模拟。Multisim 的模拟结果与数值模拟的结果完全一致。针对系统（8－1），关于怎样构建控制项来产生超混沌，给出了一种设计方法，并进行了实例论证。既然超混沌系统比普通的混沌系统有比较复杂的动力学行为，相信这个新系统在各种基于混沌的信息系统中有比较宽广的应用。

第 9 章

分数阶混沌系统的反控制及其在彩色图像加密中的应用

如何使非线性系统变成混沌系统或增强混沌系统的混沌特性，即对混沌系统的反控制的研究已成为非常热门的研究课题[158–163]。Chen 和 Lai[272]提出了一种反馈控制设计方法，使离散时间动力学系统的所有 Lyapunov 指数完全变为正的。在文献［70，273］中，基于延时反馈，开发了一种方法来实现连续混沌系统的反控制。Li 和同事提出了一种简单的参数扰动控制技术，将统一混沌系统驱动为超混沌[266]。在文献［274］中，一种状态反馈控制方法用于设计具有分段非线性的超混沌 Chua 系统。在文献［275，276］中，提出了一种系统的方法来构造具有多个正 Lyapunov 指数的连续时间自治超混沌系统，并实现了 6 维超混沌电路。

在上述工作中，反控制的动力系统都是具有整数阶的混沌系统。但是，与整数阶混沌系统相比，分数阶系统具有更高的非线性度。此外，在基于混沌系统的加密算法中，分数阶数可以用作密钥。同时，由于高维混沌系统具有多个正 Lyapunov 指数和控制参数，因此它可以显示更复杂的动力学行为。因此，分数阶超混沌系统的研究引起了许多学者的兴趣[262,277–287]。一些新的高维分数阶混沌系统已经被提出并进行了研究，包括动态分析[277–280]、控制[262,281]、同步[282,283]、电路实现[284]以及在信息加密中的应用等[285–287]。但是，这些分数阶超混沌系统是通过直接修改整数阶超混沌系统的阶数获得的，而不是从分数阶系统的反控制中获得的。

受以上讨论的启发，本章基于线性反馈和非线性反馈，直接将 3 维分数阶混沌系统分别驱动成两个新的 4 维分数阶超混沌系统，而无须更改参数和分数阶。我们提出了分数阶混沌系统反控制的必要条件，并计算了新的分数阶超混沌动力系统的 Lyapunov 指数和分叉图。此外，基于这两个分数阶超混沌系统，设计了一种彩色图像加密算法。安全分析验证了这两个分数阶超混沌系统对于图像加密是有效的。

9.1 问 题 描 述

Qi 和他的同事[267]提出了一种 3 维自治混沌系统，其动力学方程描述如下：

$$\begin{cases}\dot{x}=a(y-x)+yz\\ \dot{y}=cx-y-xz\\ \dot{z}=xy-bz\end{cases} \tag{9-1}$$

式中，x、y、z 是状态变量。当参数 $a=35$、$b=8/3$、$c=55$ 时，系统（9-1）表现出混沌行为。系统（9-1）的分数阶方程可以表示为：

$$\begin{cases}\dfrac{\mathrm{d}^{q_1}x}{\mathrm{d}t^{q_1}}=a(y-x)+yz\\ \dfrac{\mathrm{d}^{q_2}y}{\mathrm{d}t^{q_2}}=cx-y-xz\\ \dfrac{\mathrm{d}^{q_3}z}{\mathrm{d}t^{q_3}}=xy-bz\end{cases} \tag{9-2}$$

在这里，$q_i(0<q_i\leqslant 1\ (i=1,2,3))$ 是分数阶，根据 Wolf [20]提出的算法，我们计算了分数阶系统（9-2）的最大 Lyapunov 指数。当 $q_1=q_2=q_3=0.96$ 时，系统（9-2）表现出混沌行为，具有最大 Lyapunov 指数 2.168。本章分数阶系统的数值模拟都是根据 Caputo 导数进行的，关于 Caputo 导数定义的更详细的介绍可以在文献［207］中看到。

在下文中，分数阶混沌系统（9-2）分别被控制成两个新的 4 维分数阶超混沌系统，而不改变系统参数和分数阶的值，即 $a=35$，$b=8/3$，$c=55$，并且 $q_1=q_2=q_3=0.96$。

9.2 新的分数阶超混沌系统

关于分数阶混沌系统的反控制，我们给出以下两个必要条件：

1）新的动力系统必须是耗散的。

2）新的分数阶系统的所有平衡点都是不稳定的。

分数阶系统在平衡点零时的稳定和不稳定区域划分如图 9-1 所示。根据分数阶系统的稳定性理论[211]，可以证明对于 n 维分数阶系统，如果所有平衡点的雅可比矩阵的特征值（$\lambda_1,\lambda_2,\cdots,\lambda_n$）满足：

$$|\arg(\lambda_i)| > \alpha\pi/2,\ \alpha=\max(q_1,q_2,\cdots,q_n)\,(i=1,2,\cdots,n) \tag{9-3}$$

那么分数阶系统在平衡点处是渐近稳定的。从图 9-1 可以看出，对于分数阶系统，只要有一个稳定的平衡点，它就会稳定在这一点上。只有当没有稳定的平衡点时，它才处于混沌状态。并且，具有混沌特性的动力学系统必须是耗散的。因此，可以获得上述必要条件。

接下来，我们分析分数阶系统(9-2)的动力学行为。我们可以计算出系统(9-2)具有三个平衡点 $S_0(-19.3091,-7.5418,54.6094)$， $S_1(19.3091,7.5418,54.6094)$ 和 $S_2(0,0,0)$。

对于平衡点 $S_0(-19.3091,-7.5418,54.6094)$，可以计算出雅可比矩阵的特征值是 $\lambda_1=-43.0978$， $\lambda_2=2.2156+24.4545i$ 和 $\lambda_3=2.2156-24.4545i$。进一步，可以获得 $\arg(\lambda_1)=\pi$， $\arg(\lambda_2)=1.4797$ 和 $\arg(\lambda_3)=-1.4797$。根据公式（9-3），当 $q_i > 0.9420(1.4797\times2/\pi)$， $i=1,2,3$ 时， $S_0(-19.3091,-7.5418,54.6094)$ 为不稳定平衡点。以同样的方式可以得到，当 $q_i > 0.9420(1.4797\times2/\pi)$, $i=1,2,3$ 时，平衡点 $S_1(19.3091,7.5418,54.6094)$ 和 $S_2(0,0,0)$ 都是不稳定的。

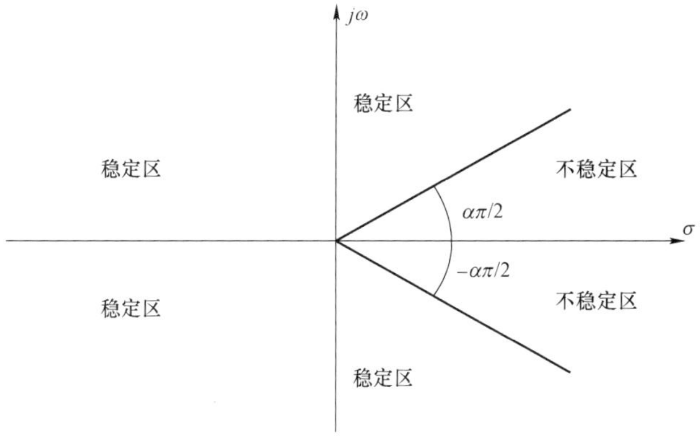

图 9-1　分数阶系统的稳定区域

综上所述，当 $q_i > 0.9420$, $i=1,2,3$ 时， S_0、S_1 和 S_2 均为系统（9-2）的不稳定平衡点。因此，系统(9-2)要想具有混沌特性，它的分数阶值必须在 0.9420 和 1 之间。最后，我们选择 0.96 为系统（9-2）的分数阶。

9.2.1　通过线性反馈获得新系统

为了便于表达，将系统（9-2）的变量替换为 $x_i(i=1,\cdots,3)$。在参数和分数阶相同的情况下，通过将线性反馈控制项 $\frac{d^{q_4}x_4}{dt^{q_4}}=-63x_2+r_1x_4$ 引入到系统（9－2）中，得到一个新的 4 维分数阶动力系统，如下所示：

$$\begin{cases}\frac{d^{q_1}x_1}{dt^{q_1}}=a(x_2-x_1)+x_2x_3\\ \frac{d^{q_2}x_2}{dt^{q_2}}=cx_1-x_2-x_1x_3+x_4\\ \frac{d^{q_3}x_3}{dt^{q_3}}=x_1x_2-bx_3\\ \frac{d^{q_4}x_4}{dt^{q_4}}=-63x_1+r_1x_4\end{cases}\tag{9-4}$$

这里 r_1 是控制参数，仅当控制参数满足上述反控制的必要条件时，系统（9－4）才有可能发生混沌。

为了确保系统（9－4）的耗散结构，有如下的必要条件：

$$\nabla V=\frac{\partial\dot{x}_1}{\partial x_1}+\frac{\partial\dot{x}_2}{\partial x_2}+\frac{\partial\dot{x}_3}{\partial x_3}+\frac{\partial\dot{x}_4}{\partial x_4}=-a-1-b+r_1=r_1-38.7<0\tag{9-5}$$

我们得出控制参数 r_1 的值必须小于 38.7。为了更好地使系统（9－4）保持耗散结构，我们选择接近零的值 $r_1=0.6$ 。

当 $a=35$ 、 $b=8/3$ 、 $c=55$ 和 $r_1=0.6$ 时，我们计算出系统（9－4）具有三个平衡点 $S_0(0,0,0,0)$ ， $S_1(0.048\,7,0.008\,8,0.159\,8,5.114\,1)$ 和 $S_2(-0.048\,7,-0.008\,8,0.159\,8,-5.114\,1)$ 。

首先，让我们研究平衡点 $S_0(0,0,0,0)$ 是否稳定。平衡点 S_0 处系统（9－4）的雅可比矩阵如下：

$$J=\begin{pmatrix}-a & a+x_3 & x_2 & 0\\ c-x_3 & -1 & -x_1 & 1\\ x_2 & x_1 & -b & 0\\ -63 & 0 & 0 & r_1\end{pmatrix}=\begin{pmatrix}-a & a & 0 & 0\\ c & -1 & 0 & 1\\ 0 & 0 & -b & 0\\ -63 & 0 & 0 & r_1\end{pmatrix}\tag{9-6}$$

计算得出，雅可比矩阵的特征值分别为 $\lambda_1=-65.406\,8$ ， $\lambda_2=28.196\,3$ ， $\lambda_3=1.810\,5$ 和 $\lambda_4=-2.666\,7$ 。进一步，我们可以得到 $\arg(\lambda_1)=\pi$ ， $\arg(\lambda_2)=0$ ， $\arg(\lambda_3)=0$ 和 $\arg(\lambda_4)=\pi$ ，而不满足条件 $|\arg(\lambda_i)|>0.96\times\pi/2$ （ $i=1,2,\cdots,4$ ）。因此，可以得出 S_0 是不稳定平衡点。

接下来我们研究一下平衡点 $S_1(0.048\,7,0.008\,8,0.159\,8,5.114\,1)$ 。我们可以计算出雅可比矩阵的特征值是 $\lambda_1=-65.441\,6$ ， $\lambda_2=28.227\,6$ ， $\lambda_3=1.814\,0$ 和

$\lambda_4 = -2.6666$，并且可以获得 $\arg(\lambda_1) = \pi$，$\arg(\lambda_2) = 0$，$\arg(\lambda_3) = 0$ 和 $\arg(\lambda_4) = \pi$。因此，平衡点 S_1 是不稳定的。利用同样的道理，可以得到平衡点 $S_2(-0.0487, -0.0088, 0.1598, -5.1141)$ 也是不稳定的。

综上所述，当 $r_1 = 0.6$ 时，S_0、S_1 和 S_2 均为系统（9-4）的不稳定平衡点。当 $r_1 = 0.6$，$q_1 = q_2 = q_3 = q_4 = 0.96$ 时，我们得到系统（9-4）的 Lyapunov 指数为：$\lambda_1 = 1.4272$，$\lambda_2 = 0.3705$，$\lambda_3 = -0.0028$ 和 $\lambda_4 = -41.3635$。因此，证明了系统（9-4）表现出超混沌行为。超混沌吸引子在部分相平面上的投影如图 9-2 所示。

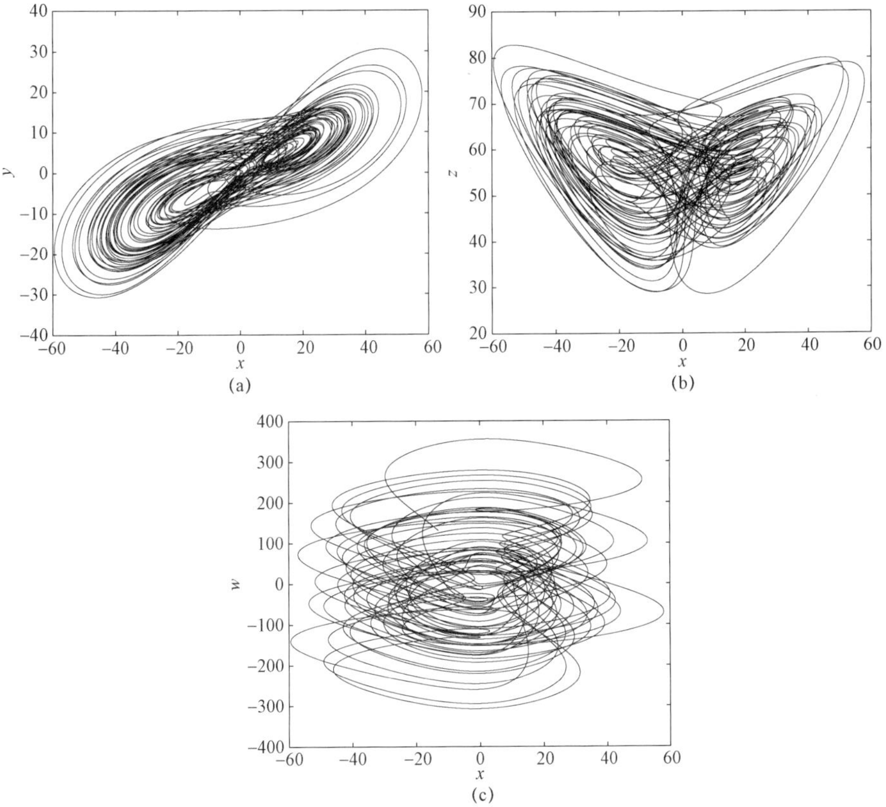

图 9-2　当 $r_1 = 0.6$ 时，系统（9-4）的吸引子的投影

根据 Ramasubramanian 等人[268]提出的方法，当 $-1.5 \leqslant r_1 \leqslant 2$ 时，我们计算了分数阶系统（9-4）的 Lyapunov 指数谱，如图 9-3（a）所示。系统（9-4）的相应分叉图如图 9-3（b）所示。从图 9-3 可以看出，当 $-1.05 \leqslant r_1 \leqslant 1.7$ 时，分数阶系统（9-4）满足条件 $\lambda_1 > 0$，$\lambda_2 > 0$，$\lambda_3 = 0$ 和 $\lambda_4 < 0$，是超混沌的。

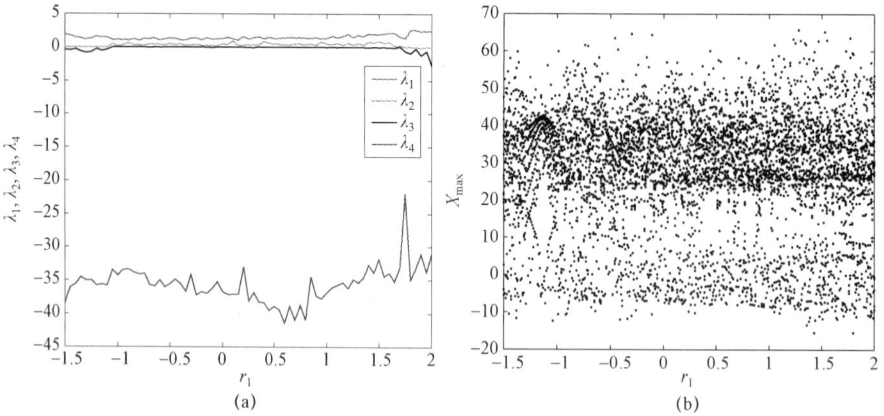

图 9－3 当 $-1.5 \leqslant r_1 \leqslant 2$ 时，系统（9－4）的 Lyapunov 指数谱和分叉图

（a）Lyapunov 指数谱（b）分叉图

9.2.2 通过非线性反馈获得新系统

将系统（9－2）的变量用 $y_i(i=1,\cdots,3)$ 来代替，并且非线性反馈控制项添加到系统（9－2）中，获得了一个新的 4 维分数阶动态系统，如下所示：

$$\begin{cases} \dfrac{\mathrm{d}^{q_1} y_1}{\mathrm{d}t^{q_1}} = a(y_2 - y_1) + y_2 y_3 \\ \dfrac{\mathrm{d}^{q_2} y_2}{\mathrm{d}t^{q_2}} = cy_1 - y_2 - y_1 y_3 + y_4 \\ \dfrac{\mathrm{d}^{q_3} y_3}{\mathrm{d}t^{q_3}} = y_1 y_2 - by_3 \\ \dfrac{\mathrm{d}^{q_4} y_4}{\mathrm{d}t^{q_4}} = -y_1 y_3 + r_2 y_4 \end{cases} \tag{9-7}$$

在这里 r_2 是控制参数，我们选择 $r_2=1.2$ 以确保系统（9－7）是耗散的。

当 $r_2=1.2$ 时，可以计算出系统（9－7）只有一个平衡点 $S_0(0,0,0,0)$。进一步，我们可以计算出 $\arg(\lambda_1)=\pi$，$\arg(\lambda_2)=0$，$\arg(\lambda_3)=\pi$ 和 $\arg(\lambda_4)=0$。所以，不满足条件 $|\arg(\lambda_i)| > 0.96\times\pi/2$。因此，$S_0$ 是不稳定的平衡点。

当 $r_2=1.2$ 和 $q_1=q_2=q_3=q_4=0.96$ 时，分数阶系统（9－7）表现出超混沌行为，具有 Lyapunov 指数 $\lambda_1=1.3551$，$\lambda_2=0.2182$，$\lambda_3=0.0039$ 和 $\lambda_4=-30.2820$。超混沌吸引子在相平面上的部分投影如图 9－4 所示。

当 $0.5 \leqslant r_2 \leqslant 2.5$ 时，根据 Ramasubramanian 方法[268]，计算出系统（9－7）的 Lyapunov 指数谱如图 9－5（a）所示，系统（9－7）的相应分叉图如图 9－5

（b）所示。从图 9－5 中可以看出，当$1.1 \leqslant r_2 \leqslant 1.95$时，系统（9－7）是超混沌的，具有两个正的、零和一个负的 Lyapunov 指数。

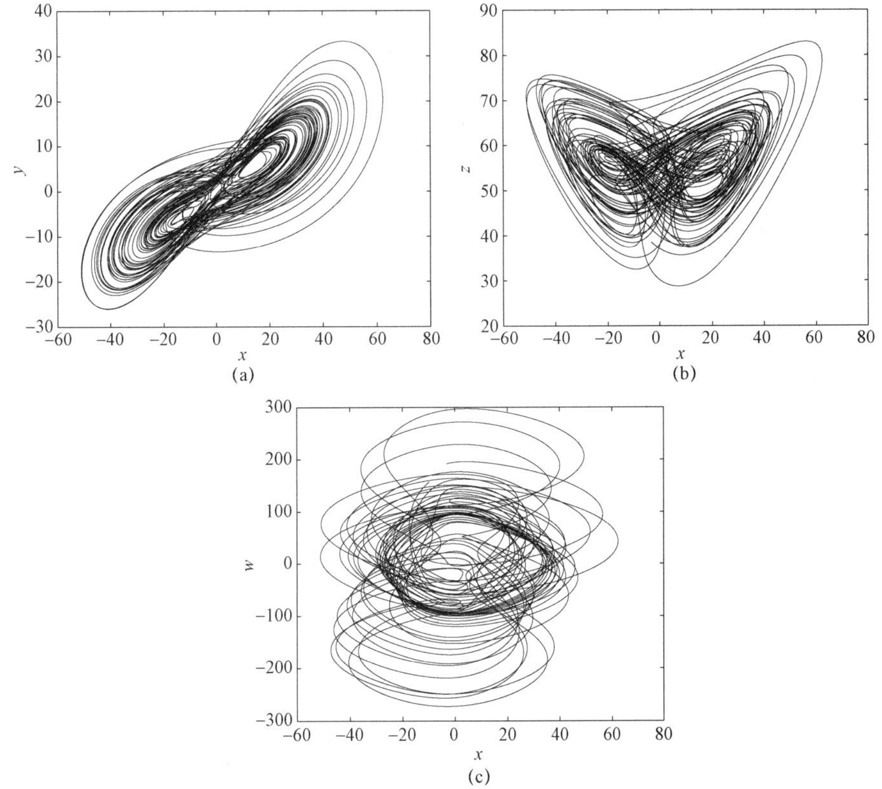

图 9－4　当$r_2 = 1.2$时，系统（9－7）的超混沌吸引子的投影

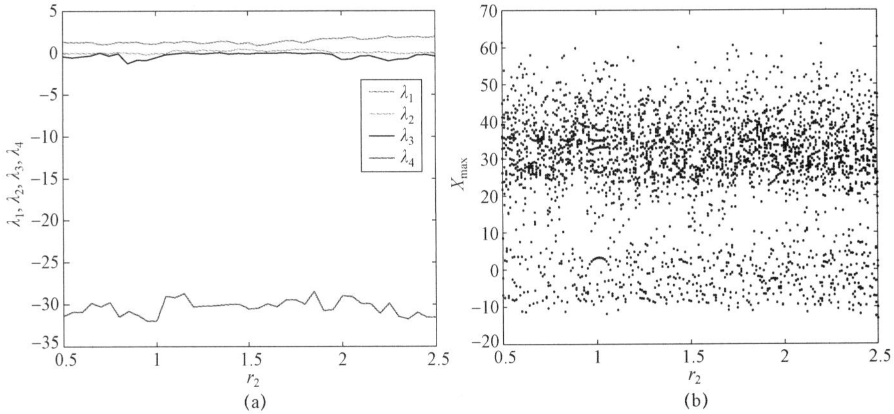

图 9－5　当$0.5 \leqslant r_2 \leqslant 2.5$时，系统（9－7）的 Lyapunov 指数谱和分叉图

（a）Lyapunov 指数谱；（b）分叉图

9.3 基于分数阶超混沌系统的图像加密

下面基于分数阶超混沌系统（9–4）和系统（9–7）设计彩色图像加密算法，并验证算法的有效性。

9.3.1 图像加密算法设计

1. 置换过程

为了破坏明文中的相邻像素的相关性，将明图像按位级别进行置换。选择 $m\times n$ 大小的彩色图像 P 作为明文图像。

步骤 1：首先，根据彩色图像的红色、绿色和蓝色分量，将明文图像 P 转换为 $m\times 3n$ 大小的灰度图像。然后，将灰度图像的每个像素转换为 8 位阵列。最后将整个明文图像 P 变换为 $m\times 24n$ 大小的二进制矩阵 P_b。

步骤 2：由分数阶超混沌系统（9–4）生成序列 $(x_1(i),x_2(i),x_3(i),x_4(i))$，系统（9–4）的初值选为 $(x_1(0),x_2(0),x_3(0),x_4(0))$。秘钥 key_h 和 key_v 由式（9–8）和式（9–9）分别产生。

$$\mathrm{key}_h(i)=\mathrm{abs}(x_1(i)+x_2(i)\times g)-\mathrm{floor}(\mathrm{abs}(x_1(i)+x_2(i)\times g)),\ i=1,2,\cdots,m \tag{9–8}$$

$$\mathrm{key}_v(j)=\mathrm{abs}(x_3(j)\times g+x_4(j))-\mathrm{floor}(\mathrm{abs}(x_3(j)\times g+x_4(j))),\ j=1,2,\cdots,24n \tag{9–9}$$

其中 g 是与明文图像相关的扰动项，可以通过式（9–10）获得，如下：

$$g=\mathrm{sum}(P_b)/mn \tag{9–10}$$

其中，$\mathrm{sum}(P_b)$ 是矩阵 P_b 中所有值为 1 的元素的总和。因此，秘钥 key_h 和 key_v 与明文图像 P 相关。这样，不同的明文图像通过不同的密钥加密，因此该算法可以抵抗选择明文攻击。

步骤 3：设置两个辅助量 $h(i),\ i=1,2,\cdots,m$ 和 $v(j),\ j=1,2,\cdots,24n$。它们分别代表按照升序排列的 P_b 的行号和列号。接下来，h' 和 v' 分别由式（9–11）和式（9–12）生成。然后，根据向量 h' 和 v' 分别对图像 P_b 的行和列进行置换，从而获得二进制矩阵。最后，我们将该二进制矩阵转换为彩色图像 P_c。

$$h'(i)=h(\mathrm{floor}(\mathrm{key}_h(i)\times m)\bmod i),\ i=1,2,\cdots,m \tag{9–11}$$

$$v'(j)=v(\mathrm{floor}(\mathrm{key}_v(j)\times 24n)\bmod j),\ j=1,2,\cdots,24n \tag{9–12}$$

2. 扩散算法

在该阶段，对置换后的彩色图像 P_c 进行像素级加密，其详细步骤如下。

步骤 1：将置换后的彩色图像 P_c 分为红色、绿色和蓝色灰度图像，这三个灰度图像的第 i 个像素值分别由 r_i， g_i 和 b_i $(i=1,2,\cdots,mn)$ 表示。

步骤 2：设置分数阶超混沌系统（9－7）的初始值为 $(y_1(0),y_2(0),y_3(0),y_4(0))$，由系统（9－7）生成序列 $(y_1(i),y_2(i),y_3(i),y_4(i))$。然后，通过式（9－13）获得 0 和 255 之间的整数序列 $\mathrm{sk}_j(i)$。

$$\mathrm{sk}_j(i)=(\mathrm{abs}(y_u(i)+y_v(i))-\mathrm{floor}(\mathrm{abs}(y_u(i)+y_v(i))))\times 10^{14} \bmod 256,\ j=1,\cdots,6 \tag{9-13}$$

在这里，$u,v\in\{1,2,3,4\}$，并且 $u\neq v$。加密密钥序列 $(\mathrm{key}_r(i),\mathrm{key}_g(i),\mathrm{key}_b(i))$ 通过密钥选择表获得，如表 9－1 所示。

表 9－1　密钥选择表

key	0	1	2
$\mathrm{key_r}(i)$	$\mathrm{sk}_1(i)\oplus\mathrm{sk}_2(i)$	$\mathrm{sk}_1(i)\oplus\mathrm{sk}_3(i)$	$\mathrm{sk}_2(i)\oplus\mathrm{sk}_5(i)$
$\mathrm{key_g}(i)$	$\mathrm{sk}_3(i)\oplus\mathrm{sk}_5(i)$	$\mathrm{sk}_4(i)\oplus\mathrm{sk}_5(i)$	$\mathrm{sk}_1(i)\oplus\mathrm{sk}_4(i)$
$\mathrm{key_b}(i)$	$\mathrm{sk}_4(i)\oplus\mathrm{sk}_6(i)$	$\mathrm{sk}_2(i)\oplus\mathrm{sk}_6(i)$	$\mathrm{sk}_3(i)\oplus\mathrm{sk}_6(i)$

表 9－1 中有三组密钥。$s(i)$ 用来决定选择哪一组来加密第 i 个像素的 r_i， g_i 和 b_i。因此，实现了通过不同的密钥流对不同的明文图像进行加密。序列 $s(i)$ 由式（9－14）和式（9－15）生成。

$$\mathrm{key}_s(i)=\left(\mathrm{abs}\left(\sum_{j=1}^{4}x_j(i)\right)-\mathrm{floor}\left(\mathrm{abs}\left(\sum_{j=1}^{4}x_j(i)\right)\right)\right)\times 10^{14},\ i=1,2,\cdots,mn \tag{9-14}$$

$$s(i)=\begin{cases}\mathrm{floor}\left(\sum\limits_{j=2}^{mn}(r_j+g_j+b_j)\times\mathrm{key}_s(i)\right)\bmod 3,\ i=1\\ \mathrm{floor}((s^p(i-1)-(r_i+g_i+b_i))\times\mathrm{key}_s(i))\bmod 3,\ i=2,\cdots,mn\end{cases} \tag{9-15}$$

这里，$x_j(i),\ (j=1,2,\cdots,4)$ 由分数阶超混沌系统（9－4）产生。

步骤 3：利用式（9－16）对三个灰度图像的 r_i， g_i 和 b_i 进行加密，我们可以获得加密的 r_i'， g_i' 和 b_i'。

$$\begin{cases}r_i'=((r_i+r_{i-1}')\bmod 256)\oplus\mathrm{key}_r(i)\\ g_i'=((g_i+g_{i-1}')\bmod 256)\oplus\mathrm{key}_g(i),\ i=1,\cdots,mn\\ b_i'=((b_i+b_{i-1}')\bmod 256)\oplus\mathrm{key}_b(i)\end{cases} \tag{9-16}$$

这里，

$$\begin{cases} r_0' = \left(\sum_{j=1}^{mn} r_j + \mathrm{sk}_1(1)\right) \bmod 256 \\ g_0' = \left(\sum_{j=1}^{mn} g_j + \mathrm{sk}_2(1)\right) \bmod 256 \\ b_0' = \left(\sum_{j=1}^{mn} b_j + \mathrm{sk}_3(1)\right) \bmod 256 \end{cases} \tag{9-17}$$

步骤 4：适当重复上述步骤。最后，由三个加密的灰度图像组成加密的彩色图像 I_E，加密过程完毕。

9.3.2 解密算法设计

1. 逆扩散算法

步骤 1：将加密的图像 $\mathrm{I_E}$ 分为红色、绿色和蓝色灰度图像，并分别用 r_i'、g_i' 和 b_i' $(i=1,2,\cdots,mn)$ 来表示这些灰度图像的第 i 个像素值。解密过程从后向前开始，也就是说，第 mn 个像素首先被解密。

步骤 2：在与加密过程相同初始值的条件下，由分数阶系统（9–7）生成序列 $(y_1(i), y_2(i), y_3(i), y_4(i))$。接下来，通过式（9–15）计算出 $s(mn)=0$。然后，利用式（9–13）和 $s(mn)=0$ 计算得到密钥 $(\mathrm{key}_r(mn), \mathrm{key}_g(mn), \mathrm{key}_b(mn))$。最后，利用式（9–18），我们可以解密出 r_{mn}、g_{mn} 和 b_{mn}。

$$\begin{cases} r_i = (r_i' \oplus \mathrm{key}_r(i) - r_{i-1}') \bmod 256 \\ g_i = (g_i' \oplus \mathrm{key}_g(i) - g_{i-1}') \bmod 256 \\ b_i = (b_i' \oplus \mathrm{key}_b(i) - b_{i-1}') \bmod 256 \end{cases} \tag{9-18}$$

步骤 3：根据 r_{mn}、g_{mn}、b_{mn} 的值和 $s(mn)=0$，通过式（9–14）和式（9–15）可以计算出 $s(mn-1)$ 的值。然后，可以解密第（$mn-1$）个像素。类似地，一直到完成 r_1、g_1 和 b_1 的值被解密。

步骤 4：重复上述步骤与加密过程相同的次数，获得解密的图像 I'。

2. 逆置换算法

步骤 1：根据彩色图像的红色、绿色和蓝色成分，将图像 I' 转换为 $m\times 3n$ 大小的灰度图像。然后，通过将灰度图像的每个像素转换为 8 位排列，获得大小为 $m\times 24n$ 的二进制矩阵 I_b'。

步骤 2：由于二进制矩阵 I_b' 中值为 1 的所有元素的总和等于二进制矩阵 P_b 中值为 1 的所有元素的和，因此，用式（9–19）计算 g 的值。

$$g = \mathrm{sum}(I_b') / mn \tag{9-19}$$

步骤 3：使用与置换过程相同的初始值，由分数阶超混沌系统（9-4）生成序列 $(x_1(i), x_2(i), x_3(i), x_4(i))$。然后，秘钥 key_h 和 key_v 由式（9-8）和式（9-9）分别计算。最后，分别通过式（9-11）和式（9-12）获得 h' 和 v'。

步骤 4：根据 h' 和 v' 的排列，分别对二进制图像 I_b' 的行和列进行逆置换。通过该逆置换获得图像 I_b。我们将 $m \times 24n$ 大小的 I_b 转换为 $m \times n$ 大小的明文彩色图像 I。这样就全部完成了图像的解密。

9.3.3　实例应用

选择名为 Pepper 的彩色图像作为明文图像，其大小为197×206。分数阶超混沌系统（9-4）和系统（9-7）的初始值分别为 $x_1(0) = 0.671\,853\,678\,902\,18$，$x_2(0) = 0.245\,667\,895\,432\,62$，$x_3(0) = 0.154\,922\,898\,435\,76$，$x_4(0) = 1.328\,543\,216\,789\,87$，$y_1(0) = 0.981\,656\,785\,676\,57$，$y_2(0) = 0.123\,456\,789\,012\,34$，$y_3(0) = 1.654\,321\,098\,765\,43$ 和 $y_4(0) = 0.571\,676\,895\,929\,16$。实验结果如图 9-6 所示。

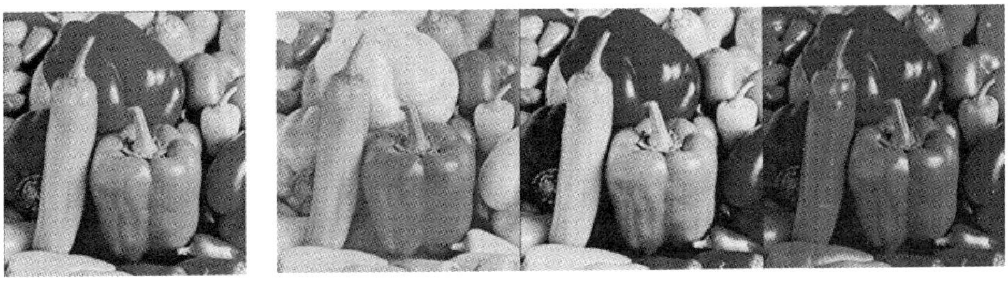

(a)　　(b)

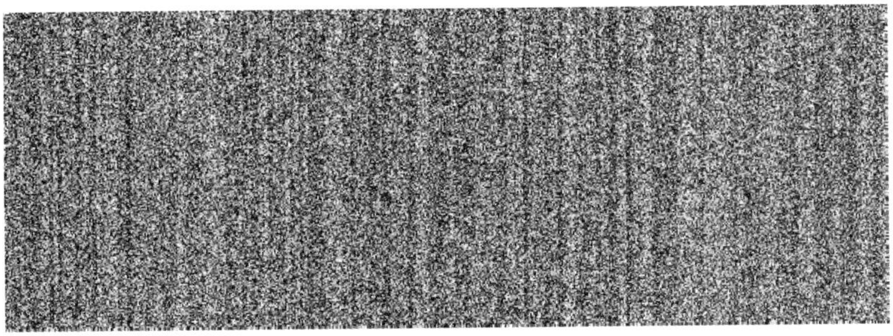

(c)

图 9-6　Pepper 图像的加密结果

（a）原始图像；（b）图（a）分解后的灰度图像；（c）图（b）转换后的结果

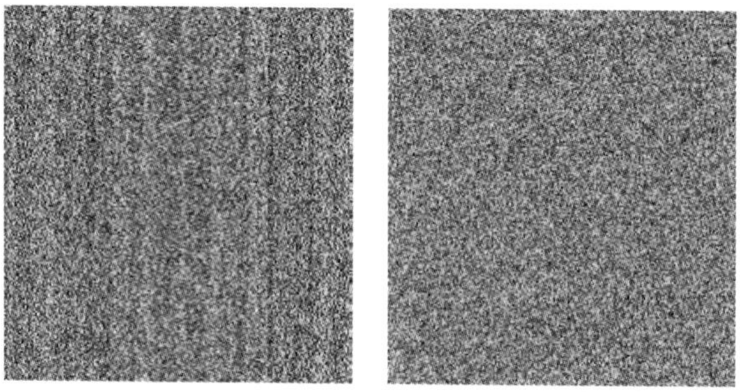

(d)　(e)

图 9-6　Pepper 图像的加密结果（续）

（d）图（c）组合后的结果；（e）图像加密后的结果

9.3.4　算法的性能和安全性分析

1. 秘钥空间和敏感性

在加密算法中，密钥是两个超系统的初始值，即 $(x_1(0), x_2(0), x_3(0), x_4(0))$ 和 $(y_1(0), y_2(0), y_3(0), y_4(0))$。因为每个初始值的最大精度为 10^{-14}，所以总的密钥空间为 $(10^{14})^8 = 10^{112}$，比 2^{100} [288]大得多。因此，我们的算法可以抵抗各种暴力攻击。

对于密钥的敏感测试，我们选择微小的变化 10^{-14} 作为初始值的变化差值，如表 9-2 所示。我们选择 $x_1(0)$，$x_2(0)$，$y_3(0)$ 和 $y_4(0)$ 的值的改变进行测试。实验结果如图 9-7 所示。可以看出，这些解密图像与噪声极为相似，与明文图像完全不同，并且像素分布直方图是均匀的。此外，我们用不同的密钥计算 Peppers 的原始图像和恢复图像的 NPCR 和 UACI，如表 9-3 所示。很容易观察到 NPCR 超过 99%，UACI 接近 33%。这表明，具有不同密钥的恢复图像与原始形式有很大不同。因此，我们的算法对密钥很敏感。

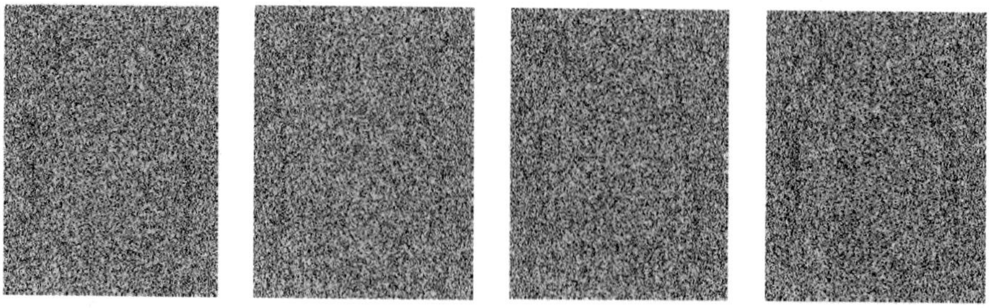

(a)　(b)　(c)　(d)

图 9-7　密钥变化很小的解密图像和直方图

（a）$x_1(0)=0.671\ 853\ 678\ 902\ 19$；（b）$x_2(0)=0.245\ 667\ 895\ 432\ 61$；

（c）$y_3(0)=1.654\ 321\ 098\ 765\ 44$；（d）$y_4(0)=0.571\ 676\ 895\ 929\ 15$

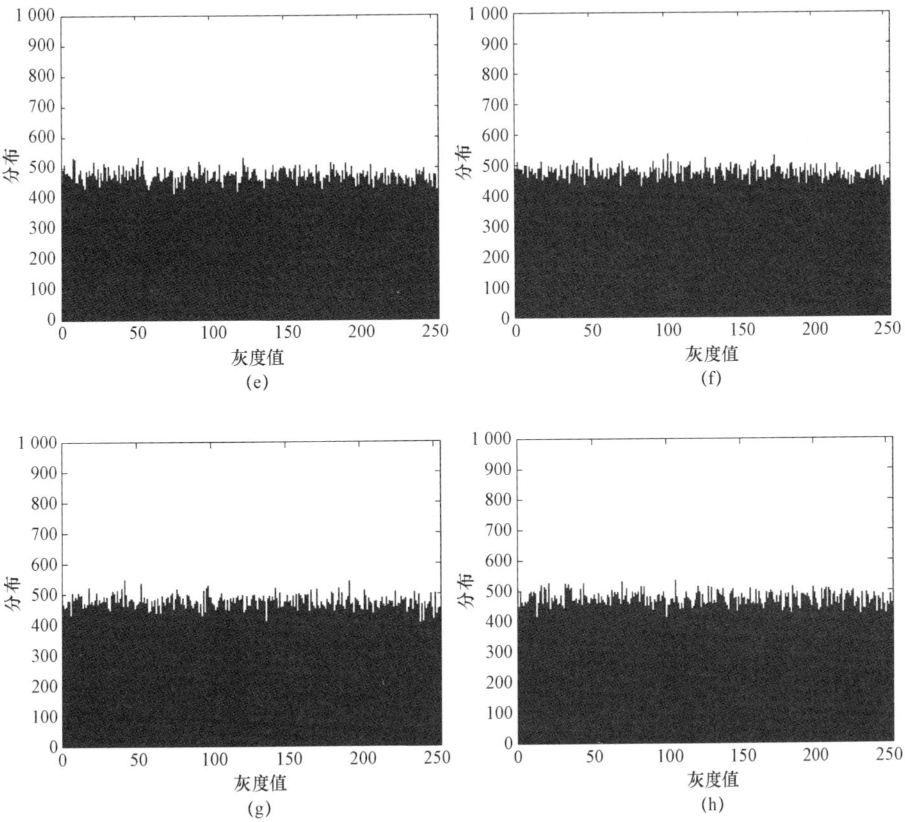

图 9-7　密钥变化很小的解密图像和直方图（续）

（e）图（a）的直方图；（f）图（b）的直方图；（g）图（c）的直方图；（h）图（d）的直方图

表 9-2　密钥的微小变化

密钥	原始值	新值
$x_1(0)$	0.671 853 678 902 18	$0.671\ 853\ 678\ 902\ 18+10^{-14}$
$x_2(0)$	0.245 667 895 432 62	$0.245\ 667\ 895\ 432\ 62-10^{-14}$
$y_3(0)$	1.654 321 098 765 43	$1.654\ 321\ 098\ 765\ 43+10^{-14}$
$y_4(0)$	0.571 676 895 929 16	$0.571\ 676\ 895\ 929\ 16-10^{-14}$

表 9-3　不同密钥的原始图像和恢复图像的 NPCR 和 UACI

图像	NPCR（%）			UACI（%）		
	红	绿	蓝	红	绿	蓝
用 $x_1(0)$恢复的图像	99.425 9	99.356 9	99.418 5	28.386 0	32.980 7	32.893 0
用 $x_2(0)$恢复的图像	99.342 1	99.386 4	99.406 1	28.406 1	32.830 5	32.769 2

续表

图像	NPCR（%）			UACI（%）		
	红	绿	蓝	红	绿	蓝
用 $y_3(0)$恢复的图像	99.317 4	99.361 8	99.420 9	28.277 1	32.891 6	32.720 1
用 $y_4(0)$恢复的图像	99.354 4	99.275 5	99.354 4	28.167 8	32.491 2	32.700 0

2. χ^2 测试

我们分别计算了大小分别为 197×206 的，称为 Pepper、Flower、Yacht 和 Baboon 图像的明文和加密图像的 χ^2 值，如表 9–4 所示。显然，加密图像的 χ^2 值远低于明文图像的 χ^2 值，与文献［289，290］中的算法相似，它们都在有效间隔［210.791 8, 293.247 8］内。

表 9–4　χ^2 测试的结果

χ^2	明文图像			密文图像		
	红	绿	蓝	红	绿	蓝
Pepper	35，300	32，679	64，067	258.835 2	247.722 7	208.738 0
Flower	25，554	27，012	47，904	235.182 0	250.119 9	260.402 2
Yacht	18，431	21，044	17，323	259.140 6	271.403 8	229.479 4
Baboon	19，059	27，759	17，654	249.981 1	237.200 6	219.928 7
文献［289］Pepper	57，362	62，180	122，870	265.462 5	269.395 6	289.232 1
文献［290］图像 1	—	—	—	230.810 5	234.707 0	250.341 9
文献［290］图像 2	—	—	—	265.755 8	286.324 2	276.275 4

3. 统计分析

从明文图像和加密图像中，分别在水平、垂直和对角线方向上随机选择两对 2500 对相邻像素。然后，我们计算两个相邻像素的相关系数，如表 9–5 所示。从表 9–5 中可以看出，在明文图像中，两个相邻像素的相关系数接近于 1，而加密后的图像接近于 0，类似于参考文献[291,292]中的算法。因此，该加密算法可以消除相邻像素的相关性。

表 9–5　明文图像和加密图像的相关系数

图像	横向	纵向	对角线
Pepper	0.937 3	0.971 6	0.947 8
加密的 Pepper	0.002 1	0.001 8	–0.019 5
Flower	0.941 4	0.979 2	0.976 9
加密的 Flower	0.000 9	0.017 3	–0.019 4
文献［291］Lena（红）	0.954 094 35	0.976 928 08	0.929 460 84
文献［291］Lena（绿）	0.938 597 02	0.968 472 42	0.913 181 53
文献［291］Lena（蓝）	0.922 301 78	0.951 445 03	0.892 751 71
加密的文献［291］Lena（红）	0.002 688 49	0.001 134 25	0.005 268 12
加密的文献［291］Lena（绿）	0.009 798 89	0.003 029 81	0.000 380 29
加密的文献［291］Lena（蓝）	0.000 987 96	0.000 562 87	0.001 110 43
文献［292］Lena	0.949 4	0.966 7	0.933 6
加密的文献［292］Lena	0.005 4	0.003 5	0.001 6

4. 信息熵

我们根据彩色图像的红色、绿色和蓝色分量计算了加密图像的信息熵，如表 9–6 所示。可以看出，这些加密图像的信息熵都接近于 8。因此，证明了加密图像的不可预测性非常高。

表 9–6　加密图像的信息熵

彩色图像	红	绿	蓝
Pepper	7.987 5	7.988 0	7.987 6
Flower	7.988 2	7.988 1	7.987 1
Yacht	7.986 7	7.988 3	7.987 4
Baboon	7.988 1	7.988 2	7.987 5

5. 差分攻击

为了测试差异攻击，先将明文图像的一个像素进行修改，然后进行加密，并计算了它们的 NPCR 和 UACI，如表 9–7 所示。可以发现 NPCR 超过 99%，UACI 超过 33%，与参考文件［291–293］中的算法相似。这表明我们的算法可以抵抗差分攻击。

表 9－7 加密图像的 NPCR 和 UACI

图像	NPCR（%）			UACI（%）		
	红	绿	蓝	红	绿	蓝
Pepper	99.576 2	99.620 5	99.576 2	33.283 1	33.419 9	33.540 0
Flower	99.677 2	99.714 2	99.655 0	33.454 7	33.747 7	33.384 5
Yacht	99.526 9	99.581 0	99.514 6	33.378 7	33.401 7	33.499 7
Baboon	99.655 0	99.672 3	99.674 7	33.398 7	33.390 3	33.364 4
文献［291］Lena	99.987 79	99.987 79	99.987 79	50.179 15	50.180 09	25.192 63
文献[292]Lena（平均）	—	99.572 3	—	—	33.315 9	—
文献［293］Lena	99.623 1	99.633 8	99.617 0	33.474 7	33.568 3	33.338 2

9.4 本章小结

本节研究了分数阶混沌系统的反控制问题。我们给出了分数阶混沌系统反控制的必要条件。在参数和分数阶不变的情况下，将 3 维混沌系统分别驱动成两个新的 4 维分数阶超混沌系统。我们计算这两个新的分数阶系统的 Lyapunov 指数谱和分叉图。

基于这两个分数阶超混沌系统，我们设计了一种彩色图像加密算法。在置换过程中，密钥与明文图像相关，加密过程中的密钥随着不同的明文图像和加密图像而动态变化。因此，我们的算法可以抵制选择明文（密文）攻击，克服了“一次一秘”方案中密钥管理的困难。并且，安全性分析表明我们的算法具有更好的安全性。因此，这很好地验证了这两个分数动态系统用于图像加密的有效性。

将来，我们将进一步研究分数阶混沌系统的反控制，更加标准科学地确定新的混沌系统[294]。在图像加密中，分数阶超混沌系统可以扩展到并行图像加密算法的计算模型中。

第 10 章

一个匿名的基于混沌系统的密钥协商协议

密钥协商协议是用来在希望进行保密通信的双方之间，通过交互建立一个共同使用的密钥的一种协议[295]。一个安全的密钥一致协议能够帮助通信双方建立一个共享的安全的会话密钥。通信双方利用这个共享的会话密钥来保证在以后的通信中交换信息的安全。因此，设计安全可靠的密钥一致协议是信息安全研究中的一个热点。过去的十多年，基于混沌的加密已经得到了广泛的研究。关于设计对称式加密方法[296,297]、S－boxes[298]和 Hash 函数[299]已经做了大量的研究。最近，混沌系统已经被用来设计公钥加密方案[117,118,130,132–134]。Kocarev 等利用 Chebyshev 混沌映射的半群属性，设计了一个公钥协议，这个协议具有很大的创新性和实用性[117]。随后，Bergamo 等人指出由于余弦函数的周期性，Kocarev 的协议是不安全的[118]。为了改善基于混沌映射的密钥一致协议的安全性，肖等利用混沌映射设计了一个新的密钥一致协议[130]。然而他们的协议已经被 Han 等人攻破[132]。后来，Chang 等人利用混沌映射和口令，设计了一个密钥一致协议[133]。之后，Han 等对 Chang 的协议进行了改善，提出了具有时钟同步和不具时钟同步的两种密钥一致协议[134]。然而，这些协议[117,118,130,132–134]在建立共享的会话密钥的同时并没有保护用户的身份信息，尽管在许多电子商业应用中，用户的匿名是一个很重要的问题。为了保护用户的匿名，Tseng 等人基于混沌映射提出了一个新的密钥一致协议[135]，并宣称有如下优点：

1）它能够完成服务器和用户的相互授权；

2）在用户和服务器建立会话密钥的过程中，保护了用户的匿名；

3）用户和服务器建立的会话密钥能够保障随后两者信息交换的安全。

但是，本节指出 Tseng 等人的协议不能够保护用户的匿名和协议的安全，并且它也不具有完美前向安全性。为了克服 Tseng 等人协议的漏洞，我们提出了一个新的基于切必雪夫混沌映射的密钥一致协议。与 Tseng 等人的协议相比，所提的协议是较安全的，并且能够保护用户的匿名。

10.1 预备知识

10.1.1 Chebyshev 多项式

基于混沌的公钥加密已经得到了初步的发展，其中以 Chebyshev 混沌映射的半群属性为基础的公钥方案尤为引人关注。Chebyshev 多项式的定义为

$$T_n(x)=2xT_{n-1}(x)-T_{n-2}(x),\quad n\geqslant 2 \tag{10-1}$$

式中，$x\in[-1,1]$；$T_0(x)=1$；$T_1(x)=x$，则 T_n 称为 n 阶 Chebyshev 多项式。Chebyshev 多项式还有一种三角函数的表达形式：

$$T_n(x)=\cos(n\arccos(x)) \tag{10-2}$$

Chebyshev 多项式有两条重要的属性：

1）半群属性：

$$\begin{aligned}T_r(T_s(x))&=\cos(r\cos^{-1}(\cos(s\cos^{-1}(x))))\\&=\cos(rs\cos^{-1}(x))\\&=T_{sr}(x)=T_s(T_r(x))\end{aligned} \tag{10-3}$$

2）混沌属性：

当 $n\geqslant 2$ 时，Chebyshev 多项式表现出混沌特性，具有正的 Lyapunov 指数 $\ln n$。

Kocarev 等利用以上介绍的切必雪夫混沌映射的半群属性设计了一个公钥协议，但是它容易受到 Bergamo 攻击[118]。为了增强这一特性，Zhang 证实了定义在 $(-\infty,+\infty)$ 上的切必雪夫多项式仍然具有半群属性[124]。如下：

$$T_n(x)=(2xT_{n-1}(x)-T_{n-2}(x))\ (\mathrm{mod}\,N) \tag{10-4}$$

式中 $n\geqslant 2$；$x\in(-\infty,+\infty)$；N 是一个大素数。可见

$$T_{r\cdot s}(x)=T_r(T_s(x))=T_s(T_r(x)) \tag{10-5}$$

所以改进之后的切必雪夫多项式仍然保留半群属性。我们所设计的能够保护用户匿名的密钥一致协议利用这种改善的切必雪夫不等式的半群属性。基于 Chebyshev 多项式的半群属性设计的公钥方案的安全性是基于离散对数难题（DLP）和 Diffie-Hellman 难题（DHP）的。下面给出 DLP 和 DHP 的定义：

定义 10-1 离散对数难题：给定一个常数 α，找到一个整数 r，使恒等式

$T_r(x) \equiv \alpha$ 成立。

定义 10－2　Diffie－Hellman 难题：给定 $T_r(x)$ 和 $T_s(x)$，找出 $T_{rs}(x)$。

10.1.2　密码分析方法

密码分析学是在不知道密钥的情况下，由密文恢复出明文的科学。成功的密码分析能恢复出消息的明文或密钥。对密码进行分析的尝试称为攻击。最常用的密码分析攻击方法有以下几类。

1. 唯密文攻击

密码分析者有一些消息的密文，这些消息都用同一加密算法加密。密码分析者的任务是恢复尽可能多的明文，或者最好是能推算出加密消息的密钥来，以便解密出采用相同的密钥加密的消息。

2. 已知明文攻击

密码分析者不仅可得到一些消息的密文，而且也知道这些消息的明文。分析者的任务就是用加密信息推出用来加密的密钥或导出一个算法，此算法可以对用同一密钥加密的任何新的消息进行解密。

3. 选择明文攻击

分析者不仅可得到一些消息的密文和相应的明文，而且他们也可选择被加密的明文。这比已知明文攻击更有效。因为密码分析者能选择特定的明文块去加密，那些块可能产生更多关于密钥的信息，分析者的任务是推出用来加密消息的密钥或导出一个算法，此算法可以对用同一密钥加密的任何新的消息进行解密。

4. 自适应选择明文攻击

这是选择明文攻击的特殊情况。分析者不仅能选择被加密的明文，而且也能基于以前加密的结果修正这个选择。在选择明文攻击中，密码分析者还可以选择一大块被加了密的明文。而在自适应选择密文攻击中，他可选取较小的明文块，然后再基于第一块的结果选择另一明文块，以此类推。

5. 选择密文攻击

密码分析者能够选择不同的被加密的密文，并可得到对应的解密的明文。例如，密码分析者存取一个防篡改的自动解密盒，密码分析者的任务是推出密钥。这种攻击主要用于公钥密码体制，有时也可有效地用于对称算法。

10.2 Tseng 等人的密钥协商协议

利用切比雪夫不等式的半群属性，Tseng 等人提出了一个保护用户匿名的密钥一致协议。Tseng 等人协议中所用符号的说明如表 10-1 所示，Tseng 等人协议的内容如下。

表 10-1 Tseng 等人协议中的符号说明

Symbol	Definition
U_i	第 i 个用户
ID_i	用户 i 的身份
PW_i	用户 i 的口令
K_s	服务器 server 的私钥
sn	会话号
$H(\cdot)$	基于混沌映射的单项哈希函数
$E(\cdot)$	一种对称密钥加密算法
$D(\cdot)$	一种对称密钥解密算法
SK_i	服务器和用户 i 构造的会话密钥
$\oplus$	异或运算

在执行协议之前，服务器首先公布系统参数，包括切比雪夫多项式、$E(\cdot)$、$D(\cdot)$ 和 $H(\cdot)$。如果一个具有身份 ID_i 的新用户 U_i 想与服务器建立会话密钥，U_i 随机选择他的口令 PW_i，并通过安全的途径发送消息 $(\mathrm{ID}_i, H(\mathrm{PW}_i))$ 到服务器。收到这个消息后，服务器将 ID_i 和 $H(\mathrm{PW}_i)$ 从左到右并排，接着用 Hash 函数 $H(\cdot)$ 来计算 $H(\mathrm{ID}_i, H(\mathrm{PW}_i))$，然后服务器按照下式计算 $\mathrm{Re}g_i$：

$$\mathrm{Re}g_i = H(\mathrm{ID}_i, H(\mathrm{PW}_i)) \oplus H(K_s) \tag{10-6}$$

这里 K_s 是服务器的私钥。服务器通过安全的途径传送 $\mathrm{Re}g_i$ 给用户 U_i，U_i 收到 $\mathrm{Re}g_i$ 后，将其安全保存。如果用户 U_i 想与服务器 Server 建立会话密钥，则进行如下步骤。

1） $U_i \to \mathrm{Server}: \mathrm{sn}, R_i, C_1$

用户 U_i 首先选择三个随机数 r_i、r 和 v，这里 $r_i \in [-1,1]$ 是 r 次切比雪夫多项

式的种子 x，v 是现时。接下来 U_i 按照下式计算 R_i 和 K_i：

$$R_i = \mathrm{Reg}_i \oplus H(v) \tag{10-7}$$

$$K_i = H(\mathrm{ID}_i, H(\mathrm{PW}_i)) \oplus H(v) \tag{10-8}$$

然后 U_i 用 K_i 加密 ID_i、r_i 和 $T_r(x)$，得到

$$C_1 = E_{K_i}(\mathrm{ID}_i, r_i, T_r(x)) \tag{10-9}$$

最后，U_i 传送 sn、R_i 和 C_1 给服务器 Server，其中 sn 是会话数。

2）$\mathrm{Server} \to U_i : \mathrm{sn}, \mathrm{ID}_s, C_2, \mathrm{AU}_s$

收到用户的这个消息后，服务器 Server 计算 $K_i = R_i \oplus H(K_s)$，接着用 K_i 对 C_1 解密获得 ID_i、r_i 和 $T_r(x)$。服务器首先检查用户身份 ID_i 的有效性，然后选择两个随机数 s 和 r_t，这里 s 是切比雪夫多项式的次数，r_t 是一个现时。然后，服务器计算 C_2 和 SK_i 如下：

$$C_2 = E_{K_i}(\mathrm{ID}_s, r_t, T_s(x)) \tag{10-10}$$

$$\mathrm{SK}_i = T_s(T_r(x)) = T_{sr}(x) \tag{10-11}$$

最后，服务器按照下式计算授权值 AU_s，并发送 sn、ID_s、C_2 和 AU_s 到用户 U_i。

$$\mathrm{AU}_s = H(\mathrm{ID}_i, r_i, r_t, \mathrm{SK}_i) \tag{10-12}$$

3）$U_i \to \mathrm{Server} : \mathrm{sn}, \mathrm{AU}_i$

收到消息后，U_i 用 K_i 从 C_2 中提取出 ID_s、r_t 和 $T_s(x)$。接着，U_i 按照下式计算 SK_i 和 AU'_s：

$$\mathrm{SK}_i = T_r(T_s(x)) = T_{rs}(x) \tag{10-13}$$

$$\mathrm{AU}'_s = H(\mathrm{ID}_i, r_i, r_t, \mathrm{SK}_i) \tag{10-14}$$

然后，U_i 检查 AU_s 和 AU'_s 是否相等。如果相等，服务器的身份被授权。接下来，U_i 计算 AU_i 如下：

$$\mathrm{AU}_i = H(\mathrm{ID}_s, r_i, r_t, \mathrm{SK}_i) \tag{10-15}$$

最后，U_i 发送 sn 和 AU_i 给服务器。

4）收到 sn 和 AU_i 后，服务器计算 AU'_i 如下：

$$\mathrm{AU}'_i = H(\mathrm{ID}_s, r_i, r_t, \mathrm{SK}_i) \tag{10-16}$$

然后，服务器检查 AU_i 和 AU'_i 是否相等。如果相等，U_i 的身份被授权。经过相互授权后，U_i 和 Server 建立了共享的会话密钥 SK_i。

10.3 Tseng 等人协议的分析

如果一个合法用户是攻击者，那么 Tseng 等人的协议就不能够保护用户的匿名和协议的安全。假设一个合法用户 E 是一个攻击者，他按照下式分析自己的 $\mathrm{Re}g_E$ 就能够得到 $H(K_s)$。

$$\begin{aligned}&\mathrm{Re}g_E \oplus H(\mathrm{ID_E}, H(\mathrm{PW_E}))\\&= H(\mathrm{ID_E}, H(\mathrm{PW_E})) \oplus H(K_s) \oplus H(\mathrm{ID_E}, H(\mathrm{PW_E}))\\&= H(K_s)\end{aligned} \tag{10-17}$$

接着，E 能够从网络上截获另一通信用户的消息 $\{\mathrm{sn}, R_i, C_1\}$。然后计算 $K_i = R_i \oplus H(K_s)$，用 K_i 来解密 C_1，这里 $C_1 = E_{K_i}(\mathrm{ID}_i, r_i, T_r(x))$。

最后，E 不但知道谁和服务器通信，而且也能够得到 C_1 和 C_2 的解密密钥 K_i。因此，E 可以进一步地进行中间人攻击（Man－in－the－Middle Attack）和假冒攻击（Bergamo Attack）。

10.3.1 中间人攻击

首先阐述一下中间人攻击：

1）E 能够从网上截获消息 $\{\mathrm{sn}, R_i, C_1\}$，并且解密 C_1 得到 ID_i、r_i 和 $T_r(x)$。接着，E 能够选择一个随机数 r'，计算出 $T_{r'}(x)$。然后，E 将 $T_r(x)$ 替换为 $T_{r'}(x)$，发送消息 $\left\{\mathrm{sn}, R_i, E_{K_i}(\mathrm{ID}_i, r_i, T_{r'}(x))\right\}$ 到服务器 Server。

2）收到这个消息后，Server 将其解密，计算出 $\mathrm{SK}_i = T_{r's}(x)$ 和 $\mathrm{AU}_s = H(\mathrm{ID}_i, r_i, r_t, \mathrm{SK}_i)$。然后，Server 发送消息 $\left\{\mathrm{sn}, \mathrm{ID}_s, E_{k_i}(\mathrm{ID}_s, r_t, T_s(x)), \mathrm{AU}_s\right\}$ 给 U_i。

3）E 能够截获这个消息，用 K_i 将其解密。接着，他选择一个随机数 s'，计算出 $T_{s'}(x)$。然后，他计算 $\mathrm{SK}_s = T_{rs'}(x)$ 和 $\mathrm{AU}_{s'} = H(\mathrm{ID}_i, r_i, r_t, \mathrm{SK}_s)$，产生消息 $\left\{\mathrm{sn}, \mathrm{ID}_s, E_{k_i}(\mathrm{ID}_s, r_t, T_{s'}(x)), \mathrm{AU}_{s'}\right\}$，并将其发给用户 U_i。

4）U_i 解密收到的消息，并计算 $\mathrm{SK}_i = T_{rs'}(x)$ 和 $\mathrm{AU}'_{s'} = H(\mathrm{ID}_i, r_i, r_t, \mathrm{SK}_i)$。然后检查 $\mathrm{AU}_{s'}$ 和 $\mathrm{AU}'_{s'}$ 是否相等。如果相等，U_i 就会将攻击者 E 作为合法的服务器授权。最后，U_i 计算 $\mathrm{AU}_i = H(\mathrm{ID}_s, r_i, r_t, \mathrm{SK}_i)$，并发送消息 $\{sn, AU_i\}$ 给 Server。

5）E 能够截获这个消息，并用 K_i 将其解密，计算 $\mathrm{SK}_u = T_{r's}(x)$ 和 $\mathrm{AU}_{i'} = H(\mathrm{ID}_s, r_i, r_t, \mathrm{SK}_u)$。然后发送消息 $\{\mathrm{sn}, \mathrm{AU}_{i'}\}$ 给 Server。

6）Server 解密这个消息，计算 $SK_i = T_{r's}(x)$ 和 $AU'_{i'} = H(ID_s, r_i, r_t, SK_i)$。然后，Server 检查 $AU_{i'}$ 和 $AU'_{i'}$ 是否相等。如果相等，E 将被作为合法用户 U_i 得到授权。

因此，攻击者 E 成功地进行了中间人攻击。

10.3.2　假冒攻击

进行假冒攻击的过程描述如下：

1）攻击者 E 能够从网上截获另一个用户的消息 $\{sn, R_i, C_1\}$ 和服务器的消息 $\{sn, ID_s, C_2, AU_s\}$。然后，E 用 K_i 将 C_1 和 C_2 解密。最后 E 获得了切比雪夫多项式的种子 r_i、$T_r(x)$ 和 $T_s(x)$。

2）由于余弦函数的周期性，不同次数的切比雪夫多项式有很多交汇点。利用这个事实，E 能够计算出一个 r'，使得 $T_{r'}(x) = T_r(x)$，这里

$$r' = \frac{\arccos(T_r(x)) + 2k\pi}{\arccos(x)}, \quad k \in \mathbf{Z} \tag{10-18}$$

3）得到 r' 后，E 能够计算 $T_{r's}(x) = T_{r'}(T_s(x))$。这里，$T_{r's}(x)$ 就是会话密钥 SK_i，因为

$$T_{r's}(x) = T_{r'}(T_s(x)) = T_s(T_{r'}(x)) = T_s(T_r(x)) = T_{sr}(x) = SK_i \tag{10-19}$$

所以假冒攻击成功。

综上所述，攻击者 E 不仅能够知道通信用户的身份，而且也能够成功地执行中间人攻击和假冒攻击。并且，从以上的攻击过程中，可以看出一旦私钥 $H(K_s)$ 泄露，那么就会导致所建立的会话密钥 SK_i 泄密。因此，Tseng 等人的协议不具有完美前向安全性。

10.4　新的密钥协商协议

10.4.1　协议内容

考虑到 Tseng 等人协议的安全漏洞和不能够保护用户的匿名，基于 DLP 和 DHP 难题，我们利用一种改善的切必雪夫不等式设计了一个新的能够保护用户匿名的密钥一致协议。在结构上，我们的协议与 Neuman－Stubblebine 协议[300]相似。假设 U_i 和 Server 是密钥交换过程中的两个用户。Ttp 是网络上的一个可信第三方，例如，Ttp 可以是一个可信的服务器或者密钥分配中心。Ttp 和每一个

用户共享一个不同的安全密钥。协议的具体内容如下：

1）$U_i \to \text{Server}: x, N, E_{\text{TU}}(\text{ID}_i, T_r(x))$

U_i 首先选择一个大的整数 r、一个大素数 N 和一个随机数 x，计算 $T_r(x)$。这里 $x \in (-\infty, +\infty)$ 是切必雪夫多项式的种子。接着，U_i 用他与 Ttp 共享的密钥 K_{TU} 将 ID_i 和 $T_r(x)$ 加密，得到 $E_{\text{TU}}(\text{ID}_i, T_r(x))$。最后 U_i 将发送 x、N 和 $E_{\text{TU}}(\text{ID}_i, T_r(x))$ 给 Server。

2）$\text{Server} \to Ttp: \text{ID}_s, E_{\text{TU}}(\text{ID}_i, T_r(x)), E_{\text{TS}}(T_s(x), n_s)$

收到这个消息后，Server 产生一个大整数 s，计算 $T_s(x)$。然后，他用与 Ttp 共享的密钥 K_{TS} 将 $T_s(x)$ 和 n_s 加密，得到 $E_{\text{TS}}(T_s(x), n_s)$，最后，Server 将其与 ID_s 和 $E_{\text{TU}}(\text{ID}_i, T_r(x))$ 发送给 Ttp。

3）$Ttp \to U_i: E_{\text{TU}}(\text{ID}_s, T_s(x), T_r(x), n_s), E_{\text{TS}}(\text{ID}_i, T_r(x), n_s)$

收到 Server 的消息后，Ttp 将其解密，并创建两个新的消息。一个是用 K_{TU} 加密的 ID_s、$T_s(x)$、$T_r(x)$ 和 n_s。另一个是用 K_{TS} 加密的 ID_i、$T_r(x)$ 和 n_s。最后，Ttp 将这两个消息一起发送给 U_i。

4）$\text{U}_i \to \text{Server}: \text{AU}_i, E_{\text{TS}}(\text{ID}_i, T_r(x), n_s)$

U_i 解密消息 $E_{\text{TU}}(\text{ID}_s, T_s(x), T_r(x), n_s)$，检查 $T_r(x)$ 是否和步骤 1）的 $T_r(x)$ 相等。如果不等，U_i 停止操作。否则，U_i 计算共享的会话密钥 SK_i 和授权值 AU_i，如下：

$$\text{SK}_i = T_r(T_s(x)) \tag{10-20}$$

$$\text{AU}_i = H(\text{ID}_s, n_s, \text{SK}_i) \tag{10-21}$$

最后，他发送 AU_i 和 $E_{\text{TS}}(\text{ID}_i, T_r(x), n_s)$ 给 Server。

5）$\text{Server} \to \text{U}_i: \text{AU}_s$

Server 收到消息后，首先从 $E_{\text{TS}}(\text{ID}_i, T_r(x), n_s)$ 中提取 ID_i、$T_r(x)$ 和 n_s。然后他检查 ID_i 和 n_s 的有效性，并按下式计算 SK_i 和 AU_i'：

$$\text{SK}_i = T_s(T_r(x)) \tag{10-22}$$

$$\text{AU}_i' = H(\text{ID}_s, n_s, \text{SK}_i) \tag{10-23}$$

接着，Server 检查 AU_i 和 AU_i' 是否相等。如果相等，U_i 的身份被授权。然后，Server 计算 AU_s：

$$\text{AU}_s = H(\text{ID}_i, n_s, \text{SK}_i) \tag{10-24}$$

最后，Server 发送 AU_s 给 U_i。

6）收到这个消息后，U_i 计算 $\text{AU}_s' = H(\text{ID}_i, n_s, \text{SK}_i)$，检查 AU_s 和 AU_s' 是否

相等。如果相等，Server 的身份被授权。因此，U_i 和 Server 能够在随后的通信中应用共享的会话密钥 SK_i。

10.4.2 安全性分析

我们对所提密钥一致协议进行了安全性分析。分析结果证实了所提的协议能够有效地抵制常见的攻击。

1. 能够抵制内部人员攻击

所提出的协议能够抵制合法的内部人员的攻击（Insider Attack）。即使一个合法用户 E 是一个攻击者，他也不能够获得加密密钥 K_{TU} 和 K_{TS}。因为 K_{TU} 仅仅是由 U_i 和 Ttp 共享的密钥，K_{TS} 是由 Server 和 Ttp 共享的密钥。所以，E 不能够通过解密消息 $E_{TU}(ID_i, T_r(x), n_i)$ 来知道用户的身份，也不能够通过获得 K_{TU} 和 K_{TS} 进行其他的攻击。

2. 能够抵制假冒攻击

假冒攻击的前提条件是攻击者能够获得相关的元素 x、N、$T_r(x)$ 和 $T_s(x)$。在所提的协议当中，攻击者能够很容易的获得 x 和 N。但即使攻击者是一个合法的用户，他们也不能获得 $T_r(x)$ 和 $T_s(x)$。这是因为 $T_r(x)$ 和 $T_s(x)$ 在传送的过程中，已经被加密，并且只有发送者和接收者知道解密密码。另外，在所提的协议当中将 x 的取值范围扩展到了 $(-\infty, +\infty)$，避免了余弦函数的周期性。因此，假冒攻击对所提出的协议不起作用。

3. 能够抵制回放攻击

回放攻击（Replay Attack）是指攻击者首先截取当前运行的密钥一致协议中的一些通信数据，然后在随后运行的密钥协议中攻击者重放截获的数据。在我们的协议中，通过使用现时 n_s 和在步骤 4）对 $T_r(x)$ 的检查来抵制回放攻击。这样，当前协议中的通信数据在以后的协议运行中将过期，不能使用。

4. 能够抵制中间人攻击

中间人攻击（Man－in－the－Middle Attack）是指一个攻击者能够截取、替换或者修改发送者和接收者之间的通信信息，试图获得一些对通信双方有意义的秘密信息。在所提出的协议中，即使攻击者是合法的用户，他也不能够伪造有意义的信息，因为他们不能够知道发送者和接收者共享的密钥 K_{TU} 和 K_{TS}。并且 U_i 和 Server 能够通过核实解密的信息来判断收到的信息是否被替换或修改。在步骤 4)，U_i 检查 $T_r(x)$ 的值。在步骤 5)，Server 对 n_s 和 AU_i 进行核实。步骤 6) U_i 核对 AU_s 的值。所以，我们的协议能够抵制中间人攻击。

5. 能够保护用户的匿名

攻击者不能够从消息 $E_{TU}(ID_i, T_r(x), n_i)$ 和 $E_{TS}(ID_i, T_r(x), n_s)$ 中提取用户的身份信息，因为它们已经用密钥 K_{TU} 和 K_{TS} 进行了加密，而攻击者不能够知道密钥 K_{TU} 和 K_{TS}。所以，我们的协议能够保护用户的匿名。

6. 能够抵制偷盗攻击

偷盗攻击（Stolen－Verifier Attack）指攻击者从服务器上偷取了认证口令，然后直接利用这个口令来伪装成一个合法的用户，来获得授权。因为在所提出的协议当中没有任何口令认证，没人能够在服务器上获得有用的信息来威胁协议的安全。所以，我们的协议能够抵制偷盗攻击。

7. 能够完成相互授权

所提出的协议能够完成 U_i 和 Server 的相互授权。Ttp 是一个可信的第三方，并且只知道 $T_r(x)$ 和 $T_s(x)$。即使 Ttp 从网络上获得 x 和 N，他仍然面对 DHP 难题，不能够计算出会话密钥 $SK_i = T_{rs}(x)$。因此，Ttp 不能够计算 AU_i 或者 AU_s。在步骤 5)，Server 通过检查 AU_i 和 AU_i' 是否相等来授权 U_i，因为只有 U_i 能够计算出 AU_i'。在步骤 6)，U_i 通过检查 AU_s 和 AU_s' 是否相等来授权 Server，因为 Server 是唯一一个能够计算出 AU_s' 值的人。所以，所提出的协议能够完成相互授权。

8. 具有完美前向安全性

完美前向安全性是指如果一个或多个实体的长期私钥泄露，那么以前由相互信任的实体所建立的会话密钥不受到影响。在所提的协议中，如果密钥 K_{TU} 和 K_{TS} 泄露，攻击者仍然面临 DLP 和 DHP 难题，也不能够计算出共享的会话密钥 $SK_i = T_{rs}(x)$。因此，所提出的协议能够满足完美前向安全性。

所提出的协议与 Tseng 等人的协议安全属性对比如表 10－2 所示。与 Tseng 等人的协议相比，我们提出的协议是较安全有效的。

表 10－2　两个密钥一致协议的安全属性对比

比较项	Tseng 等人的协议	我们提出的协议
回放攻击	安全	安全
偷盗攻击	安全	安全
相互认证	具有	具有
内部人员的攻击	不安全	安全
中间人攻击	不安全	安全

续表

比较项	Tseng 等人的协议	我们提出的协议
假冒攻击	不安全	安全
用户匿名性	不具有	具有
完美前向安全	不具有	具有

10.5 本章小结

本节分析了 Tseng 等人的密钥协商协议存在的安全问题，对该协议进行了中间人攻击和假冒攻击，指出该协议不能够保护用户的匿名和协议的安全，并且它也不具有完美前向安全性。然后提出了一个新的基于混沌映射的密钥一致协议，我们的协议保留了 Tseng 等人的协议的一些优点，例如：生成共享的会话密钥和完成相互授权等。并且，我们的协议与 Tseng 等人的协议相比有如下优点：

1）它能够抵制合法用户的攻击；

2）它能够保护用户的匿名；

3）它具有完美前向安全性。

因此，与 Tseng 等人的协议相比，我们的协议是比较安全有效的。

第 11 章

总结与展望

11.1 总　　结

混沌理论是非线性科学的一个重要分支。混沌，作为当今举世瞩目的前沿课题及学术热点，它揭示了自然界及人类社会中普遍存在的复杂性，大大拓展了人们的视野，加深了人们对客观世界的认识。本书对混沌的控制、同步以及混沌在密码学中的应用进行了深入的研究和探索，研究工作的主要结论如下：

1）对不确定混沌系统滑模控制中的抖振问题进行了深入的研究。如何减弱或消除抖振现象一直是滑模变结构控制的难题。一些学者提出了各种方法来解决这种抖振问题，模糊滑模控制就是其中之一。但是要达到一定的控制精度，模糊规则的设计仍然是一个比较复杂的问题。我们基于变论域的思想，设计了一个新颖的变论域模糊控制器，来代替传统滑模控制中的非连续符号函数。通过缩放比例因子来调整模糊论域的大小，减少了模糊控制规则的设计难度，同时控制精度也得到了提高。所设计的变论域模糊滑模控制方法对被控混沌系统的参数不确定性和外部噪声扰动具有很强的鲁棒性，并且控制器是平滑的，没有出现高频抖振现象。

2）研究了一类具有多扇区非线性输入的不确定连续混沌系统的滑模控制问题。基于线性分离技术和滑模控制相结合的方法，设计了滑模控制器，从理论上证明了该控制器对上述混沌系统的有效性。通过对具有多扇区非线性输入的不确定 Rössler 系统和超混沌 Chen 系统的数值仿真实验，不但进一步验证了所提出方案的有效性，而且还证实了本方案可使受控系统迅速到达任意目标轨道，且不受输入的多扇区非线性和外部噪声的影响，具有很强的鲁棒性。

3）提出了一种具有非线性输入的异结构混沌系统的投影同步方法。从实际应用出发，考虑到在实际的应用中，由于物理器件的限制，系统本身的不确定性、扇区和死区非线性是经常存在的。基于自适应技术和滑模控制方法，设计了一种新的投影同步方法。该控制方法能够克服扇区非线性输入的影响，对系统的参数不确定和外部噪声扰动是鲁棒的，不需要先知道参数不确定项和外部扰动的界限，并且能够进一步应用到更多变量异结构混沌系统的投影同步中。

4）研究了分数阶混沌系统的动力学分析方法及其广义投影同步问题。基于分数阶系统的稳定性理论，分析了一个新的分数阶系统取不同阶数时的动力学属性。首先，运用分数阶系统的稳定性理论分析计算出分数阶系统产生混沌的阶数范围。然后，再通过数值仿真实验和计算最大 Lyapunov 指数来进一步验证理论分析的有效性。最后，基于拉普拉斯变换，设计了一个非线性反馈控制器，完成了这个分数阶混沌系统的广义投影同步。

5）研究了一类具有非线性输入的异结构混沌系统的自适应同步问题。根据自适应技术、滑模控制方法和极点配置技术，提出了一种新的自适应同步方法。该方法可使具有非线性输入的不确定异结构的响应系统与驱动系统迅速达到同步，且不用预先知道系统本身的不确定性和外部扰动的界限。所设计的同步控制器可进一步推广到含有更多状态变量的异结构混沌系统之间的同步。通过对三对具有非线性输入的不同结构的混沌系统的数值模拟，进一步验证了本同步方法的有效性。

6）研究了在噪声干扰条件下，一类具有多扇区、死区非线性输入的不确定混沌系统的反同步问题。用滑模控制方法和极点配置技术，设计了滑模面和控制器，从理论上证明了该控制器对上述混沌系统的有效性。数值模拟进一步验证了所提出的反同步方法的有效性，而且还证实了该方法可使驱动系统和响应系统迅速反同步，且不受多扇区、死区输入、不确定项和外部噪声的影响，具有很强的鲁棒性。

7）对在 3 维混沌系统基础上产生 4 维超混沌系统的设计方法进行了研究。通过引入一个非线性控制器到 3 维自治混沌系统，构造了一个新的超混沌系统。随着控制参数的变化，新产生的系统表现出超混沌、混沌和一些不同的周期行为。不仅用 Lyapunov 指数谱、分岔分析和相图来分析这个新系统的动力学行为，而且设计了这个新系统的电路，电路实现与数值模拟结果完全一致。针对这个新的 3 维自治混沌系统，关于怎样构建控制项来产生超混沌，给出了一种设计方法，并进行了实例论证。

8）对分数阶混沌系统的反控制进行了研究。提出了分数阶混沌系统反控制的必要条件，并在此必要条件下，将一个 3 维分数阶混沌系统分别驱动为两个新的 4 维分数阶超混沌系统。基于这两个新的分数阶超混沌系统设计了彩色图像加密算法，验证了它们在图像加密中应用的有效性。

9）对一个匿名的密钥一致协议进行了分析并提出了一个新的相对安全的匿名协议。阐述了 Tseng 等人的协议不能够保护用户的匿名和协议安全，并且该协议也不具有完美前向安全性。为了克服 Tseng 等人协议的漏洞，提出了一个新的基于切比雪夫不等式的密钥一致协议。与 Tseng 等人的协议相比，所提的协议是较安全的，并且能够保护用户的匿名。

11.2 展　望

混沌控制及其应用的研究尽管取得了许多成果，也表明了其广阔的应用前景。但是该领域的研究还在快速发展之中，总结个人在混沌控制同步及其在信息加密中的研究体会，还有一系列的理论问题和关键技术需要继续探索和研究：

1）将传统控制方法引入到混沌的控制中时，大多数控制方法都是基于非线性控制方法设计和分析的，而对混沌特性的利用不足，很多系统在实现控制后原系统的风貌已被改变。在如何保持原系统的运动特性，发掘和利用混沌系统的特征方面还有待进一步深入的研究。

2）很多控制和同步的方法都是针对个别或一小类混沌系统的，它们是否可以推广到其他混沌系统的控制还需要进一步的研究。因此，缺少普遍适用的严密的理论去分析和研究混沌系统的控制策略。另外，很多控制和同步的方法在理论分析上比较严密，但控制器的设计过于复杂，这样会导致在实际的应用中，控制器在物理上难以实现。

3）在很多控制和同步的方法中，混沌系统是建立在精确数学模型基础上的。而在实际的应用中，随着环境的变化，混沌系统的参数可能会发生改变，甚至还有来自系统外部的干扰信号。因此，很多混沌系统的控制策略缺乏对鲁棒性问题的考虑，在实际情况下，难以应用。

4）混沌映射是连续的非线性动力系统，在多数的基于混沌的加密算法中是将连续的混沌映射离散化后用于加密算法。而被离散化后，混沌映射的很多原有性质，如遍历性、初值敏感性等，都可能发生了变化。目前还没有成熟的理论去研究离散化后的混沌系统动力学行为的改变。并且，计算机的有限运算精度也会造成混沌系统的动力学特性退化。

5）缺乏严密的数学理论或其他系统的方法来证明混沌密码系统的安全性。虽然有些学者已经开始用传统密码学的一些分析方法来对混沌加密算法进行分析，但传统密码学的分析方法在混沌密码学方面还没有得到有效的应用。目前还缺乏对混沌密码系统进行设计和分析的完善理论或有效工具。混沌加密系统面向实用性方面的设计也显得不够成熟。目前所提出的混沌密码算法大多数加密速度比较慢，不能应用于实时加密。

参 考 文 献

[1] 郝柏林. 从抛物线谈起: 混沌动力学引论[M]. 上海: 上海科技教育出版社, 1993.

[2] 吴祥兴, 陈忠. 混沌学导论[M]. 上海: 上海科学技术文献出版社, 1996.

[3] 郝柏林. 分岔、混沌、奇怪吸引子、湍流及其他[J]. 物理学进展, 1983, 3(3): 329–416.

[4] 王兴元. 复杂非线性系统中的混沌[M]. 北京: 电子工业出版社, 2003.

[5] OTT E, GREBOGI C, YORKE J A. Controlling chaos[J]. Physical Review Letters, 1990, 64(11): 1196–1199.

[6] PECORA L M, CARROLL T L. Synchronization in chaotic systems[J]. Physical Review Letters, 1990, 64(8): 821–827.

[7] MATTHEWS R. On the derivation of a"chaotic"encryption algorithm[J]. Cryptologia, 1989, 13(1): 29–42.

[8] 格莱克. 混沌: 开创新科学[M]. 张淑誉, 译. 上海: 上海译文出版社, 1990.

[9] 格里博格 C, 约克 J A, 杨立. 混沌对科学和社会的冲击[M]. 刘巨斌, 译. 长沙: 湖南科学技术出版社, 2001.

[10] KOLMOGOROV A N. Preservation of conditionally periodic movements with small change in the Hamilton function[J]. Doklady Akademii Nauk SSSR, 1954, 98(1): 527–530.

[11] LORENZ E N. Deterministic nonperiodic flow[J]. Journal of the Atmospheric Sciences, 1963, 20(2): 130–141.

[12] RUELLE D, TAKENS F. On the nature of turbulence[J]. Communications in Mathematical Physics, 1971, 20(3): 167–192.

[13] LI T Y, YORKE J. Period three implies chaos[J]. American Math Monthly, 1975, 82(10): 985–992.

[14] MAY R M. Simple mathematical models with very complicated dynamics[J]. Nature, 1976, 261: 459–467.

[15] FEIGENBAUM M J. Quantitative universality for a class of nonlinear transformations[J]. Journal of Statistical Physics, 1978, 19(1): 25–52.

[16] MANDELBROT B B. The fractal geometry of nature[M]. San Francisco: Freeman, 1982.

[17] TAKENS F. Detecting strange attractors in turbulence[J]. Lecture Notes in Mathematics, 1981, 898: 366–381.

[18] GRASSBERGER P, PROCACCIA I. Characterization of strange attractors[J]. Physical Review Letters, 1983, 50(5): 346–355.

[19] HAO B L. Chaos[M]. Singapore: World Scientific, 1984.

[20] WOLF A, SWIFT J B, SWINNEY H L, et al. Determining Lyapunov exponents from a time series[J]. Physica D, 1985, 16(3): 285–317.

[21] LINSAY P S. Period doubling and chaotic behavior in a driven anharmonic oscillator[J]. Physical Review Letters, 1981, 47(19): 1349–1352.

[22] MATSUMOTO T. A chaotic attractor from chua's circuit[J]. IEEE Transactions on Circuits and Systems, 1981, 31(12): 1055–1058.

[23] 关新平，范正平，陈彩莲，等. 混沌控制及其在保密通信中的应用[M]. 北京：国防工业出版社, 2002.

[24] 李月，杨宝俊. 混沌振子检测引论[M]. 北京：电子工业出版社, 2004.

[25] ECKMANN J P. Roads to turbulence in dissipative dynamics system[J]. Reviews of Modern Physics, 1981, 53(4): 643–649.

[26] HUNT E R. Stabilizing high–period orbits in a chaotic system: the diode resonator[J]. Physical Review Letters, 1991, 67(15): 1953–1955.

[27] 胡岗. 混沌控制[M]. 上海：上海科学教育出版社, 2000.

[28] PYRAGAS K. Experimental control of chaos by delayed self–controlling feedback[J]. Physics Letters A, 1993, 180(1): 99–102.

[29] BLEIEH M E, SOCOLAR J E S. Stability of Periodic orbits controlled by time–delay feedback[J]. Physics Letters A, 1996, 210(1): 87–94.

[30] KONISHI K, ISHII M, KOKAME H. Stability of extended delayed–feedback control for discrete time chaotic systems[J]. IEEE Transactions on Circuits and Systems I, 1999, 46(10): 1285–1288.

[31] JACKSON E A, BIER A W. Entrainment and migration control of two–dimensional maps[J]. Physica D, 1991, 59(3): 253–265.

[32] HARTLEY T, MOSSAYEBI E. A classical approach to controlling the Lorenz questions[J]. International Journal of Bifurcation and Chaos, 1992, 2(4): 881－887.

[33] WAN C J, SBERNSTEIN D. Nonlinear feedback control with global stabilization[J]. Dynamic and Control, 1995, 5(4): 321－346.

[34] BEMDARO M. An Adaptive approach to the control and synchronization of continuous－time chaotic systems[J]. International Journal of Bifurcation and Chaos, 1996, 6(3): 557－568.

[35] GE S S, WAND C. Adaptive control of uncertain Chua's circuits[J]. IEEE Transactions on Circuits and Systems I, 2000, 47(9): 1397－1402.

[36] DONG X, CHEN L. Adaptive control of the uncertain Duffing oscillator[J]. International Journal of Bifurcation and Chaos, 1997, 7(7): 1651－1658.

[37] YANG T, YANG C M, YANG L B. A detailed study of adaptive control of chaotic systems with unknown Parameters[J]. Dynamics and Control, 1998, 8(3): 255－267.

[38] YU X. Tracking inherent Periodic orbits in chaotic dynnamic systems via adaptive[J]. IEEE Transactions on Circuits and Systems I, 1999, 46(11): 1408－1411.

[39] OSCAR. Fuzzy control of chaos[J]. International Journal of Bifurcation and Chaos, 1998, 8(8): 1743－1747.

[40] CHEN L, CHEN G. Fuzzy modeling, prediction, and control of uncertain chaotic systems based on time series[J]. IEEE Transactions on Circuits and Systems I, 2000, 47(10): 1527－1531.

[41] LIN C. Controlling chaos by GA－based reinforcement learning neural network[J]. IEEE Transactions on Neural Networks, 1999, 10(4): 846－859.

[42] 罗晓署，汪秉宏，陈关荣．混沌系统的参数开关调制法研究[J]．物理学报，2002, 51(5): 988－992.

[43] GREBOGI C, LAI Y C. Controlling chaos in high dimensions[J]. IEEE Transactions on Circuits and Systems I, 1997, 44(10): 971－975.

[44] SUN J T. Some global synchronization criteria for coupled delay－systems via unidirectional linear error feedback approach[J]. Chaos, Solitons & Fractals, 2004, 19(4): 789－794.

[45] KOCAREV L, PARLITZ U. General approach for chaotic synchronization with application to communication[J]. Physical Review Letters, 1995, 74(25): 5028－5031.

[46] WINFUL H G, RAHMAN L. Synchronized chaos and spatiotemporal chaos in arrays of coupled lasers[J]. Physical Review Letters, 1990, 65(13): 1575－1578.

[47] SUGAWARA T, TACHIKAWA M, TSUKAMOTO T, et al. Observation of synchronization in laser chaos[J]. Physical Review Letters, 1994, 72(22): 3502－3505.

[48] KAPITANIAK T. Experimental synchronization of chaos using continuous control[J]. International Journal of Bifurcation and Chaos, 1999, 4(2): 483－488.

[49] ANDRIEVSKY B. Adaptive synchronization methods for signal transmission on chaotic carriers[J]. Mathematics and Computers in Simulation, 2002, 58(4): 285－293.

[50] ROSENBLUM M G, PIKOVSKV A S, KURTHS J. Phase synchronization of chaotic oscillators[J]. Physical Review Letters, 1996, 76(11): 1804－1807.

[51] SHAHVERDIEV E M, SIVAPRAKASAM S, SHORE K A. Lag synchronization in time－delayed system[J]. Physics Letters A, 2002, 298(6): 320－324.

[52] ABARBANEL H D, RULKOV N F, SUSHCHIK M M. Generalized synchronization of chaos: the auxiliary system approach[J]. Physical Review E, 1996, 53(5): 4528－4535.

[53] YANG T, CHUA L O. Generalized synchronization of chaos via linear transformations[J]. International Journal of Bifurcation and Chaos, 1999, 9(1): 215－219.

[54] CHEN G. Chaos: Its control and generation for engineering applications[J]. Dynamical of Continuous, Discrete and Impulse Systems B, 2003, 10: 235－245.

[55] 陈关荣，汪小帆．动力系统的混沌化：理论方法与应用[M]．上海：上海交通大学出版社, 2006.

[56] 宋运忠，赵光宙，齐冬莲，等．混沌化控制综述[J]．浙江工业大学学报,

2007, 35(3): 313－319.

[57] CHEN G, LAI D. Feedback control of Lyapunov exponents for discrete time dynamical systems[J]. International Journal of Bifurcation and Chaos, 1996, 6(7): 1341－1349.

[58] CHEN G, LAI D. Making a dynamical system chaotic: Feed－back control of Lyapunov exponents for discrete time dynamical systems[J]. IEEE Transactions on Circuits and Systems Ⅰ, 1997, 44(3): 250－253.

[59] 张波, 李忠, 毛宗源. 永磁同步电动机的混沌特性及其反混沌控制[J]. 控制理论与应用, 2002, 19(4): 545－548.

[60] CHEN G, YANG L. Chaotifying a continuous time system near a stable limit cycle[J]. Chaos Solitons and Fractals, 2003, 15: 245－253.

[61] CHUA L O, KOMURO M, MATSUMOTO T. The double scroll family[J]. IEEE Transactions on Circuits and Systems, 1986, CAS－33(11): 1072－1119.

[62] MATSUMOTO T, CHUA L O, TOKUMASU K. Doublescroll via a two transistor circuit[J]. IEEE Transactions on Circuits and Systems, 1986, CAS－33(8): 828－836.

[63] DELGADO R M, RODRIGUEZ V A. Integrated chaos generators[J]. Proceedings of the IEEE, 2002, 90(5): 747－767.

[64] ZHENG Z H, LV J H, CHEN G R, et al. Generating two simultaneously chaotic attractors with a switching piecewise linear controller[J]. Chaos Solitons and Fractals, 2004, 20: 277－288.

[65] SUYKENS J A K, VANDEWALLE J. Generation of double scrolls(n=1, 2, 3, 4, …)[J]. IEEE Transactions on Circuits and Systems Ⅰ, 1993, 40(11): 861－867.

[66] ZHONG G Q, MAN K F, CHEN G R. A systematic approach to generating n scroll attractors[J]. Int J Bifurcation of Chaos, 2002, 12(12): 1907－2915.

[67] WANG X F, CHEN G. Chaotifying a stable LTI system by tiny feedback control[J]. IEEE Transactions on Circuits and Systems Ⅰ, 2000, 47(3): 410－415.

[68] WANG X F, CHEN G. Chaotification arbitrarily small feedback controls: theory, method, and applications[J]. International Journal of Bifurcation and Chaos, 2000, 10(3): 549－570.

[69] LI C, LIAO X, YU J. Generating chaos by oja's rule[J]. Neurocomputing, 2003, 55: 731–738.

[70] WANG X F, CHEN G R, YU X H. Anticontrol of chaos in continuous time systems via time delay feedback[J]. Chaos, 2000, 10(4): 771–779.

[71] LU H, HE Z. Chaotic behavior s in first order autonomous continuous time systems with delay[J]. IEEE Trans. Circuits Syst. Video Technol, 1996, 43: 700–702.

[72] IKEDA K, MATSUMOTO. High dimensional chaotic behavior in systems with time delay feedback[J]. Physica D, 1987, 29: 223–235.

[73] 朱海磊，陈基和，王赞基. 利用延迟反馈进行异步电动机混沌反控制[J]. 中国电机工程学报, 2004, 24(12): 156–159.

[74] STARKOV K, CHEN G. Chaotification of polynomial continuous time systems and rational normal forms[J]. Chaos Solitons and Fractals, 2004, 22: 849–856.

[75] BONDARENKO V. Control and anticontrol of chaos in an analog neural network with time delay[J]. Chaos, Solitons and Fractals, 2002, 13: 139–154.

[76] UETA T, CHEN G. Bifurcation analysis of Chen's equation[J]. Int J Bifurcation of Chaos, 2000, 10: 1917–1931.

[77] CELIKOVSKY S, CHEN G. On a generalized Lorenz canonical form of chaotic systems[J]. Int J Bifurcation of Chaos, 2002, 12(8): 1789–1882.

[78] UETA T, CHEN G. Yet another chaotic attractor[J]. Int J Bifurcation of Chaos, 1999, 9: 1465–1466.

[79] LV J, CHEN G. A new chaotic attractor coined[J]. Int J Bifurcation of Chaos, 2002, 12(3): 659–661.

[80] LV J, CHEN G, CHENG D, CELIKOVSKY S. Bridge the gap between between the Lorenz system and the Chen system[J]. Int J Bifurcation of Chaos, 2002, 12(12): 2917–2926.

[81] LIU W, CHEN G. A new chaotic system and its generation[J]. Int J Bifurcation of Chaos, 2003, 13(1): 261–267.

[82] ROSSLER O. An equation for hyperchaos[J]. Phys Lett, 1979, 71A: 155–121.

[83] NIKOLOV S, CLODONG S. Occurrence of regular chaotic and hyperchaos behavior in a family of modified Rossler hyperchaotic systems[J]. Chaos Solitons and Fractals, 2004, 22: 407–431.

[84] OMER M. A model based scheme for anti-control of some chaotic systems[J]. International Journal of Bifurcation and Chaos, 2003, 13(11): 3449-3457.

[85] 任海鹏, 刘丁. 一类模型未知系统的辨识和混沌化控制[J]. 控制理论与应用, 2003, 20(5): 737-740.

[86] 宋运忠, 赵光宙, 齐冬莲. 不确定连续非线性系统鲁棒混沌反控制[J]. 浙江大学学报: 工学版, 2005, 39(10): 1520-1523.

[87] 宋运忠, 赵光宙, 齐冬莲. 不确定连续非线性系统逆混沌反控制[J]. 浙江大学学报: 工学版, 2006, 40(3): 474-477.

[88] EDGAR N S, JOSE P P. Using dynamical neural networks to generate chaos: an inverse optimal control approach[J]. International Journal of Bifurcation and Chaos, 2001, 3(11): 803-857.

[89] KOCAREV L. Chaos-based cryptography: A brief overview[J]. IEEE Circuits and Systems Magazine, 2001, 1(3): 6-21.

[90] FRIDRICH J. Symmetric cipher based on two dimensional chaotic maps[J]. International Journal of Bifurcation and Chaos, 1998, 8(6): 1259-1284.

[91] ERDMANN D, MURPHY S. Hénon stream cipher[J]. Electronics Letters, 1992, 28(9): 893-895.

[92] WHEELER D D. Problems with Mitchell's nonlinear key generators[J]. Cryptologia, 1991, 15(4): 355-363.

[93] PAREEK N K, PATIDAR V, SUD K K. Discrete chaotic cryptography using external key[J]. Physics Letters A, 2003, 309(1-2): 75-78.

[94] 周红, 俞军, 凌燮亭. 混沌前馈型流密码的设计[J]. 电子学报, 1998, 26(1): 98-101.

[95] 桑涛, 王汝笠, 严义埙. 一类新型混沌反馈密码序列的理论设计[J]. 电子学报, 1999, 27(7): 47-50.

[96] 周红, 罗杰, 凌燮亭. 混沌非线性反馈密码序列的理论设计和有限精度实现[J]. 电子学报, 1997, 25(10): 57-60.

[97] LI S, MOU X, CAI Y. Pesudo-random bit generator based on couple chaotic systems and its applications in stream-cipher cryptography[C]. INDOCRYPT'01, 2001: 316-329.

[98] 王相生, 甘骏人. 一种基于混沌的序列密码生成方法[J]. 计算机学报, 2002, 25(4): 351-356.

[99] LI P, HALANG W A, CHEN G. A multiple pseudorandom－bit generator based on a spatiotemporal chaotic map[J]. Physics Letters A, 2006, 349(6): 467－473.

[100] DACHSELT F, KELBER K, SCHWARZ W. Discrete－time chaotic encryption systems－Part III: Cryptographical analysis[J]. IEEE Transactions on Circuits and Systems－I, 1998, 5(9): 983－988.

[101] GOTZ M, KELBER K, SCHWARZ W. Discrete－time chaotic encryption systems－Part I: Statistical design approach[J]. IEEE Transactions on Circuits and Systems－I, 1997, 44(10): 963－970.

[102] ZHOU H, LING X. Problems with the chaotic inverse system encryption approach[J]. IEEE Transactions on Circuits and Systems－I, 1997, 44(3): 268－271.

[103] ZHOU H, LING X, YU J. Secure communication via one dimensional chaotic inverse systems[C]. Proceedings of the IEEE International Symposium on Circuits and Systems, 1997: 9－12.

[104] ZHOU L, FENG Z. A new idea of using one－dimensional PWL map in digital secure communications－dual－resolution approach[J]. IEEE Transactions on Circuits and Systems－II, 2000, 47(10): 1107－1111.

[105] LIN S, MOU X, CAI Y. Pseudo－random bit generator based on couple chaotic systems and its applications in stream－cipher cryptography[C]. LNCS 2247, Berlin: Springer－Verlag, 2001: 316－329.

[106] 李红达, 冯登国. 基于复合离散混沌动力系统的序列密码算法[J]. 软件学报, 2003, 14(5): 991－998.

[107] CHEN G, MAO Y B, CHUI C K. A symmetric image encryption scheme based on 3D chaotic cat maps[J]. Chaos, Solitons & Fractals, 2004, 12(3): 749－761.

[108] HABUTSU T, NISHIO Y, SASASE I, et al. A secret key cryptosystem by iterating a chaotic map[C]. Advances in Cryptology－EUROCRYPT'91, Berlin: Spinger－Verlag, 1991: 127－140.

[109] BIHAM E. Cryptanalysis of the chaotic－map cryptosystem suggested at EUROCRYPT'91[C]. Advances in Cryptology－EUROCRYPT'91, Berlin: Springer－Verlag, 1991: 532－534.

[110] KOTULSKI Z, SZCZEPANSKI J. Discrete chaotic cryptography[J]. Annalen

der Physik, 1997, 6(5): 381–394.

[111] KOTULSKI Z, SZCZEPANSKI J. Application of discrete chaotic dynamical systems in cryptography–DCC method[J]. International Journal of Bifurcation and Chaos, 1999, 9(6): 1121–1135.

[112] MASUDA N, AIHARA K. Cryptosystems with discretized chaotic maps[J]. IEEE Transactions on Circuits and Systems–I, 2002, 49(1): 28–40.

[113] JAKIMOSKI G, KOCAREV L. Chaos and cryptography: block encryption ciphers based on chaotic maps[J]. IEEE Transactions on Circuits and Systems–I: Fundamental Theory and Applications, 2001, 48(2): 163–169.

[114] KOCAREV L, JAKIMOSKI G. Logistic map as a block encryption algorithm[J]. Physics Letters A, 2001, 289(4–5): 199–206.

[115] MASUDA N, JAKIMOSKI G, AIHARA K, et al. Chaotic block ciphers: from theory to practical algorithms[J]. IEEE Transactions on Circuits and Systems–I: Regular Papers, 2006, 53(6): 1341–1352.

[116] TENNY R, TSIMRING L S, LARSON L, et al. Using distributed nonlinear dynamics for public key encryption[J]. Physical Review Letters, 2003, 90(4): 047903.

[117] KOCAREV L, TASEV Z. Public–key encryption based on chebyshev maps[C]. Proc. IEEE Symp Circ Syst (ISCAS'03), 2003: 28–31.

[118] BERGAMO P, D'ARCO P, SANTIS A, et al. Security of public key cryptosystems based on Chebyshev polynomials[J]. IEEE Transactions on Circuits and Systems I, 2005, 52(7): 1382–1393.

[119] 刘亮, 刘云, 宁红宙. 公钥体系中 Chebyshev 多项式的改进[J]. 北京交通大学学报, 2005, 29(5): 57–59.

[120] 王大虎, 魏学业, 柳艳红. Chebyshev 多项式的公钥加密和身份认证方案的研究[J]. 北京交通大学学报, 2005, 29(5): 41–46.

[121] CHEONG K Y, KOSHIBA T. More on security of public–key cryptosystems based on chebyshev polynomials[J]. IEEE Transactions on Circuits and Systems–II: Express Briefs, 2007, 54(9): 795–799.

[122] KOCAREV L, STERJEV M, FEKETE A, et al. Public–key encryption with chaos[J]. Chaos, 2004, 14(4): 1078–1082.

[123] BOSE R. Novel public key encryption technique based on multiple chaotic

systems[J]. Physical Review Letters, 2005, 95(9): 098702.
[124] ZHANG L. Cryptanalysis of the public key encryption based on multiple chaotic systems[J]. Chaos, Solitons & Fractals, 2008, 37(3): 669 – 674.
[125] 黄贤通，任金威，岳雪芝．基于加法及 Matthews 混沌实现的背包公钥密码体系[J]. 现代计算机：下半月版, 2006, 2: 61 – 63.
[126] 米波，廖晓峰，陈勇．基于椭圆曲线进行密钥分配的混沌加密系统[J]. 计算机工程与应用, 2006, 42(8). 141- 143.
[127] BAPTISTA M S. Cryptography with chaos[J]. Physics Letters A, 1998, 240(1 – 2): 50 – 54.
[128] XIAO D, LIAO X, WONG K W. An efficient entire chaos – based scheme for deniable authentication[J]. Chaos, Solitons & Fractals, 2005, 23(4): 1327 – 1331.
[129] ALVAREZ G. Security problems with a chaos – based deniable authentication scheme[J]. Chaos, Solitons & Fractals, 2005, 26(1): 7 – 11.
[130] XIAO D, LIAO X, DENG S. A novel key agreement protocol based on chaotic maps[J]. Information Sciences, 2007, 177(4): 1136 – 1142.
[131] XIANG T, WONG K W, LIAO X. On the security of a novel key agreement protocol based on chaotic maps[J]. Chaos, Solitons & Fractals, 2007, 40(2): 672 – 675.
[132] HAN S. Security of a key agreement protocol based on chaotic maps[J]. Chaos, Solitons & Fractals, 2008, 38(3): 764 – 768.
[133] CHANG E, HAN S. Using passphrase to construct key agreement: CBS – IS – 2006[R]. Perth: Curtin University of Technology, 2006.
[134] HAN S, CHANG E. Chaotic map based key agreement with/out clock synchronization[J]. Chaos, Solitons & Fractals, 2009, 39(3): 1283 – 1289.
[135] TSENG H, JAN R, YANG W. A chaotic maps – based key agreement protocol that preserves user anonymity[C]. IEEE International Conference on Communications (ICC’09) 2009, 2009: 1 – 6.
[136] NIU Y J, WANG X Y. An anonymous key agreement protocol based on chaotic maps[J]. Commun Nonlinear Sci Numer Simulat, 2011, 16(4): 1986 – 1992.
[137] CHEN T H, WANG B J, TU T Y, et al. A security – enhanced key agreement protocol based on chaotic maps[J]. Security Comm Networks, 2013, 6:

108 – 114.

[138] GUO C, CHANG C C. Chaotic maps – based password – authenticated key agreement using smart cards[J]. Commun Nonlinear Sci Numer Simulat, 2013, 18: 1433 – 1440.

[139] CHUANG M C, CHEN M C. An anonymous multi – server authenticated key agreement scheme based on trust computing using smart cards and biometrics[J]. Expert Systems with Applications, 2014, 41: 1411 – 1418.

[140] LIN H Y. Improved chaotic maps – based password – authenticated key agreement using smart cards[J]. Commun Nonlinear Sci Numer Simulat, 2015, 20: 482 – 488.

[141] CHEN Y L, CHEN J H. A chaotic map – based anonymous multi – server authenticated key agreement protocol using smart card[J]. Multimedia Tools and Applications, 2021, 80: 15291 – 15313.

[142] CHEN Y L, CHEN J H. Anonymous and provably secure authentication protocol using self – certified cryptography for wireless sensor networks[J]. Multimedia Tools and Applications, 2021, 80: 15291 – 15313.

[143] LEE T F. Enhancing the security of password authenticated key agreement protocols based on chaotic maps[J]. Information Sciences, 2015, 290: 63 – 71.

[144] KHAN I, CHAUDHRY S A, SHER M, et al. An anonymous and provably secure biometric – based authentication scheme using chaotic maps for accessing medical drop box data[J]. J Supercomput, 2018, 74: 3685 – 3703.

[145] LIN T W, HSU C L. Anonymous group key agreement protocol for multi – server and mobile environments based on Chebyshev chaotic maps[J]. J Supercomput, 2018, 74: 4521 – 4541.

[146] JABBARI A MOHASEFI J B. Improvement in new three – party – authenticated key agreement scheme based on chaotic maps without password table[J]. Nonlinear Dyn, 2019, 95: 3177 – 3191.

[147] SRINIVAS J, DAS A K, WAZID M, et al. IEEE Anonymous lightweight chaotic map – based authenticated key agreement protocol for industrial internet of things[J]. IEEE Transactions on Dependable and Secure Computing, 2020, 17(6): 1133 – 1146.

[148] MOOD D A, SHARIF A O, MAZINANI S M, et al. Provably secure

escrow－less chebyshev chaotic map－based key agreement protocol for vehicle to grid connections with privacy protection[J]. IEEE Transactions on Dependable and Secure Computing, 2020, 16(12): 7287－7294.

[149] HU Y M. Theoretics and application of variable structure control[M]. Beijing: Science Press, 2003.

[150] GUAN X P, FAN Z P, CHEN C L, et al. Chaotic control and its application on secure communication[M]. Beijing: National Defence Industry Press, 2002.

[151] CHEN C L, LIN W Y. Sliding mode control for nonlinear systems with global invariance[J]. Journal of Systems & Control Engineering, 1997, 211(1): 75－82.

[152] TSAI H H, FUH C C, CHANG C N. A robust controller for chaotic systems under external excitation[J]. Chaos, Solitions & Fractal, 2002, 14(4): 627－632.

[153] YAU H T, YAN J J. Design of sliding mode controller for Lorenz chaotic system with nonlinear input[J]. Chaos, Solitions & Fractal, 2004, 19(4): 891－898.

[154] WANG X Y, LIU M. Sliding mode control for the synchronization of master－slave chaotic systems with sector nonlinear input[J]. Acta Physica Sinica, 2005, 54(6): 2584－2589.

[155] ITKIS U. Control system of variable structure[M]. New York: Wiley, 1976.

[156] UTKIN V I. Sliding mode and their application in variable structure systems[M]. Moscow: Mir Editors, 1978.

[157] LI H X. Adaptive fuzzy controllers based on variable universe[J]. Science in China, Series E, 1999, 42(1): 10－20.

[158] LÜ J. Generating multiscroll chaotic attractors: theories, methods and applications[J]. International Journal of Bifurcation and Chaos, 2006, 16(4): 775－858.

[159] HWANG G C, CHANG S. A stability approach to fuzzy control design for nonlinear system[J]. Fuzzy Sets and System, 1997, 48(3): 279－287.

[160] YAU H T, CHEN C L. Chattering－free fuzzy sliding－mode control strategy for uncertain chaotic[J]. Chaos, Solitions & Fractal, 2006, 30(3): 709－718.

[161] LÜ J, HAN F, YU X, et al. Generating 3－Dmulti－scroll chaotic attractors: A

hysteresis series switching method[J]. Automatica, 2004, 40(10): 1677–1687.

[162] CHEN G, DONG X. From chaos to order: methodologies, perspectives and appli–cations[M]. Singapore: World Scientific, 1998.

[163] WANG G R, YU X L, CHEN S G. Chaotic control, synchronization and utilizing[M]. Beijing: National Defence Industry Press, 2001.

[164] WANG X Y. Research on the relation of chaos activity characteristics of the cardiac system with the evolution of species[J]. Chinese Science Bulletin, 2002, 47(24): 2042–2048.

[165] CHEN G R, LÜ J H. Dynamical analyses, control and synchronization of the Lorenz system family[M]. Beijing: Science Press, 2003.

[166] SINGER J, WANG Y Z, BAU H H. Controlling a chaotic system[J]. Physical Review Letters, 1991, 66(9): 1123–1125.

[167] CHEN G, DONG X. Controlling Chua’s circuit[J]. Journal of Circuits Systems and Computers, 1993, 3(1): 139–149.

[168] CHEN G, DONG X. On feedback control of chaotic dynamic systems[J]. International Journal of Bifurcation and Chaos, 1992, 2(2): 407–411.

[169] CHEN G. On some controllability conditions for chaotic dynamics control[J]. Chaos, Solitons & Fractals, 1997, 8(9): 1461–1470.

[170] PYRAGAS K. Control of chaos via extended delay feedback[J]. Physics Letters A, 1995, 206(5–6) 323–330.

[171] VASSILIADIS D. Parametric adaptive control and parameter identification of low–dimensional chaotic systems[J]. Physica D, 1994, 71(3): 319–341.

[172] HWANG C, CHOW H, WANG Y. A new feedback control of a modified chua’s circuit system[J]. Physica D, 1996, 92(1–2): 95–100.

[173] TIAN Y, GAO F. Adaptive control of chaotic continuous–time systems with delay[J]. Physica D, 1998, 117(1–4): 1–12.

[174] PAVLICA V, PETROVACKI D. About simple fuzzy control and fuzzy control based on fuzzy relational equations[J]. Fuzzy Sets and Systems. 1999, 101(1): 41–47.

[175] WANG Y W, GUAN Z H, WANG H O. LMI–based fuzzy stability and synchronization of Chen's system[J]. Physics Letters A, 2003, 320(2–3): 154–159.

[176] RAJASEKAR S, MURRAALI K, LAKSHMANAN M. Control of chaos by nonfeedback methods in a simple electronic circuit system and the FitzHugh–Nagumo equation[J]. Chaos Solitons & Fractals, 1997, 8(9): 1545–1558.

[177] RAMESHI M, NARAYANAN S. Chaos control by nonfeedback methods in the presence of noise[J]. Chaos Solitons & Fractals, 1999, 10(9): 1473–1489.

[178] RAMIREZ J. Nonlinear feedback for control of from a piecewise linear hysteresis circuit[J]. IEEE Transactions on Circuits and Systems, 1995, 42: 168–172.

[179] FRANZ M, ZHANG M H. Suppression and creation chaos in a periodically forced Lorenz system[J]. Physical Review E , 1995, 52(4): 3558–3565.

[180] GILLS Z, IWATA C, ROY R. Tracking unstable steady states: extending the stability regime of a multimode laser system[J]. Physical Review Letters, 1992, 69(22): 3169–3172.

[181] BRAIMAN Y, GOLDHIRSCH I. Taming chaotic dynamics with weak periodic perturbations[J]. Physical Review Letters, 1991, 66(20): 2545–2548.

[182] YAU H T, CHEN C K, CHEN C L. Sliding mode control of chaotic systems with uncertainties[J]. International Journal of Bifurcatio and Chaos, 2000, 10(5): 1139–1147.

[183] WANG X Y, LIU M. Sliding mode control of lorenz systemes with multiple inputs containing sector nonlinearity and deadzones[J]. Chinese Journal Of Computational Physics. 2007, 24(1): 0121–0125.

[184] RÖSSLER O E. An equation for continuous chaos[J]. Physics Letters A, 1976, 57(5): 397–398.

[185] LI Y X, TANG W K S, CHEN G R . Generating hyperchaos via state feedback control[J]. International Journal of Bifurcation and Chaos, 2005, 15(10): 3367–3375.

[186] MAINIERI R, REHACEK J. Projective synchronization in three–dimensional chaotic systems[J]. Physical Review Letters, 1999, 82(15): 3042–3045.

[187] XU D, LI Z. Controlled projective synchronization in nonpartially–linear chaotic systems[J]. International Journal of Bifurcation and Chaos, 2002, 12(6): 1395–1402.

[188] LI Z, XU D. Stability criterion for projective synchronization in three-dimensional chaotic systems[J]. Physics Letters A, 2001, 282(3): 175-179.

[189] XU D, ONG W L, LI Z. Criteria for the occurrence of projective synchronization in chaotic systems of arbitrary dimension[J]. Physics Letters A, 2002, 305(3-4): 167-172.

[190] CHEE C Y, XU D. Secure digital communication using controlled projective synchronisation of chaos[J]. Chaos, Solitons & Fractals, 2005, 23(3): 1063-1070.

[191] DU H Y, ZENG Q S, WANG C H. Function projective synchronization of different chaotic systems with uncertain parameters[J]. Physics Letters A, 2008, 372(33): 5402-5410.

[192] HU M, XU Z, ZHANG R. Full state hybrid projective synchronization in continuous-time chaotic (hyperchaotic) systems[J]. Communications in Nonlinear Science and Numerical Simulation, 2008, 13(2): 456-464.

[193] ZHANG Q J, LU J A. Full state hybrid lag projective synchronization in chaotic (hyperchaotic) systems[J]. Physics Letters A, 2007, 372(9): 1416-1421.

[194] HUNG Y C, YAN J J, LIAO T L. Projective synchronization of Chua's chaotic systems with dead-zone in the control input[J]. Mathematics and Computers in Simulation, 2008, 77(4): 374-382.

[195] GUTIERREZ H M, RO P I. Sliding-mode control of a nonlinear-input system: application to a magnetically levitated fast-tool servo[J]. IEEE Transactions on Industrial Electronics, 1998, 45(6): 921-927.

[196] POPOV V M. Hyperstability of control system[M]. Berlin: Springer-Verlag, 1973.

[197] BAGLEY R L, CALICO R A. Fractional order state equations for the control of viscoelastically damped structures[J]. Journal of Guidance, Control and Dynamics, 1991, 14(2): 304-311.

[198] KOELLER R C. Application of fractional calculus to the theory of viscoelasticity[J]. Journal of Applied Mechanics, 1984, 51(2): 294-298.

[199] HEAVISIDE O. Electromagnetic theory[M]. New York: Chelsea, 1971.

[200] HARTLEY T T, LORENZO C F, QAMMER H K. Chaos in a fractional order Chua's system[J]. IEEE Transactions on Circuits and Systems I, 1995, 42(8): 485–490.

[201] GRIGORENKO I, GRIGORENKO E. Chaotic dynamics of the fractional Lorenz system[J]. Physical Review Letters, 2003, 91(3): 034101.

[202] LI C, CHEN G. Chaos in the fractional order Chen system and its control[J]. Chaos, Solitons & Fractals, 2004, 22(3): 549–554.

[203] GE Z M, ZHANG A R. Chaos in a modified van der Pol system and in its fractional order systems[J]. Chaos, Solitons & Fractals, 2007, 32(5): 1791–1822.

[204] LI C, CHEN G. Chaos and hyperchaos in the fractional–order Rössler equations[J]. Physica A, 2004, 341: 55–61.

[205] ZHANG W, ZHOU S, LI H, et al. Chaos in a fractional–order Rössler system[J]. Chaos, Solitons & Fractals, 2009, 42(3): 1684–1691.

[206] WANG F Q, LIU C X. Study on the critical chaotic system with fractional order and circuit experiment[J]. Acta Physica Sinica, 2006, 55(8): 3922–3927.

[207] CAPUTO M. Linear models of dissipation whose Q is almost frequency independent[J]. The Geophysical Journal of the Royal Astronomical Society, 1967, 13(5): 529–539.

[208] DIETHELM K. An algorithm for the numerical solution of differential equations of fractional order[J]. Electronic Transactions on Numerical Analysis, 1997, 5(1): 1–6.

[209] DIETHELM K, FORD N J. Analysis of fractional differential equations[J]. Journal of Mathematical Analysis and Applications, 2002, 265(2): 229–248.

[210] DIETHELM K, FORD N J, FREED A D. A predictor–corrector approach for the numerical solution of fractional differential equations[J]. Nonlinear Dynamics, 2002, 29(1): 3–22.

[211] MATIGNON D. Stability results for fractional differential equations with application to control processing[C]. Computational Engineering in System Application, Lille(France): IMACS–SMC, 1996: 963–968.

[212] HARA S, IWASAKI T, SHIOKATA D. Robust PID control using generalized KYP synthesis: Direct open–loop shopping in multiple frequency ranges[J].

IEEE Control Systems Magazine, 2006, 26(1): 80–91.

[213] MUTH E J. Transform methods with applications to engineering and operations research[M]. Englewood Cliffs: Prentice–Hall, 1997.

[214] CARROLL T L, PECORA L M. Synchronization chaotic circuits[J]. IEEE Transactions on Circuits and Systems, 1991, 38(4): 453–456.

[215] YANG X S, DUAN C K, LIAO X X. A note on mathematical aspects of drive–response type synchronization[J]. Chaos, Solitons & Fractals, 1999, 10(9): 1457–1462.

[216] WANG Y, GUAN Z H, WEN X. Adaptive synchronization for Chen chaotic system with fully unknown parameters[J]. Chaos, Solitons & Fractals, 2004, 19(4): 899–903.

[217] CHUA L O, YANG T, ZHONG G Q, et al. Adaptive synchronization of Chua's oscillators[J]. International Journal of Bifurcation and Chaos, 1996, 6(1): 189–201.

[218] LIAO T L. Adaptive synchronization of two Lorenz systems[J]. Chaos, Solitons & Fractals, 1998, 9(9): 1555–1561.

[219] LIAN K Y, LIU P, CHIANG T S, et al. Adaptive synchronization design for chaotic systems via a scalar driving signal[J]. IEEE Transactions on Circuits and Systems I, 2002, 49(1): 17–27.

[220] WU C W, YANG T, CHUA L O. On adaptive synchronization and control of nonlinear dynamical systems[J]. International Journal of Bifurcation and Chaos, 1996, 6(3): 455–471.

[221] FANG J Q, HONG Y, CHEN G. Switching manifold approach to chaos synchronization[J]. Physical Review E, 1999, 59(3): 2523–2526.

[222] YIN X, REN Y, SHAN X. Synchronization of discrete spatiotemporal chaos by using variable structure control[J]. Chaos, Solitons & Fractals, 2002, 14(7): 1077–1082.

[223] YU X, SONG Y. Chaos synchronization via controlling partial state of chaotic systems[J]. International Journal of Bifurcation and Chaos, 2001, 11(6): 1737–1741.

[224] WANG C, GE S S. Adaptive synchronization of uncertain chaotic systems via backstepping design[J]. Chaos, Solitons & Fractals, 2001, 12(7): 1199–1206.

[225] GE Z M, LEE J K. Chaos synchronization and parameter identification for gyroscope system[J]. Applied Mathematics and Computation, 2005, 163(2): 667–682.

[226] YAU H T, LIN J S, YAN J J. Synchronization control for a class of chaotic systems with uncertainties[J]. International Journal of Bifurcation and Chaos, 2005, 15(7): 1–12.

[227] YAU H T. Design of adaptive sliding mode controller for chaos synchronization with uncertainties[J]. Chaos, Solitons & Fractals, 2004, 22(2): 341–347.

[228] YAU H T, KUO C L, YAN J J. Fuzzy sliding mode control for a class of chaos[J], International Journal of Nonlinear Sciences and Numerical Simulation, 2006, 17(3): 333–338.

[229] LIN J S, YAN J J, LIAO T L. Chaotic synchronization via adaptive sliding mode observers subject to input nonlinearity[J]. Chaos, Solitons & Fractals, 2005, 24(1): 371–381.

[230] HO M C, HUNG Y C. Synchronization of two different systems by using generalized active control[J]. Physics Letters A, 2002, 301(5, 6): 424–428.

[231] YASSEN M T. Chaos synchronization between two different chaotic systems using active control[J]. Chaos, Solitons & Fractals, 2005, 23(1): 131–140.

[232] ZHANG H, HUANG W, WANG Z, et al. Adaptive synchronization between two different chaotic systems with unknown parameters[J]. Physics Letters A, 2006, 350(5, 6): 363–366.

[233] YASSEN M T. Controlling, synchronization and tracking chaotic Liu system using active backstepping design[J]. Physics Letters A, 2007, 360(4, 5): 582–587.

[234] YASSEN M T. Adaptive synchronization of two different uncertain chaotic systems[J]. Physics Letters A, 2005, 337(4–6): 335–341.

[235] PARK J H. Chaos synchronization between two different chaotic dynamical systems[J]. Chaos, Solitons & Fractals, 2006, 27(2): 549–554.

[236] YAU H T, YAN J J. Chaos synchronization of different chaotic systems subjected to input nonlinearity[J]. Applied Mathematics and Computation, 2008, 197(2): 775–788.

[237] AGIZA H N, YASSEN M T. Synchronization of Rossler and Chen chaotic dynamical systems using active control[J]. Physics Letters A, 2001, 278(4): 191–197.

[238] MORGUL Ö, SOLAK E. Observer based synchronization of chaotic systems[J]. Physical Review E, 1996, 54(5): 4803–4811.

[239] FEKI M, ROBERT B. Observer–based chaotic synchronization in the presence of unknown inputs[J]. Chaos, Solitons & Fractals, 2003, 15(5): 831–840.

[240] JIANG G P, TANG K S, CHEN G. A simple global synchronization criterion for coupled chaotic systems[J]. Chaos, Solitons & Fractals, 2003, 15(5): 925–935.

[241] FEKI M. An adaptive chaos synchronization scheme applied to secure communication[J]. Chaos, Solitons & Fractals, 2003, 18(1): 141–148.

[242] PARMANANDA P. Synchronization using linear and nonlinear feedbacks: a comparison[J]. Physics Letters A, 1998, 240(1, 2): 55–59.

[243] FEKI M. Observer–based exact synchronization of ideal and mismatched chaotic systems[J]. Physics Letters A, 2003, 309 (1, 2): 53–60.

[244] HUANG L L, FENG R P, WANG M. Synchronization of chaotic systems via nonlinear control[J]. Physics Letters A, 2004, 320(4, 5): 271–275.

[245] CHEN H K. Global chaos synchronization of new chaotic systems via nonlinear control[J]. Chaos, Solitons & Fractals, 2005, 23(4): 245–1251.

[246] CHEN M Y, ZHOU D H, SHANG Y. Synchronizing a class of uncertain chaotic systems[J]. Physics Letters A, 2005, 337(4–6): 384–390.

[247] SHINBROT T, GREBOGI C, OTT E, et al. Using small perturbations to control chaos[J]. Nature, 1993, 363(6428): 411–417.

[248] MICHAEL G R, ARKADY S P, JURGEN K. From phase to lag synchronization in coupled chaotic oscillators[J]. Physical Review Letters, 1997, 78(22): 4193–4196.

[249] YANG X S. On the existence of generalized synchronizor in unidirectionally coupled systems[J]. Applied Mathematics and Computation, 2001, 122(1, 10): 71–79.

[250] HO M C, HUNG Y C, CHOU C H. Phase and anti–phase synchronization of two chaotic systems by using active control[J]. Physics Letters A, 2002, 296(1,

8): 43–48.
[251] SHAHVERDIEV E M, SIVAPRAKASAM S, SHORE K A. Lag synchronization in time–delayed systems[J]. Physics Letters A, 2002, 292 (6, 14): 320–324.
[252] XU D L, LI Z. Controled projective synchronization in nonpartially–linear chaotic systems[J]. International Journal of Bifurcation and Chaos, 2002, 12(6): 1395–1402.
[253] BELYKH V N, CHUA L O. New type of strange attractor from a geometric model of Chua's circuit[J]. International Journal of Bifurcation and Chaos, 1992, 2(3): 697–704.
[254] CHEN S, WANG F, WANG C P. Synchronizing strict–feedback and general strict–feedback chaotic systems via a single controller[J]. Chaos, Solitons & Fractals, 2004, 20(2): 235–243.
[255] KIM C M, RIM S H, KEY W. Anti–synchronization of chaotic oscillators[J]. Physics Letters A, 2003, 320(1, 22): 39–46.
[256] HU J, CHEN S H, CHEN L. Adaptive control for anti–synchronization of Chua's chaotic system[J]. Physics Letters A, 2005, 339 (6, 30): 455–460.
[257] BARBARA C, SILVANO C. Hyperchaotic behaviour of two bi–directionally Chua's circuits[J]. International Journal of Circuit Theory and Applications, 2002, 30(6): 625–637.
[258] UDALTSOV V, GOEDGEBUER J, LARGER L, et al. Communicating with hyperchaos: the dynamics of a DNLF emitter recovery of transmitted information[J]. Optics and Spectroscopy, 2003, 95(1): 114–118.
[259] VICENTE R, DAUDÉN J, COLET P, et al. Analysis and characterization of the hyperchaos generated by a semiconductor laser subject to a delayed feedback loop[J]. IEEE Journal of Quantum Electronics, 2005, 41(4): 541–548.
[260] YAN Z. Controlling hyperchaos in the new hyperchaotic Chen system[J]. Applied Mathematics and Computation, 2005, 168(2): 1239–1250.
[261] GRASSI G, MASCOLO S. A systematic procedure for synchronizing hyperchaos via observer design[J]. Journal of Circuits, Systems and Computers, 2002, 11(1): 1–16.

[262] WANG X, SONG J. Synchronization of the fractional order hyperchaos Lorenz systems with activation feedback control[J]. Communications in Nonlinear Science and Numerical Simulation, 2009, 14(8): 3351 – 3357.

[263] GAO T, CHEN Z, YUAN Z, et al. A hyperchaos generated from Chen's system[J]. International Journal of Modern Physics C, 2006, 17(4): 471 – 478.

[264] LI Y, TANG W, CHEN G. Hyperchaos evolved from the generalized Lorenz equation[J]. International Journal of Circuit Theory and Applications 2005, 33(4): 235 – 251.

[265] WANG G, ZHANG X, ZHEN Y, et al. A new modified hyperchaotic Lü system[J]. Physica A, 2006, 371(2): 260 – 272.

[266] LI Y, CHEN G, TANG W. Controlling a unified chaotic system to hyperchaotic[J]. IEEE Transactions on Circuits and Systems II 2005, 52(4): 204 – 207.

[267] QI G, CHEN G, DU S, et al. Analysis of a new chaotic system[J]. Physica A, 2005, 352(2 – 4): 295 – 308.

[268] RAMASUBRAMANIAN K, SRIRAM M. A comparative study of computation of Lyapunov spectra with different algorithms[J]. Physica D, 2000, 139(1 – 2): 72 – 86.

[269] YANG Q, ZHANG K, CHEN G. Hyperchaotic attractors from a linearly controlled Lorenz system[J]. Nonlinear Analysis: Real World Applications, 2009, 10(3): 1601 – 1617.

[270] WANG F, LIU C. Hyperchaos evolved from the Liu chaotic system[J]. Chemical Physics, 2006, 15(5): 963 – 966.

[271] YAN Z, YU P. Hyperchaos synchronization and control on a new hyperchaotic attractor[J]. Chaos, Solitons & Fractals, 2008, 35(2): 333 – 345.

[272] CHEN G, LAI D. Feedback control of Lyapunov exponents for discrete – time dynamical systems[J]. International Journal of Bifurcation and Chaos, 1996, 6(7): 1341 – 1349.

[273] WANG X, CHEN G, MAN K. Making a continuous – time minimum – phase system chaotic by using time – delay feedback[J]. IEEE Transactions on Circuits and Systems – I, 2001, 48(5): 641 – 645.

[274] XI H, YU S, ZHANG C, et al. Generation and implementation of hyperchaotic

chua system via state feedback control[J]. International Journal of Bifurcation and Chaos, 2012, 22(5): 1250119.

[275] SHEN C, YU S, LU J, et al. A systematic methodology for constructing hyperchaotic systems with multiple positive Lyapunov exponents and circuit implementation[J]. IEEE Transactions on Circuits and Systems-I, 2014, 61(3): 854-864.

[276] SHEN C, YU S, LUJ, et al. Constructing hyperchaotic systems at will[J]. International Journal of Circuit Theory and Applications, 2015, 43(12): 2039-2056.

[277] DENG H, LI T, WANG Q, et al. A fractional-order hyperchaotic system and its synchronization[J]. Chaos, Solitons and Fractals, 2009, 41: 962-969.

[278] HE J, CHEN F. A new fractional order hyperchaotic Rabinovich system and its dynamical behaviors[J]. International Journal of Non-Linear Mechanics, 2017, 95: 73-81.

[279] GAO Y, LIANG C, WU Q, et al. A new fractional-order hyperchaotic system and its modified projective synchronization[J]. Chaos, Solitons and Fractals, 2015, 76: 190-204.

[280] LI C, CHEN G. Chaos and hyperchaos in the fractional-order Rossler equations[J]. Physica A, 2004, 341: 55-61.

[281] HAJIPOUR A, HAJIPOUR M, BALEANU D. On the adaptive sliding mode controller for a hyperchaotic fractional-order financial system[J]. Physica A, 2018, 497: 139-153.

[282] PAN L, ZHOU W, ZHOU L, et al. Chaos synchronization between two different fractional-order hyperchaotic systems[J]. Communications in Nonlinear Science and Numerical Simulation, 2011, 16: 2628-2640.

[283] WU X, WANG H, LU H. Modified generalized projective synchronization of a new fractional-order hyperchaotic system and its application to secure communication[J]. Nonlinear Analysis: Real World Applications, 2012, 13: 1441-1450.

[284] El-SAYEDA A, NOURB H, ELSAIDB A, et al. Dynamical behaviors, circuit realization, chaos control, and synchronization of a new fractional order hyperchaotic system[J]. Applied Mathematical Modelling, 2016, 40:

3516–3534.

[285] HE J, YU S, CAI J. A method for image encryption based on fractional–order hyperchaotic systems[J]. Journal of Applied Analysis and Computation, 2015, 5(2): 197–209.

[286] ROLANDO M C, ERNESTO Z S, EDNAI TF, et al. Fractional chaos based–cryptosystem for generating encryption keys in Ad Hoc networks[J]. Ad Hoc Networks, 2020, 97: 102005.

[287] AKGUL A, ARSLAN C, ARICIOGLU B. Design of an interface for random number generators based on integer and fractional order chaotic systems[J]. Chaos Theory and Applications, 2019, 1(1): 1–18.

[288] STINSON D R. Cryptography: theory and practice[M]. Boca Ration: CRC Press, 2006.

[289] LIU H, ZHANG Y, KADIR A, et al. Image encryption using complex hyper chaotic system by injecting impulse into parameters[J]. Applied Mathematics and Computation, 2019, 360: 83–93.

[290] LIU H, KADIR A, LIU J. Color pathological image encryption algorithm using arithmetic over Galois field and coupled hyper chaotic system[J]. Optics and Lasers in Engineering, 2019, 122: 123–133.

[291] RADWAN A G, ABD EL HAFIZ S K, ABDELHALEEM S H. Image encryption in the fractional–order domain[C]. International Conference on Engineering and Technology (ICET), IEEE, 2012.

[292] LI T, YANG M, WU J, et al. A novel image encryption algorithm based on a fractional–order hyperchaotic system and DNA computing[J]. Complexity, 2017 (12): 1–13.

[293] LIU H, KADIR A. Asymmetric color image encryption scheme using 2D discrete–time map[J]. Signal Processing, 2015, 113: 104–112.

[294] SPROTT J C. A proposed standard for the publication of new chaotic systems[J]. International Journal of Bifurcation and Chaos, 2011, 21(9): 2391–2394.

[295] MENEZES A, OORSCHOT P, VANSTONE S. Handbook of applied cryptography[M]. Boca Raton: CRC Press, 1997.

[296] WANG X, CHEN F, WANG T. A new compound mode of confusion and

diffusion for block encryption of image based on chaos[J]. Communications in Nonlinear Science and Numerical Simulation, 2010, 15(9): 2479–2485.

[297] LI C, LI S, ALVAREZ G, et al. Cryptanalysis of two chaotic encryption schemes based on circular bit shift and XOR operations[J]. Physics Letters A, 2007, 369(1–2): 23–30.

[298] CHEN G, CHEN Y, LIAO X. An extended method for obtaining S–boxes based on three–dimensional chaotic baker maps[J]. Chaos, Solitons & Fractals, 2007, 31(3): 571–579.

[299] XIAO D, SHIH F, LIAO X. A chaos–based hash function with both modification detection and localization capabilities[J]. Communications in Nonlinear Science and Numerical Simulation, 2010, 15(9): 2254–2261.

[300] SCHNEIER B. Applied cryptography. In: Protocol, algorithms and source code[M]. New York: Wiley, 1996.